探索与争鸣文库

政治与文明

學術中的中國

1921—2021

主编　叶祝弟

上海人民出版社

图书在版编目(CIP)数据

学术中的中国:1921—2021/叶祝弟主编. —上
海:上海人民出版社,2021
ISBN 978 - 7 - 208 - 17318 - 7

Ⅰ. ①学… Ⅱ. ①叶… Ⅲ. ①哲学社会科学-发展-
概况-中国- 1921 - 2021 Ⅳ. ①C12

中国版本图书馆 CIP 数据核字(2021)第 191164 号

特约编辑 屠毅力
责任编辑 赵 伟 陈佳妮
装帧设计 周 晨
封面题字/篆刻 顾 琴

学术中的中国
——1921—2021
叶祝弟 主编

出 版 上海人民出版社
　　　　 (201101 上海市闵行区号景路 159 弄 C 座)
发 行 上海人民出版社发行中心
印 刷 上海盛通时代印刷有限公司
开 本 890×1240 1/32
印 张 12.5
插 页 9
字 数 283,000
版 次 2021 年 11 月第 1 版
印 次 2021 年 11 月第 1 次印刷
ISBN 978 - 7 - 208 - 17318 - 7/D · 3829
定 价 78.00 元

中共上海市委宣传部副部长、上海市新闻出版局局长徐炯发表讲话

上海市社联党组书记、专职副主席权衡致欢迎辞

2021 年 8 月 2 日,《学术中的中国》专刊暨《探索与争鸣》第四届（2020）全国青年理论创新征文成果发布会在上海召开

中国期刊协会副会长李军致辞

上海市社联党组成员、专职副主席任小文主持会议

上海市社联党组成员、二级巡视员陈麟辉主持《学术中的中国》专刊选题策划会

作者代表、中国社会科学杂志社副总编辑李红岩致辞

《学术中的中国》专刊、《陈望道与共产党宣言》藏书票、《学术中的中国》印章
发布

《学术中的中国》专刊、《陈望道与共产党宣言》藏书票、《学术中的中国》印章

南京大学政府管理学院院长孔繁斌、政治学系主任王海洲、学衡研究院副院长李恭忠为第四届（2020）全国青年理论创新征文一等奖获得者于京东颁奖

解放日报社党委副书记周智强、华东师范大哲学系教授赵修义为第四届（2020）全国青年理创新征文二等奖获得者代表王涛颁奖

上海市出版协会会长胡国强，上海市期刊协会会长王兴康，上海人民出版社党委书记、社长、总编辑王为松为第四届（2020）全国青年理论创新征文三等奖获得者代表肖梦黎、沈辛成、叶成城颁奖

上海市社联兼职副主席、上海师范大学副校陈恒为第四届（2020）全国青年理论创新征文提奖获得者代表陈泓邑颁奖

一等奖获得者、南京大学学衡研究院助理研究员于京东发言

评委代表、华东师范大学中文系教授、教育部长江学者青年学者王峰发言

中共党史学会副会长、原中共中央党史研究室副主任李忠杰发言

中国社科院原副院长、《中国社会科学》原总编辑、《文学评论》原主编、中国文学批评研究会会长张江发言

中国人民大学书报资料中心总编辑高自龙发言

全国高校文科学报研究会理事长、《北京大学学报》（哲社版）常务副主编刘曙光发言

中共上海市委党校教授黄力之发言

南京大学人文社会科学资深教授周晓虹发言

上海社科院原党委书记潘世伟发言

上海市社联兼职副主席、上海外国语大学党委书记
姜锋发言

复旦大学资深教授葛剑雄发言

青年论坛：百年道路与青年使命

大会全体合影

序

　　雄关漫道真如铁。百年来，中国共产党始终不渝走中国之路，领中国之变，立中国之治。中国共产党领导下的哲学社会科学亦取得了令人瞩目的成就。习近平总书记说："观察当代中国哲学社会科学，需要有一个宽广的视角，需要放到世界和我国发展大历史中去看。"百年中国学术发展，根植于中国共产党伟大的自我革命与党领导的社会革命，进而聚合为中国独特历史和发展道路的理论表达。值此中国共产党成立100周年的历史时刻，《探索与争鸣》编辑部于2021年6月编辑出版《学术中的中国》专刊，以庆祝党的百年华诞。

　　本书以《学术中的中国》专刊为基础，以时代为经，以学术为纬，分觉醒年代、革命年代、建设年代、改革年代和新时代五个阶段，撷取关键时刻、关键事件和关键人物，着力勾勒出一幅中国共产党领导下的哲学社会科学事业的发展图谱。在吉光片羽中，我们可以清晰地看到百年中国学术史，既烙下中国革命、建设、改革和新时代的生动而深刻的历史印痕，又彰显中国学人的独特个性、理论学养和生命律动，构成了"学术中的中国"一道别样的风景线。

　　中国共产党领导下的百年学术史，是马克思主义中国化的历史，亦是马克思主义深度融入并深刻影响中国学术的历史。从中国社会性质论战到真理标准讨论，再到中国哲学社会科学体系建设，党领导下的学术探索和理论工作一直走在时代前列。没有一个坚持马克思主义的政党，没有立足中国实际的马克思主义的丰富和发展，没有一批具有开拓精神、创新品格的理论大家，马克思主义中国化的理论之花就不可能绽放。

百年中国学术不仅扎根五千年中国的广袤大地，而且与时代同呼吸、与民族共命运。一方面，一代代学人深植中华文明，立足中国革命、建设、改革和新时代的伟大实践，在更加深入理解民族精神、民族气韵过程中积极进取，为建构中国学术主体性久久为功；另一方面，中国学术逐渐以一种更加开放、包容、自信的心态学习和吸纳人类优秀文明成果，主动登上世界舞台，参与世界对话，为解决人类问题提供中国方案，为增加人类知识厚度、促进世界文明进步努力作出中国贡献。

"学术思想之在一国，犹人之有精神也。"百年来中国哲学社会科学工作者始终秉持家国情怀，自觉把学术志业与民族复兴、国家繁荣紧密结合在一起，在固本培元中为文化神州增添广度和深度，在薪火相传中内蕴中国学人对真理的追求和对信仰的坚守。"尽书生报国之志"，百年如一！

史诗般的时代呼唤与时俱进的理论建构。我们坚信，在中国共产党的领导下，踏上新征程的中国哲学社会科学必将从历史中汲取智慧，在实践中吸纳真知，述学立论，引领时代，理论之树长青！

本书的策划、编辑和出版，得到了社会各界大力支持，在此我们一并表达最诚挚的谢意！

——《探索与争鸣》编辑部

　　　　　　　　　　　　　　学术中的中国

目　录

新时代

覺醒年代

从学术到政治：
五四新青年派走向社会主义的精神路径

在现代社会中，学术与政治是最引人瞩目的两种志业：学术重在发现客观真理，通过科学支配万物，而政治重在建构美好生活，经由权力改造社会。这两种活动对人类社会具有重大价值，同时知识人也能从学术与政治的工作中获取自我的生命意义。[①]置身中国共产党建党百年的历史语境，回望百年前的历史风云，新青年派知识群体关于"学术与政治"的路径论争，为20世纪初中国现代性的发生、演进展现了一副最为原始、真实、生动的面貌。"学理型政治"和"政治型学理"贯穿新青年派学／政关系光谱的两端，思想论争的短兵相接、思想谱系的渐趋生成、思想群体的结合分化等都曾以此为轴心倾情演绎。本文以学术与政治的关系为主线，阐释大批新青年派知识分子走向社会主义的精神路径，探讨新青年派知识群体如何理解学／政关系，"学理型政治""政治型学理"两种路径在社会现实中又有着怎样的遭遇，由此进一步从总体上理解五四以后的现代中国。

---

① 马克斯·韦伯：《学术与政治》，钱永祥等译，上海：上海三联书店，2019年。

学术与政治:《新青年》"谈／不谈政治"的理念对抗

关于"学术与政治"关系的讨论由来已久,先秦诸子的经典著作中便有"内圣外王"的表述,意即将道学品质内化于心、外化于行,强调学习掌握了"道"才能成为真正的"王";而隋唐以来的科举制度则将道学研读与政治实践结合起来,"学而优则仕"成为历代士子孜孜以求的人生理想。时至晚清,张之洞指出:"世运之明晦,人才之盛衰,其表在政,其里在学。"① 然而,清末科举制度的废除堵住了千年来士人读书做官的通道,割断了学术与政治之间原有的制度脐带,士林群体也不得不重新思考"学术与政治"之关系。此后,中国知识人一直在探索新的职业选择与自我认同方式,试图在立身处世中发出自己的声音。

(一)有约在先:"不谈政治"的同人盟约

1917年,曾为晚清翰林的蔡元培入主北京大学,力图重绘现代中国的政学关系。蔡氏提出"大学者,研究高深学问者也",认为研究学问不为专职任事、不求升官发财:"外人每指摘本校之腐败,以求学于此者,皆有做官发财思想,故毕业预科者,多入法科,入文科者甚少,入理科者尤少,盖以法科为干禄之终南捷径也。因做官心热,对于教员,则不问其学问之浅深,惟问其官阶之大小。"② 蔡元培深知中国古代学术与政治的结合紧密,导致学术不彰,于是致力于将"学"与"仕"分开。将"学术"与"政治"分离,这是走出科举时代后知识人寻求新角色身份的重要

---

① 张之洞:《劝学篇·自序》,《张文襄公全集》第6册,台北:文海出版社,1967年。

② 《蔡元培全集》第3卷,北京:中华书局,1984年,第5页。

问题。

与此同时，陈独秀、胡适等人在主办《新青年》杂志过程中提出了"二十年不谈政治"的戒约。这一戒约既是学术独立的启蒙设计，也包含现实政治的语境考量。1915 年秋，杂志创刊正值国内政象剧变之时。作为主编的陈独秀自然清楚，如果不以"文化与学术"作为招牌，不但北洋政府不能容许《新青年》的存在，而且连同人都难以寻觅。陈独秀认识到，要造成社会效应，就必须广泛团结各方力量。从大局出发，陈独秀也只好委曲求全，与同人达成不成文的契约——"不谈政治"。正如胡适所回忆："在民国六年，大家办《新青年》的时候，本有一个理想，就是二十年不谈政治，二十年离开政治，而从教育思想文化等等，非政治的因子上建设政治基础。"①

在"二十年不谈政治"的旗帜下，新青年派知识群体掀起了文学革命、传统文化批判等运动，在思想文化领域"狠打了几次大仗"。但陈独秀并非那种沉迷文化讨论、纯粹"以学术为志业"之人，他推心置腹地告诉读者："本志主旨，固不在批评时政，青年修养，亦不在讨论政治，然有关国命存亡之大政，安忍默不一言？"②"二十年不谈政治"之约定，是胡适首先提出、陈独秀加以认可、在胡适追忆中不断强调的办刊理念。作为读者加作者的胡适，从《新青年》"批评时政，非其旨也"的声明中感受到"不谈政治"的心灵默契，遂将主编陈独秀引为志同道合的战友。但仅仅以此声明来把握曾经组织岳王会的"老革命"陈独秀的思想，不

---

① 《胡适全集》第 12 卷，合肥：安徽教育出版社，2003 年，第 224 页。
② 《陈独秀文章选编》(上)，北京：生活·读书·新知三联书店，1984 年，第 225 页。

过是胡适一厢情愿、自以为是。1921年年初，在《新青年》公然申明"谈政治"的情况下，胡适依然心存"不谈政治"之念，他在给陈独秀的信函中说："若要《新青年》'改变内容'，非恢复我们'不谈政治'的戒约，不能做到。"他还给陈独秀出主意：将《新青年》编辑部移到北京，发布一个"注重学术思想艺文的改造，声明不谈政治"的宣言，重启"二十年不谈政治"的盟约，以维护新青年派的内部团结。①

（二）别无选择："谈政治"之知识人宿命

伴随新文化运动影响的扩大，作为其主阵地的《新青年》杂志也如日中天，成为全国瞩目的金字招牌。而实际上《新青年》内部"学术与政治"两种编辑方针一直相颉颃。胡适矢志不移地将《新青年》框定在"不谈政治"的范围内，致力于思想文化的启蒙，而陈独秀则煞费苦心地在"国内大事记"和"国外大事记"中以新闻报道的形式借题发挥，实现"谈政治"的编辑思路。这种局面到1918年1月《新青年》编委会成立时才有所改观。胡适将"大事记"专栏废除，从第四卷开始在杂志上重申了"不谈政治"的宗旨。然而，作为同人刊物的《新青年》，在人各有志的同人编辑理念之下，政治色彩不断增强，"学术"与"政治"的张力愈来愈大，逐渐出现不可弥合的趋势。

五四运动之后，国内政治风云突变，此时陈独秀在政治选择上也从犹疑转为笃定，开始致力于社会主义思想的传播。他不顾胡适等人的反对，在"谈政治"道路上一如既往，最后亮出思想底牌："你谈政治也罢，不谈政治也罢，除非逃在深山人迹绝对不到的地方，政治总会寻着

---

① 张静庐辑注：《中国现代出版史料》甲编，北京：中华书局，1954年，第8页。

你的。"① "谈政治"成了知识人不可摆脱的宿命,"二十年不谈政治"的同人约定由此告终。陈独秀以"谈政治"为题专门撰文,亮明心志:"本志社员中有多数人向来主张绝口不谈政治,我偶然发点关于政治的议论,他们都不以为然。但我终不肯取消我的意见,所以常常劝慰慈、一涵两先生做关于政治的文章。"② 之前拐弯抹角地谈政治,陈独秀还心存"不谈政治"的承诺,而此时他不但推翻了"不议时政"的办刊宗旨,而且另辟蹊径为自己开脱。在陈独秀看来,谈政治的人可以分为三类:第一类是以政治为职业的官员,他们所谈的政治多是行政问题;第二类是有参政权的国民,其所谈政治包括一切政治问题、行政问题;第三类是知识青年,他们往往有热情与担当,关心国家民族的危亡。而作为《新青年》杂志的主编,陈独秀自认为有责任向知识青年谈谈"关系国家民族根本存亡的政治根本问题",如果一个国家的青年对此漠不关心,国家将会陷入万马齐喑的局面,存在国亡种灭的危险。③ 陈独秀在《青年杂志》初创时的启蒙论说中将"伦理"置于学术与政治之上,"自西洋文明输入吾国,最初促吾人之觉悟者为学术,相形见绌,举国所知矣。其次为政治,年来政象所证明,已有不克守缺抱残之势。继今以往,国人所怀疑莫决者,当为伦理问题。此而不能觉悟,则前之所谓觉悟者,非彻底之觉悟,盖犹在惝恍迷离之境。吾敢断言曰:伦理的觉悟,为吾人最后觉悟之最后觉悟"。但时至20世纪20年代,陈独秀已将伦理抛诸脑后,而将政治重新托举出来,强调更具有社会改造操作性和时效性的"直接行动"的

---

① 《陈独秀文章选编》(中),北京:生活·读书·新知三联书店,1984年,第1页。
② 陈独秀:《谈政治》,《新青年》第8卷第1号,1920年9月1日。
③ 《陈独秀文章选编》(上),北京:生活·读书·新知三联书店,1984年,第268页。

政治。

对于陈独秀的"食言",胡适自然极力抵制,力劝同人守住"二十年不谈政治"的盟约。但事与愿违,《新青年》杂志同人的"主张不尽相同"是有目共睹的,"二十年不谈政治"戒约的冲破已经充分证实了这一点。为了"《新青年》的团结",胡适联合李大钊、高一涵、蒋梦麟等人共同署名发表《争自由的宣言》,在该宣言中出现了与陈独秀《谈政治》几近相同的话语:"我们本不愿意谈实际的政治,但是实际的政治,却没有一时一刻不来妨害我们。自辛亥革命直到现在,已经有九个年头。这九年在假共和政治之下,经验了种种不自由的痛苦;便是政局变迁,这党把那党赶掉,然全国不自由的痛苦仍同从前一样。政治逼迫我们到这样无路可走的时候,我们便不得不起一种彻底觉悟,认定政治如果不由人民发动,断不会有真共和实现。"[①] 由是我们看到,新青年派知识群体仿佛在"谈政治"方面达成了共识。当然,这只是"仿佛"而非"确实"。他们在"谈不谈政治"的问题上最终"殊途同归",但是在"如何谈政治"的问题上又走向了"同途殊归"的结局,并由此酿成了历史上著名的"问题与主义"之争。

路径与理念:新青年派"谈政治"的思想谱系

风雨飘摇的民国初年,政权始终处于更迭之中。在这种语境下,"不谈政治"不失为知识人的明智选择,但想要坚持却非易事。新青年派知

---

① 胡适等:《争自由的宣言》,《晨报》增刊1920年8月1日。

　　　　　　　　　　　学术中的中国

识群体的集聚始于"二十年不谈政治"的戒约，最终却因"争谈各自的政治"走向分崩离析。与五四前期"不谈政治"的思想氛围不同，五四后期形成了"争谈政治"的时代趋势：以学术为志业的胡适，也会探讨妇女和劳动问题，甚至直言批评政治主义、呼唤"好人政府"；以政治为志业的陈独秀，也从事文学、科学、政治学的学理研究，以其为政治运动的工具。以胡适、陈独秀为代表的新青年派知识群体，在"如何谈政治"的问题上形成了"学理型政治"和"政治型学理"两种截然不同的路径。

（一）学理型政治：作为学理研究的"谈政治"

所谓"学理型政治"是将政治议题学术化，从学术研究的视角来思考、探讨现实政治问题，带有具体性和研究的意味。胡适便是秉持"学理型政治"路径"谈政治"的代表人物。胡适在多年之后平静地述说《每周评论》的创办："这样一来，《新青年》杂志便可继续避免作政治性的评论；同时他们也可利用一个周刊来得到政治的满足。"[1] 令人始料未及的是，《每周评论》本是陈独秀、李大钊精心打造的"谈政治"的媒体平台，后来却成为"不谈政治"的胡适谈政治的主打阵地。胡适后来自陈："直到1919年6月中，独秀被捕，我接办《每周评论》，方才有不能不谈政治的感觉。那时正当安福部极盛的时代，上海的分赃和会还不曾散伙。然而，国内的'新'分子闭口不谈具体的政治问题，却高谈什么无政府主义与马克思主义。我看不过了，忍不住了，——因为我是一个实验主义的信徒，——于是发愤要想谈政治。"[2] 当然，他的"谈政治"更多是从学理

---

[1] 《胡适口述自传》，唐德刚译注，上海：华东师范大学出版社，1993年，第190页。

[2] 胡适：《我的歧路》，《努力周报》第7期，1922年6月18日。

阐述意义上谈政治，力避"全盘政治化"的话语举措。"谈政治"的不同理念，引发了颇具象征意义的"问题与主义"之争。

为了成全《新青年》"二十年不谈政治"的戒约，陈独秀等人开辟新阵地《每周评论》，颇具创意，同时也说明当时的政治在"传统批判""文学革命"之后已经成为"如鲠在喉，不得不谈"的首要问题。早在《每周评论》创刊前，胡适就对《新青年》同人总爱发激进的政治议论忧心忡忡。至《每周评论》创刊，同人不但明目张胆地谈论政治，甚至走向街头参加实际的政治运动，由此酿成陈独秀入狱、李大钊避难的结局。此时，胡适顺理成章地接手《每周评论》，并发表《多研究些问题，少谈些"主义"》以回避政治锋芒，引导该时评周刊的"谈政治"守在学术阐述的畛域。胡适的个人性情和学理背景都使他更倾向于"学术"，将诸多现实问题转化为学术问题来探讨。除却研究者所共知的思想背景，一个更重要的线索便是他恓惶（总是在两维以上的意象上徘徊）、内倾、自御式的性情作祟。处事稳妥、周全的胡适，总希望《新青年》火药味不要太浓，守住"不谈政治"的戒约。即使对于作为权宜之计推出的《每周评论》，胡适也力图将"谈政治"往学理阐述领域引导，而不希望它介入现实的政治动员。然而，《每周评论》的"大事""社论""随感录"栏目，字字句句都带有鲜明的政治导向和刺鼻的火药味。胡适担心新文化运动有从学理阐述滑向政治运作的危险，于是撰写了《多研究些问题，少谈些"主义"》对同人进行提醒。在这篇重要的"谈政治"文献中，胡适标举的关键词是"研究"而非"谈"，十分符合他"学理型政治"的论政路数。

再看前述胡适领衔、联合署名的《争自由的宣言》："我们本不愿意谈实际的政治，但是实际的政治，却没有一时一刻不来妨害我们。""政治逼迫我们到这样无路可走的时候，我们便不得不起一种彻底觉悟，认定政治如果不由人民发动，断不会有真共和实现。"由这两段话，我们仿佛看到胡适、陈独秀领衔的新青年派知识群体不但在"迫不得已谈政治"方面达成一致，而且也在"政治需要由人民发动"方面有着高度共识。但这只呈现了宣言的部分面貌，后面的内容才是重点，展现了胡适所秉持的"学理型政治"理念："但是如果想使政治由人民发动，不得不先有养成国人自由思想自由评判的真精神的空气……我们现在认定，有几种基本的最小限度的自由，是人民和社会生存的命脉，故把他提出，让我全国同胞起来力争。"①通过胡适等所言可见，"人民发动政治""共和真正实现"是高悬的理想，如何实现才是最重要的，也才是胡适所标举的方法论。这个方法论便是"自由思想自由评判的真精神"，而这也直接展现了胡适"谈政治"中的"学理型政治"面相，与陈独秀所代表的"政治型学理"路径有着明显的差异。

（二）政治型学理：作为政治运作的"谈政治"

所谓"政治型学理"，是将学术政治化，借着谈学理而发挥自己的政治哲学理念并使之走向实践，方向性、目的性较强。陈独秀是秉持"政治型学理"路径的代表人物。与胡适以谈学理影响政治不同，陈独秀抱持着政治情怀，试图从学理中寻找支持政治的元素。陈独秀在回应胡适"不要空谈学理"的问题时，透露出自己"政治型学理"的思想本色："胡适之先生不主张离开问题空谈学理，我以为拿学理来讨论问题固然极

---

① 胡适等：《争自由的宣言》，《晨报》增刊1920年8月1日。

好。就是空谈学理，也比二十年前的《申报》和现在新出的《民心报》上毫无学理八股式的空论总好得多。"这里看似和胡适一样在谈学理，但陈氏所推崇的乃是能够直接进行政治运作、介入社会改造的学理："我们所希望的，持论既不谬，又加上精密的学理研究才好。像克罗马底资本论，克波客拉底互助论，真是我们持论底榜样。"① 由此可略窥"政治型学理"与"学理型政治"之间的差异。这与陈、胡二人的性格也有相通之处。陈独秀表现出一副固执、外倾、进取式的性情，有着不服输的大无畏气质和人格，与胡适的内倾、犹疑形成鲜明对比。在这种性情的支撑下，陈独秀的思想中灌注了唤醒中国的亢奋观念，爱国、尚武与救亡图存的国家意识占据了主流，由此也导致他的"谈政治"并非无关痛痒的学理阐述，而是旨在指导现实政治运动的理论武器。这也正是"政治型学理"的重要特征。正是在政治型学理的理念指导之下，同样是提倡文学的改革创新，陈独秀却不是在文学自身上下功夫。强烈的目的性使他把文学看成一个达成政治需要的手段。其《文学革命论》以"军令状"的形式宣誓："欧洲文化，受赐于政治科学者固多，受赐于文学者亦不少。予爱卢梭、巴士特之法兰西，予尤爱虞哥、左喇之法兰西；予爱康德、赫克尔之德意志，予尤爱桂特、郝卜特曼之德意志；予爱倍根、达尔文之英吉利，予尤爱狄铿士、王尔德之英吉利。吾国文学界豪杰之士，有自负为中国之虞哥、左喇、桂特、郝卜特曼、狄铿士、王尔德者乎。有不顾迂儒之毁誉、明目张胆以与十八妖魔宣战者乎。予愿拖四十二生的大炮，为之前驱。"② 为什么要"文学革命"，而且"愿拖四十二生的大炮，为之前

---

① 陈独秀：《告新文化运动的诸同志》，《大公报》（长沙）1920 年 1 月 11、12 日。

② 陈独秀：《文学革命论》，《新青年》第 2 卷第 6 号，1917 年 2 月 1 日。

驱"？其实陈独秀所瞩目的还是政治革命，不过是以文学革命施行曲线策略。与胡适的谦和"改良"相对，陈独秀则对此冠以"革命"的名目，具有不容商榷的独断口气："鄙意容纳异议，自由讨论，固为学术发达之原则。独至改良中国文学，当以白话为文学正宗之说，其是非甚明，必不容反对者有讨论之余地，必以吾辈所主张者为绝对之是，而不容他人之匡正也。"①

秉持果敢决断的性格，陈独秀从政治革命的立场出发，注重培养具有主动意识的青年，希望他们能"直接行动"担负时代重任，以无畏的"牺牲的精神"完成救亡图存的使命。②与胡适"对付"环境的内倾、犹疑不同，陈独秀所标榜的人生价值带有明显的不断奋斗、敢于牺牲的色彩。他在《人生真义》中对个人奋斗、努力进取的价值大加赞扬和渲染，认为幸福就蕴藏在艰苦的奋斗追求中："人生幸福，是人生自身出力造成的，非是上帝所赐，也不是听其自然所能成就的。"③1915 年 11 月，陈独秀在《抵抗力》一文中道出他孜孜以求的人生取向："幸福事功，莫由幸致。世界一战场，人生一恶斗。一息尚存，决无逃遁苟安之余地。"④开拓进取，长于战斗，就必须有刚强的意志和坚强的体魄。因此陈独秀在力倡"人间个性之自由活动力"的文化运动背后，又不时流露出"皙族勇武可钦"的赞叹。⑤1915 年 10 月，陈独秀在《今日之教育方针》一文中表达了对国人"病夫"之躯的忧虑："余每见吾国曾受教育之青年，手

---

① 陈独秀：《答胡适之》,《新青年》第 3 卷第 3 号, 1917 年 5 月 1 日。
② 《陈独秀最近之演说》,《时事新报》1920 年 4 月 22 日。
③ 陈独秀：《人生真义》,《新青年》第 4 卷第 2 号, 1918 年 2 月 15 日。
④ 陈独秀：《抵抗力》,《青年杂志》第 1 卷第 3 号, 1915 年 11 月 15 日。
⑤ 陈独秀：《答程师葛》,《新青年》第 2 卷第 1 号, 1916 年 9 月 1 日。

无缚鸡之力，心无一夫之雄；白面纤腰，妩媚若处子；畏寒怯热，柔弱若病夫；以如此心身薄弱之国民，将何以任重而致远乎？"针对"手无缚鸡之力，心无一夫之雄"的中国青年，他以重病下猛药的理念，提出令人畏惧的"兽性主义"教育方针："兽性之特长谓何？曰意志顽狠，善斗不屈也；曰体魄强健，力抗自然也；曰信赖本能，不依他为活也；曰顺性率真，不饰伪自文也。晳种之人，殖民事业遍于大地，唯此兽性故；日本称霸亚洲，唯此兽性故。"[1] 经历清末民初风雨如晦的岁月，让陈独秀越来越感到人自身的顽强奋斗精神的可贵。陈独秀本人便具有"回头之草弗啮，不峻之坡不上"的刚毅禀性。由此，陈独秀始终坚持青年需要具有"自主的""进步的""进取的""世界的""实利的""科学的"人格，只有如此才能够成就"自觉奋斗""新鲜活泼"之新青年。[2] 只有这样的青年才敢于愤而起身，"用那最不和平的手段，将那顾全饭碗阻碍和平的武人、议员、政客扫荡一空"。[3]

思想与社会："五四"思想启蒙的"现实"转向

"学术主知，政治主行。"由二者交叉混合而成的学理型政治和政治型学理，本应并立竞进，发挥各自的话语逻辑与价值功能。然而，在公理与强权颉颃消长的国际情势之下，在仁人志士普遍寻求救亡道路的舆论氛围之中，能够直接介入社会改造的"政治型学理"显然比"学理型

---

[1] 陈独秀：《今日之教育方针》，《青年杂志》第 1 卷第 2 号，1915 年 10 月 15 日。

[2] 陈独秀：《敬告青年》，《青年杂志》第 1 卷第 1 号，1915 年 9 月 15 日。

[3] 陈独秀：《南北代表有什么用处？》，《每周评论》第 19 号，1919 年 4 月 27 日。

政治"更受国人青睐。通过陈独秀、李大钊、蔡元培等在 1919 年前后的政治研判，可以窥见中国知识界的"学术与政治"是如何通过"公理与强权"的桥梁打通、合辙、转化，并促成社会主义在中国生根、开花而结果的。

（一）思想雄辩："公理"战胜"强权"

谈及五四运动的直接起因，绕不开第一次世界大战（"欧战"）结束后的"巴黎和会"。当时的中国知识界，无论标举学理型政治的胡适还是秉持政治型学理的陈独秀，都始终关注着"欧战"，并对"欧战"结束后的巴黎和会充满"公理战胜强权"的浪漫想象。从《新青年》文本出发不难发现，对大战的评点、总结和评判构成了《新青年》和《每周评论》的一大思想焦点。《新青年》关于"欧战"的评论，前期并无褒贬倾向，但后期则开始出现明显的态度立场，赋予协约国公理、正义的色彩，由此期待实现"公理战胜强权"的世界理想。

1918 年 11 月，得到第一次世界大战结束的消息后，新青年派知识群体在中央公园举行演讲大会，蔡元培、陈独秀、李大钊等纷纷发表关于"欧战"胜利后国际社会形势走向的演讲。[1]新青年派知识分子的演说既是贺词，同时也是一种带有强烈国家意识和民族精神的现代性道路指南。随后这些演讲刊载在《新青年》第 5 卷第 5 号上，从演讲"口耳相传"到报刊"广而告之"，新青年派希望为"欧战"的胜利赋予"公理战胜强权"的象征意义。

《每周评论》的创刊也配合了这一宣传。陈独秀的发刊词颇能代表

---

[1] 唐宝林、林茂生：《陈独秀年谱》，上海：上海人民出版社，1988 年，第 88 页。

其心声："自从德国打了败仗，'公理战胜强权'，这句话几乎成了人人的口头禅。""公理战胜强权"表达了陈独秀的夙愿。陈独秀将"欧战"胜利与他素来倡导的平等、自由联系起来："列位要晓得，什么是公理，什么是强权呢？简单说起来，凡合乎平等自由的，就是公理；倚仗自家强力，侵害他人平等自由的，就是强权。"①

回到《新青年》的"欧战"论述。李大钊《庶民的胜利》作为开篇，在解释什么叫"庶民的胜利"时说："这亘古未有的大战，就是这样告终。这新纪元的世界改造，就是这样开始，资本主义就是这样失败，劳工主义就是这样战胜。世间资本家占最少数，从事劳工的人占最多数。因为资本家的资产，不是靠着家族制度的继袭，就是靠着资本主义经济组织的垄断，才能据有。这劳工的能力，是人人都有的；劳工的事情，是人人都可以作的；所以劳工主义的战胜，也是庶民的胜利。"②从李大钊的预言不难看出，这是一个具有里程碑意义的人类"新纪元"："民主主义、劳工主义既然占了胜利，今后世界的人人都成了庶民，也就都成了工人……照此说来，我们要想在世界上当一个庶民，应该在世界上当一个工人。诸位呀！快去作工呵！"③

李大钊对"欧战"意义的阐述，不仅道出了资本主义的本质以及资本家与工人阶级对立的必然性，而且呈现了知识分子从劳心者的"自大"到劳力者的"伟大"之自卑与自尊的转变。蔡元培如是说："我们不要羡慕那凭借遗产的纨绔儿！不要羡慕那卖国营私的官吏！不要羡慕那克扣

---

① 陈独秀：《发刊词》，《每周评论》第 1 号，1918 年 12 月 22 日。
②③ 李大钊：《庶民的胜利》，《新青年》第 5 卷第 5 号，1918 年 11 月 15 日。

军饷的军官！不要羡慕那操纵票价的商人！不要羡慕那领干脩的顾问咨议！不要羡慕那出售选举票的议员！他们虽然奢侈点，但是良心上不及我们的平安多了。我们要认清我们的价值，劳工神圣！"①蔡氏以"不要羡慕"的排比句，道出了劳动的无上价值和劳工的伟大神圣，这在中国现代思想史上具有里程碑式的意义。当然，蔡元培的"劳工神圣"尚处于笼统、模糊的阶段，他将体力劳动者和脑力劳动者都纳入"劳工神圣"的范畴："我说的劳工，不但是金工木工等等。凡用自己的劳力作成有益他人的事业，不管他用的是体力、是脑力，都是劳工。所以农是种植的工、商是转运的工，学校职员、著述家、发明家，是教育的工，我们都是劳工，我们要自己认识劳工的价值。劳工神圣！"②

将自我的个性"自大"转换为从"众"如流的集体意识，陈独秀在与蔡元培和李大钊不尽相同的思想意念中走向一种文化民粹主义情感："我们的'民众'概念是指那些不仅全力参与历史的进程，而且占据历史、加快它的前进步伐、决定它的发展方向的人民。在我们心目中，人民谱写了历史，改造了世界，也改造了他们自己。"③这里的"人民"或"民众"在很大程度上就是指处于底层或弱势的体力劳动者。在此，新青年派同人已经从理论上认识到了"合群"与"合力"的重要作用。

（二）社会现实："事实"胜于"雄辩"

"欧战"的结果，看似是"强权"的失道焕发了"公理"的青春，然而，"公理战胜强权"的期待不过是一时的浪漫幻想。巴黎和会上，列强

---

① ② 蔡元培：《劳工神圣》，《新青年》第5卷第5号，1918年11月15日。
③ 布莱希特语，见吉姆·麦克盖根：《文化民粹主义》，桂万先译，南京：南京大学出版社，2001年，第14页。

不顾中国反对，将战前德国在山东的特权全盘转交给日本。外交失败引发了国内的怒潮，五四运动由此爆发，成为中国近现代史上划时代的里程碑。

事后，作为当事人的学生辈的罗家伦和老师辈的陈独秀，对"五四精神"的总结都将"行动"作为关键词。罗家伦在五四后的报刊中说："从前我们中国的学生，口里法螺破天，笔下天花乱坠，到了实行的时候，一个个缩头缩颈……惟有这次一班青年学生，奋空拳、扬白手，和黑暗势力相斗，伤的也有，被捕的也有，因伤而愤死的也有，因卖国贼未尽除而急疯的也有。这样的牺牲精神不磨灭，真是再造中国的元素。"①罗家伦重视"实行"，将"五四精神"总结为"学生牺牲""社会裁制""民族自决"三种真精神，而陈独秀将"五四精神"总结为"直接行动"和"牺牲的精神"两条："直接行动就是人民对于社会国家的黑暗，由人民直接行动，加以制裁，不诉诸法律，不利用特殊势力，不依赖代表。"②受五四运动的启发，从知识分子到下层民众，都开始认识到"直接行动"的重要性。此时的"强权"与"公理"都已成为随风飘零的明日黄花。"强权"早晚失败，"公理"最终又靠不住，整个中国社会愈来愈接受列宁关于"欧战"的"帝国主义战争"之说。

"强权""公理"之坍塌，造就了中国知识界对社会现实的关注。这时再来审视"问题与主义"之争就会发现，大家都已感觉到"空谈"的问题，于是开始倡导"实际的行动"。胡适发表了《多研究些问题，少谈些"主义"》："空谈好听的'主义'，是极容易的事，是阿猫阿狗都能做的

---

① 毅(罗家伦)：《"五四运动"的精神》，《每周评论》第23号，1919年5月26日。

② 《陈独秀最近之演说》，《时事新报》1920年4月22日。

事,是鹦鹉和留声机都能做的事。"①李大钊则作《再论问题与主义》与其商榷,主张"本着主义作实际的运动",便不会被那些假冒牌号的"阿猫、阿狗、鹦鹉、留声机"欺骗。②这场争论所揭示的关键是如何正确地认识中国社会的特殊性,如何使行动与主义二者协同互动,以更有力地改造社会。为此,《新青年》杂志不但在宣传"主义"上增加火力,而且推出"社会调查"专栏,"劳工改造""妇女运动"等社会问题调查报告在1920年前后的《新青年》上接二连三地出现,回应了胡适"多研究些问题"的提醒。

行动与主义:新青年派走向社会主义的道路选择

以1919年为界,新青年派既有的以"思想启蒙"包打一切的逻辑渐渐退潮,面向社会直接行动的"社会改造"逐渐浮出水面,成为中心议题。这一时期,大批新青年派知识分子对西方民主主义经历了从憧憬幻想到绝望厌弃的态度转变,本来被奉为学习典范的西方民主国家内部也出现严重的劳资对立与贫富分化现象,使得新青年派知识分子对民主主义的崇拜心理发生动摇。他们逐渐认识到"社会主义"比"民主主义"更能迅速地改造中国社会,更能在社会行动中彰显影响力。

(一)"知""行"合一:从舆论启蒙到社会改造

五四运动后,"社会改造"逐渐取代"思想启蒙",成为志士仁人思考中国现代化演进的新出发点。陈独秀曾专门撰文谈"文化运动"和"社

---

① 胡适:《多研究些问题,少谈些"主义"》,《每周评论》第31号,1919年7月20日。
② 李大钊:《再论问题与主义》,《每周评论》第35号,1919年8月17日。

会运动"的区别，并认为"新文化运动"不应成为局限于知识阶层的思想启蒙，也应引导工人、农民、妇女等各个群体参与进来，涵盖维护劳工权益、争取妇女地位等社会运动。将"文化运动"和"社会运动"两相比较，陈独秀认为，"起而行"的"社会运动"比"坐而言"的"文化运动"更具社会价值。曾为《新青年》撰稿的青年毛泽东写下《民众的大联合》来高呼社会民众采取实际行动："国家坏到了极处，人类苦到了极处，社会黑暗到了极处。补救的方法，改造的方法，教育，兴业，努力，猛进，破坏，建设，固然是不错，有为这几样根本的一个方法，就是民众的大联合。"①

审视《新青年》杂志 1919 年年底的《本志宣言》可以发现，这简直是一篇转向社会实际行动的宣言："我们理当大胆宣传我们的主张，出于决断的态度。"陈独秀素来坚持"绝对厌弃中庸之道，绝对不说人云亦云豆腐白菜不痛不痒的话"，这则宣言也是旗帜鲜明，语气不容商量："我们主张的是民众运动、社会改造，和过去及现在各派政党，绝对断绝关系。"②需要注意的是，这则《本志宣言》虽是由陈独秀主笔，却以"公同意见"的面目出现："本志具体的主张，从来未曾完全发表。社员各人持论，也往往不能尽同。读者诸君或不免怀疑，社会上颇因此发生误会。现当第七卷开始，敢将全体社员的公同意见，明白宣布。就是后来加入的社员，也公同担负此次宣言的责任。"③结合思想史脉络不难发现，以

---

① 《毛泽东早期文稿》，长沙：湖南出版社，1990 年，第 338 页。
② 就在陈独秀发表宣言之前，瞿秋白和郑振铎曾去登门造访，咨询《新社会》周报事宜，陈独秀表达了自己普及民众教育、进行通俗启蒙的希望。
③ 《本志宣言》，《新青年》第 7 卷第 1 号，1919 年 12 月 1 日。

《新青年》"公同意见"的名义旗帜鲜明地倡导"实际的行动",意在倒逼持"学理型政治"思维的胡适等人进行决断。

现实社会情势的发展让很多知识分子看到,仅从学理角度阐述政治、从思想角度进行革命无济于事,只有在现实行动中才能推进社会变革。学术固然有着相对的独立性,但它毕竟存在于社会政治生活之中。知识分子不能脱离宏观社会价值来谈所谓的"学术",更不能脱离政治环境空谈"学术"。这即是常说的"知行合一"。但胡适作为自由主义的信徒依然坚持自己学理型政治的言说方式,并且以导师的身份如此指导学生。1920年,他在北京大学的开学典礼中说:"若有人骂北大不活动,不要管他;若有人骂北大不热心,不要管他。但是若有人说北大的程度不高,学生的学问不好,学风不好,那才是真正的耻辱。"[1]在胡适理念的影响之下,《新潮》杂志主编傅斯年在出国前公开告诉同学们:"(1)切实的求学;(2)毕业后再到国外读书去;(3)非到三十岁不在社会服务。中国越混沌,我们越要有力学的耐心。"[2]在政治危难之际,为社会再造保留读书的种子和复兴的力量,某种程度上是学术界富有前瞻性的责任担当。然而,胡适的好友丁文江对于胡适的"学理型政治"却有着一针见血的批评:"你的主张是一种妄想;你们的文学革命、思想改革、文化建设,都禁不起腐败政治的摧残。良好的政治是一切和平的社会改善的必要条件。"[3]

---

[1] 《胡适之先生演说词》,《北京大学日刊》1920年9月18日。
[2] 张允侯等编:《五四时期的社团》(二),北京:生活·读书·新知三联书店,1979年,第100页。
[3] 《胡适全集》第19卷,合肥:安徽教育出版社,2003年,第434页。

国家危急存亡之际，确实无法平心静气地阐述政治学理，而是需要可以直接指导行动的政治理论。因此，以学理阐述进行思想启蒙的"学理型政治"逐渐失去魅力，连致力于以文学启蒙国民的鲁迅也觉察到时势问题的严重性和知识阶级的缺点："总之，思想一自由，能力要减少，民族就站不住，他的自身也站不住了。现在思想自由和生存还有冲突，这是知识阶级本身的缺点。"[①] 于是，以胡适为代表的"自由思想自由评判"的学理型政治，更像是笔下"空谈"，而面向实际问题的"政治型学理"则成为众望所归。陈独秀正告以胡适为代表的"知识阶级诸君"，不要凭空认为单纯依靠"决战的舆论"和"学生运动"足以打倒军阀，这种舆论和运动当然有进步意义，但依旧势单力薄，因此要联合工人一起来革命："你们离了工人、贫农的劳动群众便没有当真革命的可能；这是因为被压迫的劳动群众之现实生活的要求及阶级的战斗力，都具有客观的革命条件，并非是些浪漫的革命分子可比。"[②] 如果说这里还比较含蓄，那么在 1922 年联省自治的讨论中，陈独秀著文指名道姓批评了胡适："我今正告适之先生：中国此时还正在政治战争时代，不是从容立法时代，我们并不象一般书呆子迷信宪法本身有扶危定乱的神秘力，我以为此时一部宪法还不及一张龙虎山的天师符可以号召群众。"[③]

（二）主义选择：从民主主义到社会主义

承上所论，顺着"知""行"的理路演绎，从民主主义华丽转身为社会主义便是大批新青年派知识分子"知行合一"发展与深化的结果。

---

① 《鲁迅全集》第 8 卷，北京：人民文学出版社，2005 年，第 226 页。

②③ 《陈独秀文章选编》（中），北京：生活·读书·新知三联书店，1984 年，第 252 页，第 203 页。

五四前后，进化论、个人主义、存在主义、人道主义、人本主义、自由主义、激进主义、保守主义、功利主义、经验主义、理性主义等各种"主义"纷至沓来，令国人应接不暇。当时代焦点从思想启蒙转向社会改造的当口，马克思主义的观念以及苏俄模式在中国思想界成为热点。此时回味李大钊的《BOLSHEVISM 的胜利》，对于踟蹰不定的知识界而言，有着"众里寻他千百度，蓦然回首，那人却在灯火阑珊处"之感："联合世界的无产庶民，拿他们最大最强的抵抗力，创造一自由乡土。""由今以后，到处所见的，都是 Bolshevism 战胜的旗。到处所闻的，都是 Bolshevism 的凯歌的声。人道的警钟响了！自由的曙光现了！试看将来的环球，必是赤旗的世界！"[①]

　　承续李大钊的政治敏锐，五四运动后的陈独秀在《新青年》重整旗鼓，以公开宣言的方式批判西方资本主义的种种问题，开启了欢迎社会主义的大门："我们相信世界上的军国主义和金力主义，已经造了无穷罪恶，现在是应该抛弃的了。"抛弃"军国主义和金力主义"后何去何从？陈独秀为同人以及芸芸众生指明了一条理想化的道路："我们理想的新时代新社会，是诚实的、进步的、积极的、自由的、平等的、创造的、美的、善的、和平的、相爱互助的、劳动而愉快的、全社会幸福的。希望那虚伪的、保守的、消极的、束缚的、阶级的、因袭的、丑的、恶的、战争的、轧轹不安的、懒惰而烦闷的、少数幸福的现象，渐渐减少，至于消灭。"[②] 在此过程中，大批新青年派知识分子从注重思想启蒙转向注重社会改造，而在主义选择方面，他们也从滋生劳资矛盾、贫富分化的西方

---

① 李大钊：《BOLSHEVISM 的胜利》，《新青年》第 5 卷第 5 号，1918 年 11 月 15 日。

② 《本志宣言》，《新青年》第 7 卷第 1 号，1919 年 12 月 1 日。

民主主义转向充满着人道主义情怀的社会主义。

1920 年，身在中国的西方哲学家罗素，也从"欧战"结束后的世界局势中看出了政治道路选择的人心所向："这次大战的结果，不但自由党失败，便是自由主义也因此减色。威尔逊总统的失败，更是自由主义失败的一个证据……我是因战争结果从自由主义改变到社会主义的一人；这并不是因我不信从自由主义，不过我看除非经过社会经济改造的过渡时代，自由主义实在没有什么大的意思罢了。"[①] 当然，彼时的"社会主义"还存在"浑朴"的面相，有着布尔什维克主义、基尔特社会主义、工团主义、新村主义、无政府主义、国家社会主义等多种类型。陈独秀领衔的后期新青年派群体，通过与基尔特社会主义、无政府主义的论战，让国人明晰了以布尔什维克主义改造社会的可操作性，给中国社会选择了一条切实可行的政治路径。

1921 年 7 月，中国共产党正式成立。与此同时，陈独秀发表《政治改造与政党改造》为自己的行动提供了新的注解："既然有政治便不能无政党，政党只可以改造，要说政治可以绝对不要政党，这话此时也还没有证据。无论是有产阶级的政党或无产阶级的共产党，凡是直接担负政治责任之团体，似乎都算是政党。"他以"人是政治的动物"为大前提，将政党之需要抬得极高："政党是政治底母亲，政治是政党的产儿。"[②] 这与他此前把"政党政治"说成"将随一九一五年为过去之长物"何其不同！陈独秀曾明确表示，革命不只是"一点权力集中"的问题，为了成就

---

① 罗素：《社会主义与自由主义》，《东方杂志》第 17 卷第 18 号，1920 年 9 月。

② 《陈独秀文章选编》(中)，北京：生活·读书·新知三联书店，1984 年，第 135—136 页，第 149 页。

事业,权力必须高度集中:"仅仅只有一点权力集中的倾向,而犹迷信各团体底自由自治,未能完全权力集中,所以不适于革命。劳动团体底权力不集中,想和资本阶级对抗尚且不能,慢说是推倒资本阶级了;因为权力不集中各团体自由自治起来,不但势力散漫不雄厚,并且要中资本阶级离间利用和各个击破的毒计,我所以说,权力集中是革命的手段中必要条件。"① 李大钊也同样认为,要有"革新的事业",就必须有"团体的训练"。这种训练需要培养民众的凝聚力,使之有较强的集体主义精神:"组织更精密,努力更强大。试看各国罢工风潮及群众运动之壮烈,不难想见。俄罗斯共产党,党员六十万人,以六十万人之大活跃,而建设了一个赤色国家。这种团体的组织与训练,真正可骇。"② 李大钊所谓的"精密组织"和"政党之精神"亦即权力集中和意志统一。从崇尚民主自由到关注团体训练,在以实际行动进行社会改造的社会实践中,一批新青年派知识分子逐渐认识到政党领导和团体训练的重要性。面对知识界对个人自由减少的质疑,李大钊认为:"过渡时代的社会主义,确是束缚个人主义的自由,因少数资本主义者之自由当然受到束缚,不过对于大多数人的自由确是增加,故社会主义是保护自由、增加自由者,使农工等人物多得自由。"③ 可见,在李大钊等思想先贤心目中,不但社会主义是自由的乐园,而且还有比这"过渡时代"更为理想的共产主义屹立在前方,这对于中国社会自然更具吸引力和号召力,由此便可理解大批新青年派知识分子走向社会主义的心路。

---

① 《陈独秀文章选编》(中),北京:生活·读书·新知三联书店,1984年,第135—136页,第149页。
②③ 《李大钊文集》(下),北京:人民出版社,1984年,第442页,第375页。

结　语

　　自古至今，"学术与政治"是构成人类社会的两种重要力量，也成为知识人灵魂深处的双螺旋结构，始终萦绕在他们的社会实践之中。中外思想家们都试图将二者关系理顺，但从思想史的实际进路来看，这两种路径之间的纠结却成为常态。审思五四新青年派的选择，存在着一条从"学术"到"政治"的更替脉络，其中"现实"作为一个逻辑推演的重点需要予以重视。新青年派知识群体最初在"二十年不谈政治"的戒约下集聚，完成了传统批判、文学革命等启蒙任务，而现实政治的逼迫使得他们又不约而同地开启了"谈政治"的实践。但思想背景的差异导致新青年派有着"学理型政治""政治型学理"两种学／政观念。在以学术导引政治、以思想改造社会的五四前期，两种学／政观念不相上下，协力开拓启蒙空间，但当五四进入后半场，以学理阐述进行思想启蒙的"学理型政治"逐渐失去魅力，而以实际行动进行社会改造的"政治型学理"成为知识界的众望所归。其间，大批新青年派知识分子也完成了从民主主义到社会主义的思想转向。

　　　　　　　　　　　　　　　　　　　　学术中的中国

近代中国"真觉醒"的枢纽

——管窥中国共产党成立前后的时代语境

瞿　骏（华东师范大学中国现代思想文化研究所暨历史学系教授）

1942 年 3 月，毛泽东发表名文《如何研究中共党史》，提出党史研究的基本方法——"古今中外法"。这里的"中外"不仅限于简单的中国与外国，毛泽东特别阐发说：

> 辛亥革命是"中"，清朝政府是"外"；五四运动是"中"，段祺瑞、曹汝霖是"外"；北伐是"中"，北洋军阀是"外"；内战时期，共产党是"中"，国民党是"外"。如果不把"外"弄清楚，对于"中"也就不容易弄清楚。世界上没有这方面，也就没有那方面。[1]

这一阐发清晰地说明，"中外"不仅指中国与外国，更包含着如下洞见：历史过程充满各种各样的矛盾，但又处处互相联系，彼此依存，乃是一个整体。从广义上说，中共建党是"中"，则围绕中共建党的时代语境就是"外"。因此若要深入地讨论、理解中共建党，就必须深入探究 1920

---

[1]　毛泽东：《如何研究中共党史》，《毛泽东文集》第 2 卷，北京：人民出版社，1993 年，第 400、406 页。

年前后丰富繁杂的时代语境，进而审视中共建党如何成为触发时代"真觉醒"的枢纽。

因这个大时代的内容太过丰富，本文只能做一管窥，所选择的切入点主要是1921年10月10日的《时事新报》和其《双十增刊》。《时事新报》是五四时期著名的传播新文化的综合性报纸，其背后主导政治力量是以梁启超等为首的"研究系"。在当时的著名报刊中，《时事新报》和《晨报》南北同源，互为犄角，与《新青年》《民国日报》等经常既有角力又有呼应。因其立足、出版于上海都市，所以内容不只是传播主流新文化，也具备一定市民气息；更因它是"老新党"主导的报纸，所以不时表现出欲蜕旧壳又未能蜕尽的"士大夫"腔调，这些都让它提供的材料能够较为充分地反映时代，进而有助于我们从"外"的角度思考中共建党前后的时代语境。

"新文化运动"的成果与张力

按照毛泽东的看法，中共建党的历史要从五四谈起，此外，1921年前后的时代语境，除了五四运动，还有新文化运动。将两者联用的"五四新文化运动"这一概念乃后出。在一般的中学历史教科书叙述中，"新文化运动"开始于五四运动前数年，但这个以"文学革命"为主要标识的"新文化运动"，在1949年的周作人看来，是"焊接"上去的。周作人认为真正的"新文化运动"发生在五四运动之后，是由其"引起了的热情"触发。① 这一看法从时人认识中也得到呼应，1921年就有人指出：

---

① 周作人著、陈子善编：《知堂集外文·四九年以后》，长沙：岳麓书社，1988年，第27页。

"五四运动"虽然好像是和平的，实在是革命的。自有了这一次革命性的群众运动，方才把新思想硬生生的在社会中竖立起来；如果没有"五四运动"，我敢说便到十年之后不见得就有现在那样的现象。①

　　1921年"新文化运动"已到了收获成果之时，同时又表现出种种张力。我们先从成果角度看当时的文化氛围。翻开那一年的趋新报纸，由五四运动激发的"新新"文化元素随处可见。所谓五四"新新"文化，对应的是清末民初的"旧新"文化，其元素特别体现在各家书局占据巨大版面的广告之上。以1921年10月10日的《时事新报》为例，当日报纸上首先亮相的是泰东图书局，其广告特别指出，"以下各书为最近出版之新文化书，凡研究新文学、哲学、教育、经济者，不可不读，而中学以上学生及小学教员更不可不人一编也"，足见"新新"文化运动的范围和目标人群所在。在具体书目中，泰东图书局抓住的抢手品牌是率先在中国巡回演讲的西方思想家杜威与继之者罗素，有两人的《演讲合刊》，有《杜威三大演讲》合刊本，亦有杜威三大演讲的单行本即《教育哲学》《试验伦理学》和《哲学史》。

　　除了走马灯般的西方大哲，大时代里也少不了层出不穷的中国人物。泰东图书局书目中有章太炎的《白话文》、王无为的《白话信》、曾毅的《中国文学史》等，另外则有一批讲求"新新文化"的名人和新秀的创

---

① 元之：《新思想之推进机是什么？》，《时事新报·双十增刊》1921年10月10日。

作，如胡怀琛的《新文学浅说》、郭沫若的《女神》、郭沫若作序的《西厢记》、郭沫若翻译的《茵梦湖》、朱谦之的《革命哲学》和张静庐的《中国小说史大纲》。

继泰东图书局之后，在当日《时事新报》第三张第二版和《双十增刊》中两次出现与北京大学关系密切的亚东图书馆。其"拳头产品"分为两个方向：其一是与北京大学相关的"新文化大家"作品，如胡适的《尝试集》、胡适翻译的《短篇小说》，以及即将出版的《胡适文存》与康白情的诗集《草儿》；其二是"加新式标点符号分段"的明清小说如《水浒》《红楼梦》《儒林外史》。除了加标点、分段落等"新文学"特点，这些1921年再版、新版的诸种小说的"卖点"还在于对其进行"五四新文学"解读的大篇幅"附录"。如《水浒》就附有胡适的《〈水浒传〉考证》《〈水浒传〉后考》和陈独秀的《〈水浒〉新叙》。《红楼梦》附有胡适的《〈红楼梦〉考证》、陈独秀的《〈红楼梦〉新叙》、顾颉刚的《答胡适书》和胡适的《考证后记》。《儒林外史》则附有胡适的《吴敬梓传》与陈独秀、钱玄同的两篇《新叙》。

最后需要提及的是新文化书社，这家书局资本未必雄厚，背后力量也未必强大，但它却能抓住"新新文化"的跃动脉搏，从自家名称开始做文章，在众多出版社中异军突起。新文化书社有多部出版物以"白话""新文学"为显著标识，非常抢手，因此在《时事新报》第三张第三版继续做特别启事推荐。如有洋装一册、定价六角的《白话文做法》，其推介说："二三年来，新文化运动的怒潮，振荡得一天高似一天，白话文是新文化运动的开路先锋，我们要尽力新文化运动。不可不去研究白话文，这本书的内容，如白话文的意义，白话文的变迁，白话文的条件，白话文的种类，白话文和国音字母，白话文和言语学，白话文和标准语，白话文和文言文，白话文用词，白话文用语，白话文的句法，白话文构造，白话文的修辞，白话文的记读记号，附白话诗做法释理，件件都很明白的。"有洋装二册、定价九角五分的《新文学评论》，其介绍为："欧战告终，新潮突起，由新思想而产新文学，这部书是新文学大家蔡子民、胡适之、陈独秀、罗家伦、朱希祖、沈仲九、傅斯年、施天侔诸先生的巨著，洋洋二十万言，洵为研究新文学的宝筏。"[1]

以上各出版社连同其他出版机构，共同掀起了五四"新新文化"的风潮，其影响并非仅局限在读书人群体，而是深入整个时代肌理，改变了人们的思想结构和认知氛围。中国商业信托股份有限公司的广告就说明了这一点。其强调公司是为了"扩张一般人之能力，补充一般人之能力，均平一般人间之权能"，所以"为高尚之精神的事业而非资本的事业。为利他的具公益性的事业而非利己的纯粹营利的事业。为稳固的投资事业而非冒险的投机事业。为运用法律手段之事业而非纯粹经济事业。为一般的社会事业而非特定的金融业"。[2] 这里的用词体现出五四"新新文化"无处不在的影响，形成了新概念、新词汇与生意铺排、资本扩张的吊诡结合。

除了"新新文化"运动，1921年"旧新"乃至"旧传统"的模样并未消失，按照商务印书馆的说法是既要有"新文化之曙光"，又要有"旧学海之巨观"。如商务印书馆出版的《四部丛刊》《续古逸丛书》《学海类编》《学津讨原》和《涵芬楼秘笈》颇引人注目。除了庞渊古奥的"旧学

---

① 广告，《时事新报》1921年10月10日。

② 广告，《时事新报·双十增刊》1921年10月10日。

海",还有不少文学革命以来被树起的"旧标靶"。《礼拜六》照样热销,王钝根、周瘦鹃、汪剑鸣、程瞻庐、严芙孙等"鸳鸯蝴蝶派"名家的名字频频出现。包天笑主持出版的《小说大观》也一再得到推介,广告还特别强调"每册有五彩时装妓女照片二十余帧,每册有精美简峭短篇小说一十余篇,每册有趣味浓郁长篇小说三五六篇,每册有笔记、剧本、诗词、歌曲二三十种"。① 以上人物、杂志和推销方式都是"新新人物"一再抨击的对象,"鸳鸯蝴蝶派"名家们和普通市民认为的"趣味浓郁",正是"新新人物"眼中必须去除的"恶趣味"与"臭趣味"。不过"新新人物"却不能阻止其在消费市场和思想市场上出现,因为这些人物、杂志能为报刊提供丰沛的广告费支持,其作品符合一般市民趣味,在上海乃至中国各地都有广大市场。上海书商甚至为了商业利益将双方强行嫁接。《当代名人新体情诗》一书的广告就是一个好例子:

> 诗虽有新旧之分,而其言情则一,然旧诗重雕琢,言情往往不中肯,新诗贵自然,言情不灭天真,此新旧诗价值之所由判,亦新情诗之所以可贵也。惟五年中作者虽多,而佳者甚少。本书由诗学大家浦方亮先生手辑,内容作者多一代名人如胡适之、胡怀琛、吴芳吉、刘大白、刘半农、沈玄庐、沈松泉、张静庐、黄日葵、王统照、周瘦鹃、吴江冷、李妃白、曹靖华、潇湘白蘋等三十余人诗,所选诗二百余首,无句不香,无语不甜,洵研究新诗者之模范,亦天下有情眷属青年男女不可不读。②

---

① 广告,《时事新报·双十增刊》1921 年 10 月 10 日。
② 广告,《时事新报》1921 年 10 月 10 日。

"新新"与"旧新"的并存互渗表明,中共建党的时代语境仍有待进一步研究。这提示了中国共产党自建党起就在文化建设上面对的尖锐问题:中共建党于上海都市之中,面对着自明末兴起至晚清民初蔚为大观的都市市民文化,"新新文化"的发展一方面确实起到了改变思想、推进先进主义传播的巨大作用,但另一方面,都市市民文化亦有其深厚的社会基础和广泛的社会影响。双方的此消彼长不是一个简单的激浊扬清的过程,而是一个在竞争中塑造社会主义新市民文化的长期任务。

　　不过,中国共产党兴起的关键恰在于其不是仅仅停留在"新新文化"上,而是要投身时代进行实践。因此对于那个大时代中产生的诸种问题,尤其是这些问题带来的现实与思想困局,亦需要予以相当程度的揭示和思考。

危机时刻:20世纪20年代初的现实与思想困局

　　五四"新新文化"崛起,指向的正是民初以来的各种政治、经济、社会困局,从这个意义上说,20世纪20年代初的危机在很大程度上比"庚子事变"时还要严重,诸多难解困局影响时代、扰乱人心。国家纷乱,军阀混战,水旱并行,游民日多;国际地位日低,外交屡遭重挫,中国难有进入列强主导之"世界"的可能;教育成本越来越高,舆论中孜孜以求"教育普及",贫寒子弟上进的通道却越来越窄;民族资本主义受帝国主义资本强烈挤压,实业不兴,国货滞销。困局让中国人的思考悄然改变着方向,像黎锦熙在给报章的文章中,本想写过去十年国语运动的情形,但他收到张东荪、郑振铎的信后，被其中"国民所受痛苦愈深"一语击中，遂放弃写国语运动，另写一文抒发感想。其中谈到湖北一位警务处科员的家书，所描绘的军阀混战惨状，令人不忍卒读：

> 沃兄手足，两读手书，以兵祸梗塞，未克答复，罪甚。忆自援鄂军起，兄来书谓以吾湘之力，扶助鄂人，造福两湖，或在斯役。乃此次失利，纪律全隳，闾阎则搜括一空，市面则毁抢殆尽。甚至奸掳妇孺，劫夺耕牛，胁索重金，方行释放。始叹前书皆作欺人语也。家中自阴历七月二十七日被某团兵士毁门突入，明火放枪，搜索靡遗。弟旋报告该连连长，始将服物追还。弟以为世界军队之野蛮至此而止，孰料二十八日，溃兵蚁集，弹丸雨下，一日数惊。弟因母亲坚执不走，屡频于危，卒被该兵等捆绑，云欲实行枪毙。经母哀释，该兵等遂将银钱衣服劫去尽净，后仍络绎不绝，搜毁不休，所幸存者四壁耳，同乡居民无一不受惨劫。当抢毁之时，该兵等不曰奉长官命令筹饷，即曰恐饱敌人，或曰我等为国出力，岂容汝等安居，种种悖谬，如虎如狼。沿村遍野，只见男啼女哭，露宿风餐，自治军之赐，小百姓诚顶受不起。嗟嗟，荒关才渡，继以旱灾，场谷未登，又罹兵劫，加以各处萑苻，乘风煽乱，哀我小民，何堪此毒。不知政府仍能为吾省自谋否也。现在母亲因受虚惊，头晕气痛。望兄速假归来，藉侍汤药。枪下余生，述不尽意。[①]

这样的混乱时局渐渐使国人自辛亥以后尚留存的一线乐观幻灭，失望愈

---

① 黎锦熙:《等到"四十节"来了再说》,《时事新报·双十增刊》1921 年 10 月 10 日。

加膨胀。由此,"新文化运动"所牵动的愿景与希望也开始遭遇各种各样的怀疑,这些怀疑大致可分为三类。

第一类是对"各个问题能分开解决"的怀疑。政治改良、实业救国、教育救国等说,原来都是辛亥至五四、新文化运动期间的问题解决方案。但随着时局日坏、危机日重,国人对单一式的解决方案越来越有所疑惑,而倾向于整体性、全盘性的解决。程振基就指出:政治不良、实业不振、教育饥荒"皆是我国今日的大病急须医治",需要三方面同时并进,不可偏废。因为"三者皆有连带的关系,缺一不可。欲求政治良好,非特必须打破军阀,且必须人民深信共和政治,而安居乐业。欲求实业发达,则必须社会安宁,人才充裕。至于教育巩固,亦必须经费有着,而人民无求生不得之虞"。[1] 因为人们倾向于整体性、全盘性的解决,但又怀疑既有的"政治",所以在五四运动和新文化运动中不断被发现的"社会"越来越成为读书人解决时局问题方案的中心点。张东荪即说:"我们主张人人都得与闻政治,但不可即生活于政治,须于政治以外有其生活的基础。"无疑,所谓"政治以外有其生活的基础"即是已被发现的"社会"的进一步凸显,其强调责任在社会全体,"在行使社会各种机能的人们的组织"。[2]

"社会"的凸显加强了第二种怀疑,即对"政府""国家"的不信任。"欧战"以降,在中国读书人的思想世界里,国家、政府普遍被淡化,社会、世界、个人等概念则作为正面的价值和理想被不断宣扬,至1921年,这种思想的延展逻辑历经内外交困的时局,一次次在人心中加固,以至

---

① 程振基:《改造中国的根本问题》,《时事新报·双十增刊》1921年10月10日。
② 东荪:《三十节与吾人》,《时事新报》1921年10月10日。

于虽有胡适等人提出"好政府主义",但不少读书人对此颇不以为然,张东荪即认为:

> 我们相信中国今天惟一的急务,从消极方面来说,自然是铲除恶政治。我们以为解决中国问题只须铲除现在的恶政府便够了,不必另建一个万能的良好政府。虽则我们相信政府是要的,且是不可缺的,但我们不相信推覆了恶政府以后,一切建设事业都须由一个万能的良好政府来做发动总枢纽。①

由张东荪的话出发,可以发现其虽明确反对胡适的观点,但基本立足点相似,均认为当下政府不可恃,同时亦不相信"一个万能的良好政府"。这个基本立足点也成为徐六几宣扬基尔特社会主义的依据,"中国的社会不是资本的集中,而是权力的集中。我们的敌者不是资本家,而是官僚。换一句话说:就是合军阀财阀于一炉而冶之的强吏"。②徐六几的基本逻辑为不信任政府的作用、怀疑"国家"存在的依据,然后以之为基础推导出资本主义国家与社会主义国家无本质差别,这是他的问题所在。但其言说中蕴含的对未来政府角色、对社会主义国家与资本主义国家区别的思考却不能说没有价值。正是在马克思主义者与论敌的不断讨论、辩难中,马克思主义中国化渐渐走向成熟,而这一过程伴随着第三种怀疑,即对"新文化"之使用乃至其本身的怀疑。

对"新文化"的误用和滥用本是思想拓展过程中不可避免之事,

---

① 东荪:《三十节与吾人》,《时事新报》1921年10月10日。

② 六几:《立于十字街头的斗争说》,《时事新报·双十增刊》1921年10月10日。

1919 年李大钊即引孙中山的话认为："今日社会主义的名辞，很在社会上流行，就有安福派的社会主义，跟着发现。这种假冒招牌的现象，讨厌诚然讨厌，危险诚然危险，淆乱真实也诚然淆乱真实。可是这种现象，正如中山先生所云，新开荒的时候，有些杂草毒草，夹杂在善良的谷物花草里长出，也是当然应有的现象。"[1] 但"杂草""毒草"若如外来入侵植物般肆意泛滥，则深重的怀疑也就随之而生，黎锦熙就观察到：

> 十年内许多新输入新发生的好名词，都逐渐的给那些军阀们政客们糟蹋坏了！本来只是地盘问题，权利问题，却要随着潮流，假借一两个"当时得令"的名词，做他们"哗众取宠"的标帜。结果，许多新鲜的纯粹的好名词，都丧了信用。我们国民因此受了愈深的痛苦且不说，只问以后在世界新潮流中人类共同的趋势中所有种种的新主义新运动，还能在中国新社会里立足吗？我们要从国民教育中，定一个最适宜，最必要，简单明了的目标，教大家纯洁的，真实的，鼓起精神向着他前进，还可能吗？[2]

从黎锦熙的观察中，我们可以看到"新文化"的误用、滥用（特别是军阀、政客对"新文化"的滥用）会让读书人有正本清源的冲动，但明晰"新文化"之本源却不那么容易，因此人们想要一种"最适宜""最必要""简单明了"的新文化。这里的"简单明了"呼应的大致是"全盘解决"，但"最适宜"和"最必要"无疑会产生歧义：究竟是符合世界发展潮

---

① 李大钊：《再论问题与主义》，《李大钊全集》第 3 卷，北京：人民出版社，2006 年，第 4 页。
② 黎锦熙：《等到"四十节"来了再说》，《时事新报·双十增刊》1921 年 10 月 10 日。

流"最适宜",还是符合中国国情"最适宜"? 究竟是解决现实问题"最必要",还是将来的愿景目标"最必要"? 这些歧义让人们从对于"新文化"误用、滥用的怀疑推进到对其本身的怀疑。而怀疑产生后必会追索答案。答案一方面来自现实,另一方面则存在于对过去十年的回首和对未来的展望之中。

向何处去: 重构过去与未来

"过去"为何,未来之路又该如何走,这些人们心中普遍的认知若发生根本性变更,则可能意味着时代风气的大转换。在1921年,读书人对于"过去"的认识、对未来的设想,都在剧烈地改弦更张。张东荪就感慨说,在1921年回首辛亥应该有和过去不一样的焦点。[1]这个焦点正配合着时代的发展,如果说辛亥后数年的时代焦点是"国家的发现",此时的焦点则转换为"人的发现"。郑振铎即明确指出:"我们以前是奴隶,是皇帝家里的子民。自一九一一年双十节这一日以后,方有了'自由人'的资格。""我们虽然在一九一一年的时候,把'自由人'的资格从'独夫'那里取了回来,然而这几年来,许多军阀财阀又已于不知不觉之中,把我们的自由剥夺净尽了!"[2]对这个"自由剥夺净尽"的具体过程,瞿世英将其中史事一一道出:十年来,始而有癸丑之役,继而有帝制之役,继而有复辟之役,继而又有南北之争、直皖之战……南北至今不能统一,外交着着失败,兵燹所经,国民受尽了颠沛流离之苦,惨不胜言。这也能

---

[1]　东荪:《三十节与吾人》,《时事新报》1921年10月10日。
[2]　西谛:《双十节纪念》,《时事新报·双十增刊》1921年10月10日。

算革命的成功吗？也值得纪念么？①

与郑振铎、瞿世英的文章相联系，小说《双十节》借一个孩子的思考提出了与辛亥革命之结果相联系的关乎"人"的大问题：

> 自由是好的，平等是好的；有钱不平等，有势力不平等；要革命的就是这个了！但不知民国十年中，是不是人人都可免掉金钱，和势力底欺负？是不是人人都不拿金钱和势力来欺负人？②

从以上思考的逻辑出发，一个人要不受金钱和势力的欺负，可以自己奋斗上进，但若要人人都可免掉金钱和势力的欺负，则必须进行广泛和巨大的"改造"。于是，在1921年这一潮流表现在各个政治派别的言论和主张之中。在毛泽东的观察里，当时"国中对于社会问题的解决，显然有两派主张"。一派主张改造，如陈独秀诸人；一派则主张改良，如梁启超、张东荪诸人。③ 但这显然是一定程度上"因相似而做区分"的说法，当时的"改良"很多时候就其思考的剧烈和彻底程度而言就是改造，而在"改造"这一标识下，各种对未来的展望纷纷呈现出来。

在这些展望中，有不少试图以建立某种社团、召开某个会议来解决问题。如联络全国智识阶级组织一个大联合会，其宗旨为"福国利民"，铲除专断，诚心实意地改造中国。具体办法为：由全国学生联合会、各

---

① 瞿世英：《革命—文学—哲学》，《时事新报·双十增刊》1921年10月10日。

② 一星女士：《双十节》，《时事新报·双十增刊》1921年10月10日。

③ 中国革命博物馆、湖南省博物馆编：《新民学会资料》，北京：人民出版社，1980年，第17页。

地教职员联合会及其他学术研究机关互相就地联络；会员须宣布与军阀、财阀、交通阀等脱离关系；创办民国商团以图自卫；设职业介绍所，动员会员以互助精神办实业；会员皆应尊重人道，解放奴仆，善待工人；有伤风败德行为者即斥令出会。①

如果说上一种设想还局限在智识阶级，黎锦熙则越过了这一范围，谋划得更加详细，也更加充满理想主义和激烈情绪。在他看来，各地职业公团尚能代表一部分老百姓的真正心理，因此应该自动联合，在适宜地点（如上海）开一个会议。这个会议应具有如下特点：第一，它应该完全与军阀脱离关系，严防政客的利用和包揽。会议要简单明了地议定几条"国宪大纲"，将来依合法手续正式制定"国宪"时，便可使用这大纲作为基础。第二，它需要正式地、赤条条地依着正义与公道，表达人民的意思和要求，绝对不可顾虑、牵涉各方面的政治势力的消长和其利害关系。第三，它只是国民心理的真实表示，并不是代行国会职权、通过正式法律，所以不必拘泥形式和手续，更不用强调"议决事项，神圣不可侵犯"。第四，它的效力在国民自决，要成为多数人民纯洁真实的心理的结晶，若有人施以摧残压迫，便用大规模的抗租、抗税、罢工、罢市等手段来对抗，"同归于尽"，"及汝偕亡"！②

此外，另一些设想更值得注意，它们在展望目标中拒绝具体的会议召开、社团建设等方案，转而重视建设新的组织与面向个体的讨论。如在费觉天看来，"要想守着个人万能或制度万能底观念，运（用）那和平会议及制定宪法的方法来改造中国是断断不行"，是两条死路。目前社

---

① 程振基：《改造中国的根本问题》，《时事新报·双十增刊》1921 年 10 月 10 日。
② 黎锦熙：《等到"四十节"来了再说》，《时事新报·双十增刊》1921 年 10 月 10 日。

会冲突的根本原因是阶级之间的冲突，尤其是军阀阶级与平民阶级的冲突。因此他呼吁"一般改造运动者赶快觉悟，急早回头"，掉转方向从事群众组织。群众的组织力愈强、知识愈高，就越能与军阀不断地战斗：

> 今日失败了，明日。今年失败了，明年。长期的竞走，一下一下地栽根。海枯石烂终有奏效之一日，地老天荒那无此志竟成之时。①

而金侣琴的思路则与费觉天提倡的方向相反，他仍然坚持除了提高民智、民德外，改造别无他法，"社会改造必当从自己改造入手"。②

不过，无论是群众的改造还是自己的改造，都得有面向未来的入手方式与依傍途径。在这一方面不少读书人提供了他们的思考。其中一种意见便是以"文学"来促进社会革命。

前文已述，五四运动前的"新文化运动"以"文学革命"为主要标识，此种潮流到1921年仍在继续，并被赋予了全新的意义。瞿世英就说：要改造社会，需要先改造思想，要革命成功，需要先进行思想革命，"旧精神，旧心理，旧态度如存在，则新制度，新事业决不能成功。辛亥革命之所以弄到如此结果，就是只为换了组织的形式，而没有换精神。直而言之就是思想没有革命"。但瞿氏此时所谓的思想革命，已不再只是针对读书人，而是要变换一般人的思想，要具有普遍性质。由此，他

---

① 费觉天：《第三种改造方法》，《时事新报·双十增刊》1921年10月10日。
② 金侣琴：《从自己改造到社会改造》，《时事新报·双十增刊》1921年10月10日。

认为文学在这个意义上将凸显其重要性：

> 文学是普遍地，永久地呼喊着现社会的苦痛和罪恶，使人深深地了解现社会的苦痛和罪恶。心理上根本的不能和现社会适应，思想根本地变了。加之以感情激刺着他，叫他动作。其结果就是革命。①

这种以"文学"促进社会革命的方式被黎锦熙进一步发挥，他指出要"用一种有力而易于普及的国语文学和教育的方法，将新主义注射到老百姓小百姓们的脑筋里去，这才是真宣传"。②

而王统照的思路更具有根本性。他提出"惟忏悔方足言革命"一说。在他看来，辛亥以来十年中留下的羞辱与过失，不能独独诿之于政客、军阀、流氓，终须责备我们自己。若果有对错误的忏悔，那么会由忏悔而生启发的心思，由启发的心思而生光明的希望。因此对未来而言：

> 惟忏悔方足言进步；惟忏悔方可有突飞的发展，亦惟忏悔方能给我们以最大量的变化，一句话的总括：便是惟忏悔方足言革命。不然；口头上的改革，只是不沉实，不痛切的悔悟，泄杳自误，更没有新生命可以照澈光明的一日。③

---

① 瞿世英：《革命—文学—哲学》，《时事新报·双十增刊》1921 年 10 月 10 日。
② 黎锦熙：《等到"四十节"来了再说》，《时事新报·双十增刊》1921 年 10 月 10 日。
③ 王统照：《忏悔的进步》，《时事新报·双十增刊》1921 年 10 月 10 日。

余论：马克思主义何以回应时代问题

五四运动叠加新文化运动的成果显而易见，按王汎森的说法，"在当时环境的催化之下，新思潮迅速替换了旧思维，如飞机场里显示班表的铁片，乍然间翻了一遍"。[①]

不过，正因为是"乍然间翻了一遍"，所以"铁片"不免嚓嚓作响，毕竟"我们思想新，也只三五年的事"。[②] "新新文化"的传播没有让世道人心尘埃落定，反而带来了更多复杂难解的问题，因此那"三五年"的觉醒最多算是前奏而非主调，尤其是在"新新文化"的建构者和传播者自家心中，问号尤多。1919年9月，毛泽东撰写《问题研究会章程》，里面大大小小的问题达一百多个。[③] 这些问号与"重新估定价值"的口号有关，但更多的是来源于对国内危局的追问，对国际秩序和列强在华存在的质疑，对辛亥革命以来十年历程的重新审视，以及对未来的不同期望。因此，1921年读书人才会对于过去、当下和未来有形形色色的回顾、描述和展望。"形形色色"表明了大时代的丰富色彩和茫昧无定，其让中国共产党建立伊始就伴随着以上追问、质疑、审视和期望，也需要新生的中国共产党以其理论和实践加以回应。而对此进行回应的凭借和依托正是马克思主义。

面对1921年的诸多时代问题，马克思主义的回应在三个层面上有

---

① 王汎森：《思想是生活的一种方式：中国近代思想史的再思考》，台北：联经出版事业股份有限公司，2017年，第37页。

② 《陈毅早年的回忆和文稿》，成都：四川人民出版社，1981年，第43页。

③ 《毛泽东早期文稿》，长沙：湖南出版社，1990年，第396页。

其独到之处。

第一，马克思主义相较旧日流行的那些主义，其特点是能同时"改造世界与中国"。其理论基础和视野范围不局限在一国，而是着眼全世界无产者、劳苦大众、受压迫民族联合起来。恽代英谈列宁时特别强调这一点："他是一个世界主义者，是一个为世界一切被压迫民族奋斗的人。他不但是俄国平民的英雄，亦是世界一切被压迫民族革命的前驱者。"[①] 同时，俄国十月革命的实践，又让中国人相信其理想有在一国而且是相对弱国率先实现的可能性。马克思主义给中国人提供了一个将国内危局和国际危机一并解决的方案，这恰是它的吸引力所在。

第二，马克思主义的整全性方案并不止于解决现实的政治问题、经济问题、社会问题，它能融入中国乃至人类"新社会"的建立过程，深深地影响中国人尤其是中国青年如何过日常生活。它树立了一套新的"大经大法"，为青年们提供种种确定性，包括过去应该怎么看、现实生活怎么过、未来之路如何走等，这又进一步提升了马克思主义的吸引力。

第三，一个主义再有吸引力，若不能配合已有的历史条件在中国"落地"，其影响亦不能持久。而马克思主义的全球性恰与中国人源远流长的"天下"观念天然地具有契合性，如毛泽东就说："我们多数的会友都倾向于世界主义"，"觉得自己是人类的一员"，而这种世界主义就是"四海同胞主义"，"就是愿意自己好也愿意别人好的主义，也就是所谓社会主义"。[②] 早期中共党员也大多不把马克思主义看作停在纸上的域外理

---

① 恽代英：《列宁与中国的革命》，《中国青年》第 16 期，1924 年 2 月 2 日。
② 中国革命博物馆、湖南省博物馆编：《新民学会资料》，北京：人民出版社，1980 年，第146 页。

论，而是把它作为改变中国实践的指导方针与行动指南，陈独秀就指出："宁可以少研究点马克思的学说，不可不多干马克思革命的运动！"[①]由此，马克思主义随着当时的世界大势扎根于中国大地，成为触发时代"真觉醒"的枢纽。

随着20世纪20年代初中国社会的时代要求逐渐明晰，"真觉醒"的枢纽开始转动，初生的中国共产党的面目也渐渐清晰：她虽然有待进一步的政治成熟，但已在提出和践行解决国内危局的科学方案；她虽然只是共产国际的一个支部，但已在全力以赴改变不公道的国际秩序，撬动列强在华存在之基；她虽然还未与国民党开展合作，但已洞察新的革命与旧的革命的根本区别；她虽然力量弱小，但已揭示出未来"人间正道"的模样。正如黎锦熙的一首诗所言：

> 国民程度不足
>
> 还只怪走岔了路
>
> 我们赶快指点——
>
> 一条简单明了的大路
>
> 让他们真实纯粹的往前走
>
> 这条路再不要走错！[②]

---

① 陈独秀：《马克思的两大精神》，任建树主编：《陈独秀著作选编》第2卷，上海：上海人民出版社，2014年，第454页。

② 黎锦熙：《等到"四十节"来了再说》，《时事新报·双十增刊》1921年10月10日。

《共产党宣言》在中国的百年文本诠释与意义生产

陈红娟（华东师范大学马克思主义学院教授）

姚新宇（华东师范大学马克思主义学院硕士研究生）

　　《共产党宣言》（以下简称《宣言》）的思想诠释与意义塑造，是中国共产党建构意识形态话语的重要一环。经典文本的诠释活动不仅是对文本内容的研究深化与科学解读，而且担负着"道"之引领的社会功能。变革社会的理论、体制、制度与实践的合法性，往往需从经典中寻觅。同时，中国共产党在诠释《宣言》文本的过程中开启了知识生产与意义积淀，使其发挥着话语支撑、社会动员、信仰塑造等政治功能。

《宣言》诠释样态：从报刊解读到多元化诠释

　　"通过诠释，存在的本真意义与此在本己存在的基本结构就向居于此在本身的存在之领会宣告出来。"[1]诠释依附于宣告，同时《宣言》的诠释又内嵌于中共发展历程，是历史语境情景化的产物。中共百年来不断加深对《宣言》的中国化阐解，进而形成不同的"宣告"形式与诠释样态。

---

　　①　海德格尔：《存在与时间》，陈嘉映、王庆节译，北京：商务印书馆，2019年，第53页。

建党初期，《宣言》的经典性尚未在党内成为共识性存在，而且在无政府主义、社会主义等多种思潮繁杂共存的历史语境下，对《宣言》的价值赋义还处于朦胧探求的非系统编码阶段。此时，中共对《宣言》的诠释主要呈现为概览式梳理与总括式解读。比如，励冰在《〈共产党宣言〉的后序》一文中认为，《宣言》主要体现了马克思主义的精髓即唯物史观、阶级争斗和无产阶级专政，并指出"故无产阶级专政，乃是人类生产力发达到了一定程度被掠夺的生产者从资产阶级的高压中解放出来的唯一必然的手段，而且是促进历史更进一步的必要手段"。①

　　从延安时期到新中国成立前，《宣言》在党内组织网络中逐步实现了"经典化"的精准定位与系统规制，由此生发的诠释样态日渐多样化。这一阶段，中国共产党迫于革命形势迅速发展的现实需要，为缓解党内普遍存在的本领恐慌现象，需要深入学习和研究马列主义理论。②同时，党内组织化、规训式的教育体系初步成型，集群式、运动式的学习制度日益成熟。以《宣言》等马列经典为基础，强调"一本一本学原著，做笔记，结合当时情况来进行讨论"这一方法在中组部学习实践试点中取得良好成效，成为党内高级干部加强理论学习的基本方法，并获得推广。③如此，诠释《宣言》并引导高级干部进行有指向性的阅读与学习一度成为中共的重要工作之一，这一时期《宣言》的诠释行为主要投射于注释性引导、解读性刊文、纪念性活动等日常革命实践中。一是翻译过

　　①　励冰:《〈共产党宣言〉的后序》,《先驱》第 3 期, 1922 年 2 月 15 日。
　　②　《毛泽东年谱(1893—1949)》(修订本)中卷, 北京: 中央文献出版社, 2013 年, 第94 页。
　　③　刘家栋:《陈云在延安》, 北京: 中国方正出版社, 2005 年, 第 79 页。

程中的注释性诠释。"一切翻译就已经是解释",①《宣言》的博古译本中附加有大量注释性文字以便对党员的理解进行政治性引导,此外,译本对所有政治性术语均有所界定,聚焦关键性语句扩充诠释空间,与《马克思恩格斯选集》第二卷、列宁的《国家与革命》等文本形成互文性的意义追认与闭合式意义生产。二是报纸杂志上登载的解读性文章。柯柏年曾在《解放》上发表三篇关于《宣言》的文章,对"共产主义者联盟"是怎样成立的、《宣言》是怎样写成的、基本思想是什么等一系列问题初步进行了回答。② 三是纪念性活动中的诠释。在纪念活动的相关符号、程序与仪式中,《宣言》被简约化为段落、口号加以宣传与应用,毕竟"思想要落实到现实,往往就要'降一格'成为条文、格言之类的东西"。③《宣言》中具有动员意蕴的鼓动性话语——"全世界无产阶级联合起来",因其语义清晰明了,口号简短有力而一度成为《宣言》文本的象征性符号,曾多次出现在"五一"劳动节纪念口号、④ "八一"纪念口号⑤ 中。同时,《宣言》话语的纪念形式并不固定,如在川陕苏区、鄂豫皖苏区等地曾流通刻有"全世界无产阶级联合起来"字样的纸币、铜币。由此,《宣言》的文本纪念也得以有序启动。1948 年,恰值《宣言》文

---

① 汉斯-格奥尔格·伽达默尔:《诠释学Ⅰ:真理与方法》,洪汉鼎译,北京:商务印书馆,2013 年,第 540 页。

② 柯柏年:《关于〈共产党宣言〉》,《解放》第 122 期,1941 年 1 月 1 日;《关于〈共产党宣言〉(续)》,《解放》第 123 期,1941 年 1 月 16 日;《关于〈共产党宣言〉(续完)》,《解放》第 125 期,1941 年 2 月 16 日。

③ 王汎森:《思想是生活的一种方式:中国近代思想史的再思考》,台北:联经出版事业股份有限公司,2017 年,第 26 页。

④ 《斗争》第 9 期,1933 年 4 月 25 日。

⑤ 《红色中华》第 90 期,1933 年 7 月 2 日。

学术中的中国

本发表 100 周年，《群众》接连刊载了以《宣言》100 周年纪念作为叙事对象的文章，对《宣言》的历史地位与现实意义进行集中而广泛的政治宣传。

新中国成立后，中共面临着马克思主义理论在意识形态领域合法化与重塑化的任务。新中国成立初期，伴随党内组织体系的层级化与健全化发展，加之相关宣传部门的推广，一场自上而下、由中央向地方辐射的"经典化"学习活动在全国范围内掀起。借助教育课程、报纸媒介甚至是文化娱乐等方式多元化、广覆盖地渗透与开展马克思主义文本诠释，是新中国成立后巩固马克思主义在意识形态领域主导地位的重要方式。这一时期《宣言》诠释主要呈现以下样态。一是课程化与体系化诠释。以马克思主义经典文本为基础的政治教育逐渐渗透到整个教育体系之中，马克思主义理论教育也逐步进入大学，日渐课程化、体系化。《宣言》被列为马列经典著作选读的重要内容，学习《宣言》所蕴含的基本原理成为国民教育的重要环节，学者、教师群体围绕《宣言》等经典文本展开研究。二是集体化与组织化解读。新中国成立后，党内亦面临着对党员干部进行共产主义理想与信仰教育的重大任务，《宣言》作为"十二本干部必读"[①]的马列主义著作之一，成为党进行马列主义教育的权威读本。对《宣言》等马列原著的学习"以有领导的自习为主要的方法"，[②]兼用讨论、座谈、互助组、轮训班、读书班、组织报告等方式。此外，为落实党中央的明确要求，各地纷纷建立党员干部学校，开设文化补习班，

---

① 《毛泽东年谱（1893—1949）》（修订本）下卷，北京：中央文献出版社，2013 年，第467 页。

② 《建国以来重要文献选编》第 2 册，北京：中央文献出版社，2011 年，第 113 页。

为集体化学习与阐释《宣言》文本提供了重要场所。集体化的阅读学习更加凸显外在仪式感与规训诉求，共同的文化实践与特有的组织形式建构着意义生产的场域。三是规模化与常态化的纪念。与以往不同，这一时期《宣言》周年纪念活动逐渐规模化与常态化开展。尤其是改革开放以后，《宣言》纪念活动成为党进行理论输出与价值引导的重要抓手。从目前统计的篇目来看，改革开放以来，《人民日报》主要有三次大的纪念活动，分别是1998年《宣言》发表150周年，一年之内《人民日报》陆续发表理论动态、研讨会述要、新闻纪要等17篇文章，2008年《宣言》发表160周年和2018年《宣言》发表170周年则分别为6篇和20余篇文章。2020年为纪念《宣言》首个中文全译本出版100周年，《人民日报》陆续刊载了时政要闻、人民评论等11篇文章。重大周年纪念活动使《宣言》在特定时间受到社会群体的集中关注，《宣言》的原始文本内涵在不同时空境遇中获得延续性阐释。

当前，《宣言》的解读宣讲、展览出版活动，以及衍生出的学术交流、影视发行、话剧演绎等诠释方式更加多元化。这促进了《宣言》诠释样态由单质、平面化向多维、立体式的跃迁，由文本注释式的诠释逐渐向理论诠释、观念诠释延展。而且，不同于此前以政治任务为号召，聚焦《宣言》的文本思想进行灌输式的宣传教育，当前所展开的《宣言》诠释活动更加强调受众的内心需求与接受方式，通过丰富多样、真切可感的方式进一步增强大众对于《宣言》文本理论的认知，提升诠释活动的有效性与影响力，从而在真正意义上增强社会大众的政治认同。

不同时期《宣言》诠释的主题与意义迁衍

"任何意义都是被阐释的意义",[①] 经典文本的意义并非固化不变,而是具有开放性和流动性。《宣言》撰写时所蕴含的前置性预设往往与相应的历史语境结合,并随着时代的发展而被不断解构与重建,因而,要保持其诠释的有效性必须结合当下的实践诉求探寻新的着力点。尽管《宣言》所蕴含的理论要旨并不过时,然而随着时代的变迁,诠释者围绕不同问题域与实践诉求不断对《宣言》被遮蔽的意义进行召唤、挖掘与呈现,各时期《宣言》文本相应呈现不同的诠释主题与意义图景。"原有意义的不断被发现和新的意义持续生成",[②] 二者相互交叉地贯穿《宣言》诠释之始终。

从建党到新中国成立前,中国共产党围绕"怎样革命"等问题形成了一系列革命话语体系,其中,"阶级"在与国民党的话语竞夺中逐渐成为标识性政治符码。阶级、阶级斗争的思想贯穿《宣言》始终。《宣言》历史文本所蕴含的思想性遗产为中共"革命"话语建构提供了知识资源与话语基础。中共根据不同阶段的现实需求对《宣言》展开孜孜不倦的解码与编码,从文本中摄取理论资源与话语遗产,生产出以阶级斗争形式开展革命的种种意义。这一时期《宣言》中所蕴含的阶级斗争意义被不断强化与彰显。由此,《宣言》文本在诠释中从三种叙事层面生

---

① 郭若平:《塑造与被塑造——"五四"阐释与革命意识形态建构》,北京:社会科学文献出版社,2014年,第2页。

② 潘德荣:《诠释学导论》,桂林:广西师范大学出版社,2015年,第47页。

产意义。一是客观化的本体意义，即基于文本文字的内涵进行意义诠
释。中共领导人与党内知识分子在诠释《宣言》文本意义的过程中，不
断强化对"阶级斗争"的意义认知。1922 年，陈独秀指出，《宣言》是
马克思社会主义最重要的书，其精髓正是根据唯物史观来说明阶级争
斗。[①] 此后，"自有阶级以来全部历史是阶级斗争的历史"，[②] "一切过去
社会的历史是阶级斗争的历史"，[③] 作为《宣言》的重要内容得到阐释。
二是互构化的衍生意义。《宣言》与马克思主义、社会主义理论之间形
成意义勾连，不断夯实中共政治理论的合法性，如任弼时通过联系《宣
言》探讨了"阶级斗争与无产阶级专政"同马克思主义的关系，[④] 费煦则
结合《宣言》分析了"什么是社会主义"。[⑤] 三是符号化的象征意义，即
阶级斗争作为"语言"符号嵌入革命话语与行动。"以语言为中介呈现出
来的'真实'已不是客观存在本身，而是人们对自认为客观真实的主观
表达"，[⑥] 在地主与农民、工人与资本家之间存在利益剥削的表达性话语
结构背后，"阶级斗争"涵化为行动符号等同于革命活动的意义不断被
生产。

新中国成立后，中国共产党的工作重心从民主革命调整到国家建设
层面，围绕"建设什么样的国家与社会""怎样建设国家与社会"这一主题

---

① 《建党以来重要文献选编（1921—1949）》第 1 册，北京：中央文献出版社，2011 年，
   第 106 页。

② 柯柏年：《关于〈共产党宣言〉（续）》，《解放》第 123 期，1941 年 1 月 16 日。

③ 荃麟：《历史的指针——纪念〈共产党宣言〉发表一百周年》，《群众》第 2 卷第 8 期，
   1948 年 3 月 4 日。

④ 弼时：《马克思主义概略》，《中国青年》第 77、78 期，1925 年 5 月 2 日。

⑤ 费煦：《什么是社会主义（续完）》，《解放》第 120 期，1940 年 12 月 1 日。

⑥ 李里峰：《中共党史研究的概念谱系刍议》，《中共党史研究》2017 年第 11 期。

形成以"建设"为中心的政治话语。"建设"成为这一时期整个国家话语建构的中心，但"革命"话语仍在延续。毕竟，执政过程中面临的许多不稳定因素亦需要通过斗争与运动的方式加以消弭。因此，《宣言》文本中"阶级斗争"的意义得以不断延续与夯实。一是文本中阶级斗争和无产阶级专政的本体意义在权威化的解读中被不断强化。新中国成立后，为了便于大众阅读与理解《宣言》，官方统一出版与编撰了名词解释、介绍提要、基础讲座、辅导材料、注释读本、参考资料等基础工具读物。其中，"阶级斗争是阶级社会发展的动力"① 被诠释为《宣言》的中心思想之一。二是文本指向与立场勾连，不断生产出划分立场的实践性意义。《宣言》中的理论阐发有助于清算盛行一时的各种冒牌的社会主义，其中所蕴含的基本原则仍然在涤荡着形形色色的反马克思主义思潮，② 为在社会变革发展与思想观念涌动之际重新定义马克思主义的科学内涵与真理价值提供了文本参照。值得关注的是，新中国成立后的阶级斗争话语具有明显的互文性特征。通过引证的手法对《宣言》的文本内容与话语意蕴进行重新建构，在一定程度上提升了话语诠释的权威性与话语梯次传递的有效性。同时，文本意义在互证互文中实现意义的再生产。这不仅是对文本间隐性关联的一种揭示，也是话语实践具有连续性特征的真实体现。

改革开放以来，"改革"逐渐替代"建设"成为中共话语体系建构的核心，与此相关联的"生产力""市场"等话语得以重构。文本只存在于语言情景中，在活动或生产中才能被体验到，③ 可以说，旧有的语境碎裂

---

① 《〈共产党宣言〉解说》，北京：人民出版社，1976年，第28页。
② 郑文竹：《〈共产党宣言〉的几篇序言》，《人民日报》1964年5月31日。
③ 参见王治河主编：《后现代主义辞典》，北京：中央编译出版社，2004年，第612页。

导致文本原有的意义指向发生转换。《宣言》在新的话语光谱中实现了革命叙事向生产力叙事的转移。《宣言》与"发展生产力"这一理论主题相呼应，形成新的视域融合，开展新的祛蔽、赋义等活动。其一，生产力意义的祛蔽。以往《宣言》中一度被遮蔽的生产力意义被不断挖掘，诠释主体不仅特别强调生产力在文本中的重要性，明确指出《宣言》中有12处提到生产力"，[①] 而且倡导"生产力是人类社会历史发展的原动力"。《人民日报》围绕《宣言》的文本话语充分论证了"科学技术是生产力"[②] 的政治话语，强化对社会主义发展的物质基础与根本驱动力认知；同时，聚焦社会主义生产目的这一问题进行探讨，[③] 从官方层面为人民追求物质文化生活的合理性正名。其二，与生产力关联的"经济全球化""世界历史"等思想在现实"询唤"中被不断赋义。世界市场的观点被视为《宣言》阐述全球化思想的主要依据。[④] 同时，这一文本话语与"中国的发展离不开世界""我们最大的经验就是不要脱离世界"[⑤] 等政治话语形成互文，在引导、暗示、传输着"开放"的价值：社会主义应该是开放的社会。[⑥] 此时，《宣言》文本被纳入意识形态的表征体系，现实需求不断对其展开"询唤"，其文本意义在此基础上展开重新编码，生产性地建构改革开放的新话语。

中共十八大以来，在新时代问题域的"询唤"下，"人民"作为话语

① 高放：《〈共产党宣言〉传遍世界的福音》，《人民日报》1998 年 4 月 4 日。

② 冯文彬：《科学是生产力，同时是一种伟大的革命力量》，《人民日报》1978 年 3 月 31 日。

③ 李平：《为什么要讨论社会主义生产目的问题》，《人民日报》1979 年 11 月 24 日。

④ 张立波：《〈共产党宣言〉与全球化》，《人民日报》2000 年 11 月 30 日。

⑤ 黄铸：《科学社会主义的新发展》，《人民日报》1999 年 3 月 30 日。

⑥ 李洪林：《社会主义和对外开放》，《人民日报》1984 年 10 月 15 日。

与实践发展的终极指向在《宣言》文本诠释的过程中被不断凸显。《宣言》所蕴含的"人民的全面发展""以人为本""以人民为中心"等围绕"人"延展而来的意义指涉，在新的历史语境中与政治话语互为支撑，构筑新的价值集合与意义场域。一方面，《宣言》中关于无产阶级运动的性质等相关叙事不断被提升、扩大与充实，为中共回答"发展为了谁、依靠谁、成果由谁享有"的问题提供理论养分与观念依循；另一方面，新时代的政治话语同《宣言》文本话语形成逻辑链接与具象化诠释等关系，"人"的主体概念与内涵意蕴获得多元化表述。如《宣言》对无产阶级运动的性质所作的相关论述，与"必须以最广大人民的根本利益为最高标准"互相关联，形成承继关系；[①]《宣言》中有关为民思想的表述为习近平新时代中国特色社会主义思想中的人民立场提供话语之源，[②]等等。

总之，建党百年来《宣言》始终是中共意识形态话语建构的核心思想资源，文本诠释的话语、理论和思想与不同时期的中共意识形态指向互证互文、相互形塑，不断建构出符合时代需求的聚合性和政治性的文本意义。在这个过程中，《宣言》文本诠释与时代主题形成弹性互动机制，诠释范围不断拓展，诠释效力渐次增强，逐渐由一元政治性意义解读走向经济和文化层面的多元意义整合。当然，这并不代表文本诠释主题变换与意义的沉浮位移是对文本的"僭越"。事实上，任何经典文本在不同的社会化语境中均有其阐释实践问题的张力，《宣言》亦是如此，毕竟一切诠释均依附于文本既定的意义框架，而"经典"在不断的诠释中

---

① 中共湖南省委宣传部理论调研组：《以最广大人民的根本利益为最高标准（深入学习贯彻江泽民同志"七一"重要讲话专论）》，《人民日报》2002 年 4 月 9 日。

② 陈旭：《〈共产党宣言〉的时代价值》，《人民日报》2018 年 5 月 17 日。

流传于世。① 可以说,《宣言》在诠释过程中不断进行意义的再生产,其所呈现的意义是其所处时代的产物。

《宣言》的诠释指向与意义功能

不同时期中国共产党对《宣言》的宣传、阐解与纪念等,不仅体现着其主导性的理论指向,而且折射出马克思主义话语再生产的独特方式。建党百年来,《宣言》的文本诠释与中共革命、建设和改革的实践相结合,通过党报党刊、理论教育、会议研讨、活动仪式等话语建设与意义生产的重要载体,不断创设意识形态所需要的观念要素,强化中国化马克思主义理论的权威性。《宣言》是中共政治话语体系建构的意义之源,其诠释活动发挥着话语支撑、社会动员、信仰塑造等多种功能。

(一)马克思主义理论创新的话语支撑与中共正面形象塑造

《宣言》在马克思主义思想史的谱系中占有独特位置,其诠释活动已经不再局限于字斟句酌的解释与注疏,而是更加注重观念的演绎,凸显意义的发散与扩展。《宣言》逐渐成为中国化马克思主义理论生产、思想衍生与再造的源头活水。建党百年来,中国共产党在思想理论层面不断进行全方位重构与创新,一方面中国化马克思主义理论的合法性亟待经典文本话语为其提供支撑,另一方面经典文本话语不断夯实与建构党的正面形象。

《宣言》为马克思主义理论创新与中国共产党执政的合法性提供话

---

① 潘德荣:《从本体论诠释学到经典诠释学》,《河北学刊》2009 年第 2 期。

语支撑。《宣言》经典化的过程，就是一个重塑公共价值与理念的过程。马克思主义要成为规范和解释世界的新力量，必然离不开经典文本即《宣言》等的支撑。马克思主义理论创新肇始于概念、话语的再造。《宣言》蕴含着马克思主义基本概念、话语，文本跨语际旅行促使这些概念与话语不断地在中国化马克思主义理论体系中被重构、赋义。《宣言》中的马克思主义基本概念，如"阶级""革命"等在中国革命的叙事语境中获得新语义，在引证与运用这些基本概念时中国化马克思主义理论不断得以确证。《宣言》的阐释行为与中国革命的经验勾连、对接，推动中共理论持续创新与跃升。例如《宣言》被屡次引用，成为主张无产阶级推翻资产阶级政权、开展革命的重要论据。1923 年，李达在《马克思学说与中国》中通过援引陈望道翻译的《宣言》，进一步提出"无产阶级欲促社会革命的实现，第一步事业便是组织起来实行政治革命"。[1]《宣言》的解读与阐释始终围绕该文本与中国所面临之"问题"展开，不断强化马克思主义解决这些问题的权威性与真理性。《宣言》一度被视为"社会主义底圣经"，[2] 研究和阐释《宣言》是为了"明共产主义之根据及其精髓"。[3] 此外，中国共产党自诞生之日起便面临着"中国共产党是什么样的政党""为什么要建立中国共产党""中国共产党的政治追求是什么"等政治价值的追问，只有对这些追问作出令人信服的解答，中国共产党所重新建构的政党性质、指导思想、队伍构成等才能获得现世的社会认同。

---

① 李达：《马克思学说与中国》，《新时代》第 1 卷第 2 号，1923 年 5 月 15 日。

② 冰冰（袁玉冰）：《一个马克思学说的书目——为南京社会科学研究会编》，《中国青年》第 24 期，1924 年 3 月 29 日。

③ 存统（施存统）：《略谈研究社会科学》，《中国青年》第 26 期，1924 年 4 月 12 日。

而《宣言》为中国共产党存在的必然性与合理性提供了一套具有说服力的论证，为其提供了不可或缺的话语支撑与解读资源。《宣言》所阐发的无产阶级政党的性质、最终目标、基本原理和策略原则，对于现今的党建工作仍然具有重要价值。[①] 总之，《宣言》作为马克思主义经典著作，拥有元话语地位，是中国化马克思主义理论创新的思想渊源。《宣言》在时空交织的世界中与不同时期的中共政治话语结合，不断拓展附着在其文本内容之上的意义空间，与当下的中国化马克思主义相互嵌套、互建互构。中国共产党面向历史与现实的一次次追问，在批判继承中不断完善发展经典文本的理论精髓。在此过程中，运用《宣言》元话语的特殊性进行中国化马克思主义理论创新，一方面回应了经典理论不断联系社会实践以彰显其真理性的要求，另一方面凸显了中国共产党立足自身理论创新的迫切性与现实性要求，在《宣言》敞开的话语场域中实现指导思想与执政理念的与时俱进。

《宣言》在诠释的过程中不断发挥塑造与巩固中共正面形象的功能。中国共产党自诞生之日起就面临舆论阵地的争夺，面对着国民党的污名化宣传。[②] 中国共产党需要借助文本、媒介、舆论、话语方面的叙事定位、价值赋义、道义引领等塑造正面形象，《宣言》无疑是阐述共产党形象的重要文本。例如，《宣言》中"他们（共产党人）没有任何同整个无产阶级的利益不同的利益"隐含着认同式的情感暗示，形塑着中共"代

---

① 陈雁、崔士鑫：《全国党建研究会在京举行座谈会 纪念〈共产党宣言〉发表150周年》，《人民日报》1998年2月21日。

② 参见史沫特莱：《史沫特莱文集》第1卷，袁文等译，北京：新华出版社，1985年，第164页。

表中国最广大人民的根本利益""没有自己特殊利益"的大公无私形象。再如，通过诠释毛泽东、朱德等人反复阅读《宣言》，彰显中国共产党人与时俱进、不断学习马克思主义理论的精神品质。《宣言》文本亦成为马克思主义政党先进性建设的理论内涵与话语建构的起点。《宣言》中所阐明的共产党人的阶级立场与共同利益等在党群工作的实际开展中焕发生机，成为政党先进性的显著标志。[1] 总之，《宣言》文本在诠释过程中不断生产、塑造与夯实着中国共产党大公无私、廉洁公正、与时俱进、自我革命等正面形象。

（二）革命、建设和改革实践的社会动员与社会主义道路认同

《宣言》的诠释并不止于意义的生产与拓展，其诠释方式的深入浅出、诠释话语的聚焦着力，皆与中共带领人民历经革命、建设和改革的百年进程息息相关，发挥着社会动员的叙事效能，不断增强民众对社会主义道路的认同。

《宣言》在周年纪念的诠释活动中充分发挥社会动员的功能。纪念活动往往具有一定的价值预设和舆论导向，旨在通过一定的符号、程序、仪式使参与者对活动主题产生共情。《宣言》在社会主义发展史上具有极其丰富的象征意蕴。重大周年纪念活动中《宣言》的诠释有助于实现时代意义的重新阐释与政治想象的再构，并与当下的意识形态形成话语合力，促成说服型的公共舆论。在此过程中，既能巧妙通过纪念重构历史叙事逻辑，唤起并固化文本的价值记忆，又能在个体化实践中凝聚

---

[1] 李景田：《始终保持党同人民群众的血肉联系（光辉旗帜　伟大道路·纪念中国共产党成立90周年）》，《人民日报》2011年6月28日。

社会群体的思想共识。中华人民共和国成立前，《宣言》的纪念文章主要是为了增强社会群体对新民主主义革命胜利的信心，鼓动"劳动人民大众"通过努力将共产主义胜利"转化为全世界的事实"。[①] 而中华人民共和国成立后，关于《宣言》的周年纪念性文章，则强调"共产主义在全世界的胜利已经成为行将到来的事实"，[②] 在呼号式话语的指称下加深社会群体对社会主义的理解与对共产主义的向往。同时，将人民对于美好生活的渴望心理与国家发展的实际需要结合起来，从情感寄托的角度引发集体共鸣，呼唤人们积极投身到社会主义建设之中。"每一代人都有对经典进行重新理解和解释的任务"，[③]《宣言》的纪念活动中文本的活跃度与关注度间歇性被激活，意义重叠连续、交错共生。《宣言》营造出可沉浸的情境化、仪式化、共享化场域，人们行动的道德感与正义感在参与感的满足中得以强化，召唤与引领社会成员将国家指向转化为个人行动。

《宣言》的诠释不断增强民众对社会主义道路的认同。思想文化的变革是政治社会改革的先导，《宣言》的诠释活动为革命、建设、改革提供社会主义道路认同的舆论指向与情感暗示。新民主主义革命时期，《宣言》的诠释旨在抨击资本主义道路，"政府全站在资本家一边"，"这是马克思在共产党宣言里早就说过的"，[④] 同时，宣扬社会主义道路代表着"光明""正义"，是人类社会发展前景所系。新中国成立以后，《宣言》

---

① 沈友谷：《百年前的伟大预言——〈共产党宣言〉发表百周年纪念》，《群众》第2卷第7期，1948年2月26日。

② 新华社：《"共产党宣言"一百一十周年》，《人民日报》1958年2月28日。

③ 潘德荣：《诠释学导论》，桂林：广西师范大学出版社，2015年，第17页。

④ 超麟：《英国总同盟罢工的第一星期》，《向导》第153期，1926年5月15日。

060   学术中的中国

作为马克思主义的"入门老师",是广大干部、群众争相学习的范本,其学习、阅读与体悟更是提升国家认同的途径之一。不少知识分子、普通民众在集体学习的精神洗礼中实现"自我"思想改造、国家道路与个人身份的再认识。美学家朱光潜在阅读《宣言》《毛泽东选集》等著作后,就增强了对"共产党所走的是世界在理论上所应走而在事实上所必走的一条大路"[①]的认同。改革开放以来,"社会主义道路向何处去"的问题一度是社会关注的焦点。《宣言》在此过程中成为探寻社会主义道路走向的重要理论资源。在《宣言》诠释中,对生产力意义的挖掘,向人们展现了全新的"社会主义"憧憬,呈现着"中国特色社会主义实践所具有的超越资本主义的实质意义"。[②]可以说,《宣言》的诠释不再局限于文本到文本的演绎,而是跳出文本的繁琐,更注重文本背后意义的"返本开新",特别是间接、隐性的意蕴中现代性维度的阐发,以实现对公共认知的建构、对空间对话与公共理性的引导。

(三)主流价值观念整合与共产主义信仰塑造

《宣言》诠释中的意义生产与建构离不开意识形态的话语场,在其解码编码过程中意义的能指所指亦离不开主流价值观念的引导与整合,主流价值观念的话语扩展与撒播是其诠释的意图之一。就个体而言,在《宣言》文本的阅读、学习与理解过程中,"移情"与精神耦合对其理想信念的塑造显而易见。毕竟,让读者理解作者和文本从而达到自我塑造是诠释的目的之一,"对'文本'的理解只是一个'中

---

① 朱光潜:《自我检讨》,《人民日报》1949年11月27日。
② 张双利:《再论〈共产党宣言〉的当代意义——纪念中文版发表100周年》,《探索与争鸣》2020年第8期。

介'，理解者乃是通过对'文本'的理解而达到自我理解与持续的自我塑造"。①

《宣言》的诠释弘扬与整合了主流价值观念。"意义的世界不是被发现的，而是被创造出来的。"②但意义创造本身并不具有随意性，而是根据诠释者的意图、周边意见与实践需求等确定自身的指向性。尽管《宣言》文本意义有开放性与时代性，但其在不同场域中实现自身真理性与现时性确也有章可循。《宣言》作为政治性文本的意义必然栖身于意识形态的场域，与不同时期的主流价值观念相互勾连。而且《宣言》诠释所发挥的基本功能之一，就是弘扬中国共产党所倡导的主流价值观念。这个过程主要体现在两个方面：一方面，《宣言》文本意义的挖掘始终与中共的理论诉求保持一致，这一点从以阶级斗争为中心到以人民为中心的诠释主题与意义的迁衍中便能得到佐证；另一方面，《宣言》诠释过程中意义的观照与中共领导人的政治话语相互交织叠加，从经典文本的层面夯实政治话语的合法性与真理性。这一点在学习资料、教材、辅导读物等《宣言》诠释性文本中体现得尤为明显，例如在 20 世纪 50 年代诠释《宣言》中无产阶级革命与无产阶级专政的思想时，不少解读性资料将其与毛泽东的《论人民民主专政》结合起来，理论上互相支撑，并将文本中"消灭剥削制度"的相关论述与建设社会主义"繁荣幸福"图景关联，还进一步进行了"移情"，倡导人民"为把我国建设成为一个伟大的社会主

---

① Gadamer, "On the Natural Inclination of Human Beings toward Philosophy," in *Reason in the Age of Science*, Cambridge, MA: MIT Press, 1982, p.146. 转引自潘德荣：《从本体论诠释学到经典诠释学》，《河北学刊》2009 年第 2 期。

② 潘德荣：《诠释学导论》，桂林：广西师范大学出版社，2015 年，第 67 页。

义国家而奋斗"。① 同时,《宣言》的文本话语在整合或批判其他价值观念中也发挥着作用,如毛泽东曾针对党内一度出现的"分散主义"现象,援引《宣言》"共产党人认为隐秘自己的观点与意图是可耻的事",② 并提出党依然面临着从意识形态的空间领域为马克思主义的入驻扫清障碍的重大任务,等等。立足新的历史方位,社会主流价值受到多元价值取向的冲击,仍需要运用《宣言》元话语的特殊性进行主流价值的传播。

《宣言》的诠释发挥着信仰塑造的功能,"诠释的价值在于与世界相处并持续建构自我的过程"。③ 读者对《宣言》的阅读与学习不仅仅局限于文本字面理解形成的语言实践,更重要的是寻找生命体验的共同性与心灵意义的升华,"阅读行为的本质就是抽绎意义的过程"。④ 而且,从建党开始,中共就注重通过"读书会""研究会"等集群化阅读、组织化研究,引导知识分子在阅读经典中提取"主义"与"信仰"的共识性意义。当然,个体因为阅读《宣言》《共产主义 ABC》等著作而树立信仰并加入中国共产党,亦是党史人物故事的经典情节。阅读《宣言》一度成为中共党员践行信仰、理想信念等的实践表征。如此,无论是延安时期党政干部的集体阅读学习,还是新时代青年群体在入党前后重温《宣言》内容,《宣言》更多的是扮演着获取精神经验的载体、符号或象征等角色。

---

① 李林:《马克思恩格斯的"共产党宣言"》,北京:中国青年出版社,1956年,第17—18页。

② 这句话的新译文是:"共产党人不屑于隐瞒自己的观点和意图。"参见《毛泽东文集》第6卷,北京:人民出版社,1999年,第391、407页。

③ 程乐松:《阐释的双重界限:意蕴预设与有效性判定——兼论"阐释的有限与无限"问题的理论空间》,《探索与争鸣》2020年第8期。

④ 戴联斌:《从书籍史到阅读史:阅读史研究理论与方法》,北京:新星出版社,2017年,第134页。

组织化和群体化地阅读《宣言》、交流《宣言》阅读心得、刊登《宣言》学习体会等，更是党员、干部等在公共空间与媒介中理解体悟并实现思想升华的过程。由此，《宣言》的诠释不仅强化了文本自身与受众之间的对话，而且串联搭建起同质群体之间的价值认知。组织的权威性、《宣言》阅读的指向性与共同阅读的场域性等叠加共振，筑造了党员身份认同、信仰塑造的关联性链条，全面展现出"阅读即政治"的效用。

当然，《宣言》对信仰的引领并非一成不变，不同的时代境遇中塑造的方式与方法不尽相同。在新时代，《宣言》纪念场馆的建构、入党前《宣言》的阅读、《宣言》研讨会等《宣言》诠释的载体愈加丰富多样，诠释途径更加贴合"信仰"塑造的内在旨蕴。由此，《宣言》在多维诠释中所表征的"信仰"符号不断彰显。中共十九大闭幕仅一周，习近平总书记就带领新一届中央政治局常委前往一大会址重温入党誓词，强调《宣言》首个中文全译本发行的重要价值意蕴。在新时代，《宣言》所昭示的理想信念是中国共产党人追溯"初心"和"使命"的重要话语资源，《宣言》的人民立场观点则进一步明确了"初心"和"使命"话语的主体指涉，为党的群众工作在新时代的开展指明了方向。同时，在融媒体时代，充分发挥传统纸质媒介与互联网的互补效能，通过开展经典著作阅读论坛、重大纪念日宣传、主题教育等活动，在主客体间的多维互动中，《宣言》文本的符号性与表征性不断凸显。《宣言》与信仰塑造之间的意义勾连在实践反复锤炼中日渐明晰，不仅重塑了人们关于经典文本的记忆与感知，而且真正形成一道联结个人与国家的精神纽带。总之，《宣言》在诠释中将个人奋斗的脚步寓于国家发展进程之中，形诸文字的文本逐渐转化为传播真理与塑造信仰的现实力量。

学术中的中国

革命年代

马克思主义中国化的理论溯源：
重思中国社会性质问题大论战

李红岩（中国社会科学院大学教授）

　　20世纪20至30年代，在国际共产主义阵营内部、中国共产党内外、中国左翼思想界与知识界中间，发生过一场与中国前途命运直接相关的思想理论、学术研究叠加的大论战，即中国社会性质问题大论战。这场论战发生于马克思主义中国化的第一次伟大飞跃亦即毛泽东思想诞生之前，在马克思主义中国化的进程中，它具有话语之源与理论准备的意义。同时，它又发生于中国共产党成立后不久，伴随着轰轰烈烈的大革命运动，对于刚刚登上历史舞台的中国共产党来说，具有迎接理论与实践双重考验、启动深刻的理论思考并在实践中不断丰富与深化的意义。

　　对于中国化的马克思主义理论、中国马克思主义哲学社会科学来说，这场论战均具有塑造话语体系的作用和意义。论战的过程，也就是马克思主义理论全面进入中国知识领域的过程。论战过后，马克思主义已然在中国站稳脚跟，任何势力都不可能将其摧折。可以说，当代中国马克思主义学术的任何一个学科的发生与最初发展，无不直接或间接地与这场论战相关。习近平总书记指出："当代中国哲学社会科学是以马克思主义进入我国为起点的，是在马克思主义指导下逐步发展起来的。"① 中国社会性质问题大论战，就是马克思主义进入我国之后，一场为当代中国哲学社会科学塑造了基本话语方式与理论架构的论战。

论战的内涵与理论背景

所谓性质，就是认识对象的根本属性。所谓社会性质，就是社会的根本属性。社会性质是对社会总状况、总特点的本质性概括，在句式上则表现为最高抽象的定义形式。因此，所谓中国社会性质问题论战，也就是围绕着回答中国到底是一个什么社会、怎样在根本属性的意义上为这个社会下定义的论战。论战的最终结果是形成了中国共产党对于近代中国的总观点、总理论，即近代中国是一个半殖民地半封建社会，简称"两半"理论。

这个问题本身蕴含着马克思主义唯物史观的基本立场与思维方法。唯物史观承认并重视各种社会要素的作用，但认为必须找到最终起决定性作用的终极原因。这就是人们常说的"透过现象看本质"，或者说透过偶然性看清必然性。唯物史观认为，在各种社会要素中，归根到底是社会存在决定社会意识。马克思与恩格斯不仅用唯物史观考察人类社会历史，而且以之评判学术史。马克思说："现代历史著述方面的一切真正进步，都是当历史学家从政治形式的外表深入到社会生活的深处时才取得的。"② 所谓"深入到社会生活的深处"，就是指探寻社会的本质、社会的

---

① 习近平：《在哲学社会科学工作座谈会上的讲话》，《人民日报》2016 年 5 月 19 日。
② 马克思：《马志尼和拿破仑》，《马克思恩格斯全集》第 12 卷，北京：人民出版社，1962 年，第 450 页。

性质，亦即在透视生产方式结构的意义上揭示社会奥秘。马克思将唯物史观的基本思维方法运用于对历史发展过程的考察，从而形成了社会形态演进理论。所谓社会形态演进理论，就是对不同历史阶段的社会性质进行不同界定的理论。将社会形态演进理论应用于对近代中国社会的分析与概括，即表现为中国社会性质问题大论战；将这一理论应用于对前资本主义的中国社会的分析与概括，即表现为中国社会史大论战。这两场大论战，加上中国农村社会性质大论战，从本质上讲，都属于广义上的中国社会性质问题大论战。特别是对于中国马克思主义史学来说，其整个知识体系与价值取向，都是以中国社会性质问题为核心而展开的。所以，揭示社会性质、在此意义上建构思想理论，是唯物史观的基本要义和思维特征，也是中国马克思主义者运用唯物史观的核心特征。

对于唯物史观的这一基本要义和思想特征，马克思之后形形色色的唯心主义者是竭力反对的。特别是进入 20 世纪之后，在主观唯心主义大盛行的背景下，西方哲学思潮的主流谬称马克思主义的这种思想方法是本质主义、基础主义或逻各斯中心主义。胡塞尔、舍勒、海德格尔一致认为，"只有回到直观的最初来源并从直观中推导出对本质的洞察"，"才能直观地澄清概念，并在直观的基础上重新提出问题，从而在原则上解决问题"。① 这就完全离弃了对生产方式的考察。波普尔甚至借用历史主义的概念，将唯物史观视为一种"贫困的历史决定论"。② 因此，非马克思主义阵营的学者基本不会讨论社会性质问题，他们在思想方法上就

---

① 加达默尔:《哲学解释学》，夏镇平、宋建平译，上海:上海译文出版社，2004 年，第133 页。

② 卡·波普尔:《历史主义的贫困》，何林、赵平译，北京:社会科学文献出版社，1987 年。

对此不认可。在中国，持这一立场的代表人物是胡适。胡适认为，所谓社会性质论战及其延伸——社会史论战，不过是"抓住几个抽象名词在那里变戏法"。[1] 因此，他不仅敌视真正的马克思主义者，甚至对披着马克思主义外衣、实质上代表国民党改组派政治立场的陶希圣，都持"歧视"[2] 的态度。胡适在基本方法论上就反对讨论社会性质这类问题，这不仅是他反对马克思主义的态度宣示，也是一种实际行为。

显然，是否参与社会性质问题论战，在当时已然成为区隔马克思主义与非马克思主义或反马克思主义的一个分水岭。论战过程中，有人曾说，论战参加者必须首先"深切了解马克思主义"，不然"一切观点，方法，以及术语，都不会正确"。[3] 还有人说，论战"是唯物的内部的争斗，没有唯心论者插足的余地……各方都是以唯物的辩证法做武器"。[4] 因此，这场论战与人生观论战、社会主义论战之所以不同，区别就在于所使用的理论工具。在其他论战中，各种理论工具杂陈；而在中国社会性质问题论战中，只有马克思主义一种理论工具。尽管我们不能说参与社会性质论战的学者都是马克思主义者，却可以认为，一个根本反对马克思主义或对马克思主义理论没有基本修养与兴趣的人，一定不会参与这场论战。尽管一些参与者只是披着马克思主义的外衣，但这个外衣却是

---

① 胡适：《我们走那条路？》，《新月》第 2 卷第 10 期，1929 年 12 月。

② 参见唐德刚为陶恒生《"高陶事件"始末》（武汉：湖北人民出版社，2003 年）所作的序，第 14、15 页。

③ 李季：《对于中国社会史论战的贡献与批评》，《读书杂志》第 2 卷第二三期合刊，《中国社会史的论战》第 2 辑，1932 年。

④ 王礼锡：《中国社会史论战序幕》，《读书杂志》第 1 卷第四五期合刊，《中国社会史的论战》第 1 辑，1931 年。

必须披着的，一旦脱下也就等于自动放弃话语工具。这也从一个侧面说明，马克思主义进入中国、被中国人所运用，靠的是它的真理性。

马克思主义经典作家中，列宁较早从唯物史观的基本理论出发，在揭示社会性质的意义上进行社会分析，探明俄国基本国情，从而规划革命实践的路径与方法，具有学术示范意义。1895—1899 年，列宁写成《俄国资本主义的发展》。这是运用马克思主义理论分析俄国社会性质的经典著作，为马克思主义者分析其他国家的社会性质树立了典范，当然也为揭示中国社会性质提供了范例。可以看到，在揭示中国社会性质时，不仅列宁本人遵循着这一范例所提供的基本方法，而且其他人也都遵循着同样的思想方法。从列宁到中国共产党，遵循着一条共同的实践与理论相互释证的路线，那就是先探明社会性质，再从社会性质出发去进行实践。这是马克思主义从"解释世界"到"改变世界"的哲学认识方法在社会改造领域的具体应用，也是以"改变世界"为目标的马克思主义者的基本思想方法，是具有实践品格的马克思主义者的话语之源。习近平总书记指出："马克思主义政党的先进性，首先体现为思想理论上的先进性。""共产党人的初心，不仅来自于对人民的朴素感情、对真理的执着追求，更建立在马克思主义的科学理论之上。"[1]这里所说的先进性，正是建基于对社会性质的科学认知之上。而朴素感情与执着追求之所以不能代替科学理论，同样在于科学理论以社会性质为原点。只有有了科学的理论指导和可参照的经典范例，中国社会性质问题论战才具备充足的理论条件。

---

[1] 习近平：《在"不忘初心、牢记使命"主题教育总结大会上的讲话》，《求是》2020 年第 13 期。

论战的缘起与现实语境

中国社会性质问题论战的缘起是与列宁所领导的新型国际共产主义运动紧密结合在一起的。正是由于十月革命的胜利、苏俄（联）社会主义国家的建立以及共产国际的建立、国际共产主义运动在全球的展开，才有了中国社会性质问题的提出。

共产国际（第三国际）成立于 1919 年 3 月。以列宁 1916 年春在瑞士苏黎世所写的《帝国主义论》为理论依据，共产国际认为当时是整个世界资本主义体系瓦解和崩溃的时代，因此，必须在全球范围内开展世界革命。不过，由于处在革命的初始阶段，关于不同国家怎样具体实现革命目标的问题，共产国际第一次代表大会还来不及详细讨论。值得注意的是，季诺维也夫在会上介绍俄共（布）的情况时提到，当时俄共（布）作为国际上唯一执政的共产党，拥有 50 万党员，党的核心是工人："我们党仍是一个以城市无产阶级为主体的政党"，"早期党员来自工厂，党组织也是在工人区诞生的"。[1] 显然，这与后来成立的中国共产党的情况具有很大差异。因此，中国革命必然也必须走不同于苏俄的符合自身特点的道路。

共产国际一大在世界范围内举起了共产主义旗帜，而 1920 年 7 月召开的共产国际二大，则力图将全世界无产阶级组织起来，"为共产主义革

---

① 戴隆斌主编：《共产国际第一次代表大会文献》，北京：中央编译出版社，2012 年，第34—35 页。

命而直接开展斗争"。① 在为大会准备文件的过程中，列宁经过独立思考以及与人讨论，形成了对中国国情的基本看法：中国与波斯、土耳其一样，属于半殖民地国家；同时，从社会结构着眼，处于世界资本主义整体格局中的中国，依然保留着浓厚的前资本主义生产关系，具有半封建性。列宁的这一观点，在共产国际推动下，成为观察和指导中国革命的基本思想。此后的中国革命运动，就是在列宁的这一思想指导下进行的。

列宁对中国社会总状况的概括是科学的，符合中国实际。它对于当时的中国人来说，既体现了迫切的现实需要，又具有理论启蒙的意义。因此，1921 年中国共产党成立后，即不断运用这一观点去细致地观察和分析中国社会，并由此制定革命政策。20 世纪 20 年代，早期中国共产党人的理论写作具有一个共同特点，那就是几乎都采用"半殖民地"的概念来探讨社会性质问题。这一点在毛泽东、陈独秀、蔡和森、萧楚女、李大钊、罗亦农、邓中夏等人的早期文章以及中央文件中均有体现。如1923 年 7 月，毛泽东发表《北京政变与商人》一文，明确认为中国是"半殖民地"。② 1926 年 9 月的《国民革命与农民运动》又提到中国是半殖民地，同时认为革命的最大对象是"乡村宗法封建阶级（地主阶级）"。③从毛泽东的早期文稿可见，作为马克思主义者的毛泽东本人的思想，是由思考中国社会性质问题开始的，而这种思维方法与视角，正蕴含着列宁思想的影响。

---

① 戴隆斌主编：《共产国际第二次代表大会文献》，北京：中央编译出版社，2012 年，第 5 页。

② 泽东：《北京政变与商人》，《向导》第 31/32 期合刊，1923 年 7 月 11 日。

③ 中央档案馆编：《中国共产党八十年珍贵档案》上册，北京：中国档案出版社，2001 年，第 177 页。

当时孙中山领导的国民党也接受列宁的基本观点。所以，在1924年1月发布的国民党"一大"宣言中，四次指明中国是半殖民地。但是，在反封建的问题上，国民党是不彻底也不可能彻底的。当反封建指向封建势力的政治代表反动军阀时，国民党还能较为积极，但是当反封建指向封建势力的经济代表与社会基础地主阶级时，国民党便要不遗余力地维护封建势力了。此外，国民党始终不认可阶级斗争理论。因此，国民党到底是一个什么样的政党，其阶级属性、政党性质如何，它能否全盘接受并切实实践共产国际的理论体系，在共产国际内部始终存在争议。同时，对国民党的阶级属性以及政党性质的认识分歧，反过来又触发了对中国社会性质问题的再思考。这种再思考，是在遵循列宁提出的"半殖民地""半封建"两个基本维度的规定性下进行的，因而也就愈加深刻。值得强调的是，当列宁最初提出"两半"观点时，还不存在必须对国民党的属性进行判断的问题，更不存在国共两党合作的问题，而当"再思考"的时候，国共两党的关系问题却很现实地摆在眼前。可以说，"再思考"恰恰是国共合作的现实所促成的。因此，这个时候对于中国社会性质问题的思考，已经不再是一个单纯的理论问题，而是与中国革命的性质、动力、路径、方法、目标等问题结合在一起了。

其时，列宁走到了生命的尽头，已无力回答这些问题。此时的斯大林则"对中国革命的情况不大了解，方针也不大明确"。[1] 在国际共产主义运动整体推进的形势下，莫斯科弥漫着一片"世界无产阶级革命速胜

---

[1]　周恩来：《共产国际和中国共产党》，《周恩来选集》下卷，北京：人民出版社，1984年，第305页。

论的气氛"。^①但是,《孙文越飞联合宣言》所谓"共产组织,甚至苏维埃制度,事实均不能引用于中国"等言辞与条文,却引起了托洛茨基的注意。在列宁论断的基础上,他开始对国民党的阶级属性以及连带的中国社会性质问题进行更具综合性的思考。在莫斯科,关于中国社会性质问题的论战,就是由托洛茨基在 1923 年发动起来的。这场论战一直持续到 1927 年年底。托洛茨基同样认为中国是半殖民地,也不否认中国社会的封建性与落后性。关键在于,他没有直接说中国是资本主义社会,但认为资本主义关系在中国起支配与主导作用。^②既然如此,中国社会的主要矛盾就是资产阶级和无产阶级的矛盾。国民党是资产阶级的代表,因此,无产阶级的代表中国共产党不可以与国民党实行党内形式的合作。非但不能合作,还应该进行阶级斗争,推翻国民党,实行社会主义革命。因此,不仅要反帝、反封建,同时还要反资本主义和资产阶级。

托洛茨基这套观点和主张,是在与斯大林的政治斗争中展开的。其基本特点,就是将其"不断革命论"的理论框架应用于对中国社会与革命实践的分析。中国托派分子全盘接受了托洛茨基的主张,并在此基础上形成了"中国是一个资本主义社会"的中国社会性质论。后来,毛泽东曾不点名地批评他们:"过去有一种说法,民主革命和社会主义革命可以毕其功于一役。这种说法,混淆了两个革命阶段,是不对的;但只就反对官僚资本来说,是可以的。"^③

---

① 李玉贞:《孙中山与共产国际》,台北:"中研院"近代史研究所,1996 年,第 210 页。
② 详见李红岩:《托派的中国社会性质论》,《史学理论研究》2020 年第 4 期。
③ 毛泽东:《读苏联〈政治经济学教科书〉的谈话(节选)》,《毛泽东文集》第 8 卷,北京:人民出版社,1999 年,第 113—114 页。

针对托洛茨基的观点，最早由布哈林，其后由布哈林与斯大林联合，提出了另一套不同的中国社会性质论。他们认为，中国是一个封建残余势力占优势的国家，因此，其基本矛盾是中华民族与帝国主义、资产阶级与封建势力的矛盾。国民党不是资产阶级政党，而是四个阶级（资产阶级、小资产阶级、无产阶级、农民）的联盟。因为国民党具有这样的特性，故可以有限接受马列主义，共产党也因此而可以与国民党合作。国共两党共同反帝的民族斗争是第一位的，同时共产党要与国民党一起反封建。在这个阶段，不存在反资本主义与资产阶级的问题。对此，周恩来后来曾评价，斯大林 1927 年"对中国革命的理论的分析，形势的估计，许多是不合实际的"。[①] 全盘接受这种主张的是王明和博古。在《为中共更加布尔塞维克化而斗争》中，王明写道：在农村，"封建余孽仍然占剥削关系中的统治地位"。[②] 连词句都与布哈林几乎一样。博古则写道："半封建的势力，封建的余孽，至今还统治着中国。"[③] 这就是典型的"封建残余优势说"。

与托洛茨基"毕其功于一役"的不断革命或无间断革命论不同，布哈林、斯大林主张的基本特点在于坚持革命阶段论。这个基本立场是正确的。至于革命阶段论与不断革命论二者的关系，无论在国际共产主义运动史上，还是在中国共产党的历史上，都曾是一个基本而重大的理论问题。对这个问题的科学解决，最终是由中国共产党人在马克思主义中

---

① 周恩来：《共产国际和中国共产党》，《周恩来选集》下卷，北京：人民出版社，1984 年，第 306 页。

② 《王明言论选辑》，北京：人民出版社，1982 年，第 128、196—197 页。

③ 伯虎（即博古）：《中国经济的性质》，见高军编：《中国社会性质问题论战（资料选辑）》下册，北京：人民出版社，1984 年，第 493 页。

国化的进程中独立完成的。在《中国革命和中国共产党》中，毛泽东指出，中国革命的性质是民族革命和民主革命，这样的革命"有时还有资产阶级参加，即使大资产阶级背叛革命而成了革命的敌人，革命的锋芒也不是向着一般的资本主义和资本主义的私有财产，而是向着帝国主义和封建主义，既然如此，所以，现阶段中国革命的性质，不是无产阶级社会主义的，而是资产阶级民主主义的"。这是针对托派主张的批判。毛泽东同时指出，中国新式的民主革命，"虽然在一方面是替资本主义扫清道路，但在另一方面又是替社会主义创造前提"。这又是对布哈林、斯大林主张的补充、完善和修正。毛泽东提出，中国革命必须经过反帝反封建的革命，"才能进一步发展到社会主义的社会去，否则是不可能的"，但这种革命"不造成资产阶级专政"，"不破坏任何尚能参加反帝反封建的资本主义成分"，"而造成各革命阶级在无产阶级领导之下的统一战线的专政"；它"和孙中山在一九二四年所主张的三民主义的革命在基本上是一致的"。[1] 这样，毛泽东就对莫斯科的理论交锋给出了符合中国实际的科学评判，圆满地解决了一个重大理论问题，从而为新民主主义革命的胜利提供了理论保证。习近平总书记在纪念毛泽东同志诞辰120周年座谈会上的讲话中，赞扬毛泽东"深刻分析中国社会形态和阶级状况"，"弄清了中国革命的性质、对象、任务、动力，提出通过新民主主义革命走向社会主义的两步走战略"，[2] 这既是对中国共产党科学地解决这个重大理论问题的全面肯定，也是对中国共产党理论创新精神的充分

---

[1]　毛泽东：《中国革命和中国共产党》，《毛泽东选集》第2卷，北京：人民出版社，1991年，第646—648页。

[2]　习近平：《论中国共产党历史》，北京：中央文献出版社，2021年，第52页。

肯定。

　　显然，中国共产党既没有接受托派的资本主义主导说，也没有接受布哈林、斯大林主张的封建残余优势说。1928 年，斯大林、布哈林的观点完全统一了莫斯科，但中国共产党依然没有对此全盘接受。正是这种勇于独立思考、顽强进行理论创新的精神，才使得中国共产党能够冲破教条主义束缚，立足于中国实际，实现了马克思主义中国化，发展出中国化的马克思主义。因此，在中共六大之前，尽管社会性质问题对党来说还"是个很严重的问题"，[①] 尽管在斯大林、布哈林亲自过问下，瓦尔加在 1928 年 4 月为中共纲领草案起草了集中阐述中国社会性质问题的初稿，并且经过了斯大林、布哈林、米夫审阅，[②] 但是，从中共六大通过的十几项决议案文本来看，中共显然没有采用瓦尔加现成的文本，而是进行了原创性的理论创新。中共六大的相关决议肯定中国是半殖民地，同时指出"现在的中国经济政治制度，的确应当规定为半封建制度"。[③] 这就凸显了中国社会半殖民地半封建的性质。当然，中共六大决议并非毫无缺陷，例如《土地问题党纲草案》提出中国的社会经济制度"是马克思列宁所称为亚洲式的生产方法制度"。[④] 这就完全把问题搞偏了。周恩来也曾指出，中共六大对于阶级关系等问题"作了不正确的分析"，但对

---

① 周恩来：《关于党的"六大"的研究》，中共中央党史研究室第一研究部：《共产国际、联共（布）与中国革命档案资料丛书》第 11 卷，北京：中央文献出版社，2002 年，第 222—223 页。

② 《瓦尔加起草的中国共产党纲领草案初稿》，中共中央党史研究室第一研究部：《共产国际、联共（布）与中国革命档案资料丛书》第 7 卷，北京：中央文献出版社，2002 年，第 400 页。

③ 《中国共产党第六次代表大会底决议案》，见《六大以来》，北京：人民出版社，1981 年。

④ 《中共中央文件选集》第 3 册，北京：中共中央党校出版社，1983 年，第 391—392 页。

中国革命性质和任务的分析是正确的。[①] 因此，我们认为，中共六大标志着中共在社会性质问题上已经具有成熟的独立的理论创新品格。当然，要完成理论创新任务，还有很长的路要走。

论战的展开与收官

中共六大之后，中国革命形势愈加严酷，但是，围绕中国社会性质问题的论战并没有结束，反而拉开了新的序幕。这一时期论战的基本特点，就是中国人走到了前台，而莫斯科的理论交锋则相对走向沉寂。但是，托洛茨基并没有销声匿迹，而是遥控中国的托派分子抢夺话语权。同时，一些国民党改组派分子也不断提出主张。从论战的形式看，主要为学理性的笔墨官司。各家各派不仅引经据典，而且都努力拿出尽量翔实的统计数据，试图做到定量与定性的结合。当然，他们也都严守自己的政治立场，毫不留情地对论敌进行口诛笔伐。

代表中国共产党立场的是一批直接受中共领导而以马克思主义哲学和政治经济学为专业的人士，史称"新思潮派"。其代表人物是王学文、潘东周，主要以《新思潮》杂志为阵地。他们组成了"中国社会科学家联盟"（简称"社联"）。后来新思潮派的代表人物则为刘苏华、何干之。

与新思潮派对立的首先是中国托派一方的"动力派"，其次是国民党改组派一方的"新生命派"。托派的观点前文已经介绍，而此时他们的论证重点是试图利用自以为翔实的材料来证明与推进托洛茨基的观点。

---

① 周恩来：《共产国际和中国共产党》，《周恩来选集》下卷，北京：人民出版社，1984年，第307页。

"新生命派"的代表人物是陶希圣。他同时也是中国社会史大论战中国民党改组派一方的代表，但其念兹在兹的还是当时中国社会的性质。为此，他从中国古代社会讲起，兜了好大的圈子，试图证明中国既不是托派所说的资本主义社会，也不是斯大林所主张的封建残余占优势的社会，更不是半殖民地半封建社会，而是上述因素都包含一些的混合型的特殊社会。既然是特殊社会，自然不能用马克思主义那种具有全球普遍意义的理论来加以改造，而只能使用中国人自己发明的特殊理论——在他看来当然非三民主义莫属。很显然，陶希圣的"学术情怀"，完全是为国民党服务的，事实上其社会史与社会性质观点也确实被蒋介石吸收了。讽刺的是，陶希圣早年也曾打着唯物辩证法的旗号，但是，时人已经看穿，唯物论在陶希圣那里"只是一种装饰品、假面具"，[1]"他自以为是懂得历史的唯物论的，其实只是曲解和利用，并不知道历史的唯物主义是什么"。[2]在本质上，陶希圣不讲阶级斗争理论，显然也就不可能是真正的马克思主义者。因此，1934年冬创办《食货》半月刊后，陶希圣就自觉地与马克思主义拉开了距离；待其投靠蒋介石之后，就更不再提唯物辩证法了。

由于陶希圣的所谓"理论"过于粗糙，而且国共第一次合作破裂后他连原先披着的马克思主义外衣都不断丢弃，所以，新思潮派并没有把他放在眼里。新思潮派的主要论战对象，是中国托派分子。为此，时任

---

① 张横：《评陶希圣的历史方法论》，《读书杂志》第2卷第二三期合刊，《中国社会史的论战》第2辑。

② 刘光宇：《评陶希圣所谓"流寇之发展及其前途"》，《动力》第1卷第2期，1930年9月30日。刘光宇疑为刘亦宇之误，即刘仁静。

中共中央宣传部部长的李立三亲自撰写了一系列文章，1929年12月的《中国革命的根本问题》[①]是其代表作。王明上台后，对李立三的社会性质观点也予以严厉批判。王明提出，李立三的观点与斯大林、共产国际所讲的"根本不同"，是"一种有害而且危险的观点"。[②]但王明的指责恰恰说明，李立三的理论著述已经含有"中国化"的因素。这种"中国化"的因素，即体现为对中国社会半殖民地与半封建属性的揭示。由于这种揭示具有冲破"封建残余优势说"的隐含意义，所以王明说它与斯大林、共产国际"根本不同"。其实，李立三与斯大林、共产国际之间，终归是一脉相承的。但是，如果说他们之间"有所不同"，则是确实的。恰恰是"有所不同"，才表明了李立三的创新之处。显然，"有害而且危险"的是王明的观点，而不是李立三的。与李立三的文章一致，王学文、潘东周、向省吾、李一氓、张闻天（刘梦云）等人的文章都不同程度地凸显了中国社会"半殖民地"与"半封建"属性。此外，瞿秋白（何史文）、李达、吕振羽等人的论著，也都在不同层面凸显了半殖民地半封建概念。[③]当然，他们彼此之间还是存在差别的。总之，进入20世纪30年代之后，社会性质问题论战的风向有了明显变化。杜畏之说："从1930年起很多无产阶级的战士脱离了刀火生活而转移精力于理论斗争，遂使讨论社会史的文字内容一新——从前是资产阶级的言语，现在却是无产阶级的，或模仿无产阶级的议论了。陶希圣诸人的时代已经过去了，这些'新生

---

① 《布尔塞维克》第3卷第二三期合刊、第四五期合刊，1930年3月15日、5月15日。见高军编：《中国社会性质问题论战（资料选辑）》上册，北京：人民出版社，1984年。

② 《王明言论选辑》，北京：人民出版社，1982年，第128、198页。

③ 详见李红岩：《半殖民地半封建理论的来龙去脉》，《中国近代史学史论》，北京：中国社会科学出版社，2011年，第49—86页。

命派'失去了他们的历史生命。"① 这段话正是风向变化的反映，但还没有表达出变化的最大表征，即"两半"概念的使用越来越广泛、特征越来越鲜明。其中具有代表性的学者是何干之。1934年9月，何干之出版《中国经济读本》。该书的指导思想就是"始终企图以半殖民地性半封建性这个主题为经"。书中第二章题为"中国经济的半殖民地性"，第三章题为"中国经济的半封建性"，将中国概括为"半殖民地化的半封建社会"。②1936年11月，何干之又出版《中国的过去现在和未来》（第二年年初改名为《转变期的中国》），开篇即表示要解答"一般人所说半殖民地半封建的中国经济是一个什么样的东西"。显然，此时不仅半殖民地半封建概念广泛流行，而且人们已经对其内涵进行深入探讨。何干之将"过去""现在"与"未来"贯通起来，认为中国革命既不是一般的民主主义，也不是社会主义，而是一种过渡形式，即"过渡到社会主义的新的民主革命"。③这就贯通了新民主主义革命理论。第二年，何干之还出版了《中国社会性质问题论战》《中国社会史论战》两本著名的小书，这些论著成为民国时期马克思主义学者总结社会性质问题论战的代表性著作。

面对"半殖民地"与"半封建"概念日益凸显、独占鳌头的趋势，新思潮派的论敌非常紧张。陶希圣提出，"半封建社会"的"半"无法表达中国农业经济与中世纪欧洲的"根本不同之点"；④"半"字"至多亦不过

---

① 杜畏之：《古代中国研究批判引论》，《读书杂志》第2卷第二三期合刊，《中国社会史的论战》第2辑。
② 杜鲁人（何干之）：《中国经济读本》（节录本），见高军编：《中国社会性质问题论战（资料选辑）》下册，第813、815—816页。
③ 何干之：《中国的过去现在和未来》，上海：当代青年出版社，1937年，第100页。《民国丛书》第2编第78种，上海书店影印本。
④ 陶希圣：《中国封建社会史》，上海：南强书局，1929年，第4页。

予人以模糊不清的观念"。[①]其实，他本人同样使用过"半封建社会"[②]概念，此时否认只能说明政治立场导致他前后矛盾。托派分子严灵峰同样不满"两半"之说："中国的民粹派为的要否认中国资本主义的发展……掩蔽自己的错误，势必至来找寻许多比从前更加错误的'新'论据，他们现在已绝口不说'封建制度'的中国了，现在是所谓'半封建和半殖民地'的中国了。"[③]这段话实际上反而显示出一个重要信息，即"两半"说确实超越了布哈林、斯大林的观点，是一种发展了的新观点。另一托派成员李季则提出，所谓"半"并不是指十分之五封建社会、十分之五资本主义或其他主义，而是"残缺不全"的意思。所以，所谓"半封建社会"，就是仅有封建残余的社会。[④]半封建概念只能应用于秦汉以后、鸦片战争以前"封而不建"的时期。[⑤]这个观点将"封建"概念严格限定在西欧的狭义定义上，与新思潮派在社会形态意义上所使用的封建概念不同，实为自说自话。"自由马克思主义者"胡秋原同样反对"两半"说，认为"半殖民地半封建社会"的讲法不仅有语病，而且割裂了殖民地与封建概念的关系。[⑥]但事实上，"两半"概念的特点，就在于殖民地与封建概念的有机统一，而非胡秋原所说的割裂。

20世纪30年代中期之后，"两半"说在理论界已然势头强健，而此

---

① 陶希圣：《中国社会与中国革命》，上海：新生命书局，1929年，第194页。
② 陶希圣：《中国社会之史的分析》，上海：新生命书局，1929年，第248页。
③ 严灵峰：《追击与反攻》，上海：神州国光社，1932年，第5页。
④⑤ 李季：《中国社会史论战批判》，上海：神州国光社，1934年，第265页，第266—267页。
⑥ 胡秋原：《略复孙倬章君并略论中国社会之性质》，《读书杂志》第2卷第二三期合刊，《中国社会史的论战》第2辑。

时的中国共产党也逐渐走出艰难局面，最终在延安立住脚跟，马克思主义中国化开始结出果实。1938 年 3 月 20 日，毛泽东对抗日军政大学第四期第三大队毕业学员演讲，主题就是中国社会性质。这篇演讲稿是毛泽东全部著作中唯一专门讲中国社会性质问题的文献，因此具有重要价值。此后毛泽东对中国社会性质的阐述，都是这篇演讲稿内容的应用。所以，这篇文稿可以视为 20 世纪 20 年代开始的中国社会性质问题论战的收官之作，也是毛泽东思想的基础之作。

毛泽东对于社会性质问题论战的各方观点，无疑是熟悉的，所以他点评说"站在国民党立场有国民党的意见，站在共产党立场有共产党的意见，还有其他种种"。他指出，有些人说"中国是封建的社会"，"这是不对的。照他们的结论，目前革命任务只反封建，这种错误，显然用不着证明"。这里所批评的显然是布哈林、斯大林、王明、博古等人主张的"封建残余优势说"，只是当时还不方便点明。但对托派分子，毛泽东就明确地指出他们"忽略了反帝反封建的革命性质和任务"。毛泽东最后提出中国共产党人的主张："我们研究中国的结果，是一个半殖民地半封建的社会，这是一条规律，是一个总的最本质的规律，所以我们要用这个规律去观察一切事物。"①

这次演讲之后，通过《战争和战略问题》《中国革命和中国共产党》《新民主主义论》等著作，毛泽东开始将半殖民地半封建社会理论作为整个新民主主义理论的基础部分加以阐述和运用。《新民主主义论》写道："现在的中国社会，在日本占领区，是殖民地社会；在国民党统治区，基

---

① 毛泽东:《认识中国社会性质是重要的中心的一点》,《党的文献》2002 年第 3 期。

本上也还是一个半殖民地社会；而不论在日本占领区和国民党统治区，都是封建半封建制度占优势的社会。这就是现时中国社会的性质，这就是现时中国的国情。"[①]

前文已言，毛泽东本人的思想正是从思考中国社会性质问题开始的。而他思考中国社会性质问题，又是通过分析阶级状况与结构入手的。1925 年 12 月，他指出："谁是我们的敌人？谁是我们的朋友？这个问题是革命的首要问题。中国过去一切革命斗争成效甚少，其基本原因就是因为不能团结真正的朋友，以攻击真正的敌人。"[②] 这段话写于第一次国共合作期间，现实感极强。从这时开始，马克思主义中国化的序幕就拉开了。经过从大革命失败到全面抗战爆发的十年时间，"这十年的历史证明：中国共产党要领导革命走向胜利，必须把马克思列宁主义的基本原理同中国革命的具体实践正确地结合起来。在这个时期，党内盛行的那种把马克思主义教条化、把共产国际决议和苏联经验神圣化的错误倾向，曾经使中国革命几乎陷入绝境。中国化的马克思主义即毛泽东思想，是在同这种错误倾向作斗争并深刻总结这方面的历史经验的过程中形成和发展起来的"[③]。而中国社会性质问题论战，既是这一进程的重要组成部分，又成为其理论基础。

① 《毛泽东选集》第 2 卷，北京：人民出版社，1991 年，第 664—665 页。按毛泽东 1940 年 2 月 20 日在延安各界宪政促进会成立大会上的演讲《新民主主义的宪政》，指中国为"殖民地半殖民地半封建的国家"，见《解放》第 101 期，1940 年 3 月 8 日。
② 毛泽东：《中国社会各阶级的分析》，《毛泽东选集》第 1 卷，北京：人民出版社，1991 年，第 3 页。
③ 中共中央党史研究室：《中国共产党的九十年（新民主主义革命时期）》，北京：中共党史出版社、党建读物出版社，2016 年，第 178—179 页。

由毛泽东总结的半殖民地半封建理论，突破了对马列主义革命一般原理和俄国十月革命经验的简单套用与照搬，是一个具有中国共产党人思想原创品格的理论。这一理论让中国人民真正懂得、深刻理解了中国的特殊国情，弄清了中国革命的性质、对象、任务、动力，在此基础上，才能提出通过新民主主义革命走向社会主义的两步走战略，制定出新民主主义革命总路线，最后夺取全国胜利。这是经过了激烈的思想斗争、理论斗争、理论探索的过程才建构起来的理论。因此，它是中国共产党人的伟大理论创造，是"理论"中的理论、"基础"中的基础。有了这个能够"观察一切事物"的伟大理论，毛泽东思想也就有了体系化建构的原点与基础，中国革命的道路也就有了指路的明灯，中国革命的实践也就首先在思想上获得了成功。毛泽东说："成为伟大中华民族的一部分而和这个民族血肉相联的共产党员，离开中国特点来谈马克思主义，只是抽象的空洞的马克思主义。因此，使马克思主义在中国具体化，使之在其每一表现中带着必须有的中国的特性，即是说，按照中国的特点去应用它，成为全党亟待了解并亟须解决的问题。洋八股必须废止，空洞抽象的调头必须少唱，教条主义必须休息，而代之以新鲜活泼的、为中国老百姓所喜闻乐见的中国作风和中国气派。"[1]中国社会性质问题论战最终所指明的道理，正在于此。这场论战使中国共产党人意识到必须将马克思主义中国化，而不能教条主义地使用苏联理论，这正是党走向理论成熟的标志。

---

[1] 毛泽东:《中国共产党在民族战争中的地位》,《毛泽东选集》第 2 卷, 北京: 人民出版社, 1991 年, 第 534 页。

　　　　　　　　　　　　　　　　学术中的中国

结　语

习近平总书记指出："毛泽东思想以独创性理论丰富和发展了马克思列宁主义。"[①] 显然，这里所说的"独创性"，在中国社会性质问题上体现得非常鲜明。习近平总书记还指出："没有先进理论的指导，没有用先进理论武装起来的先进政党的领导，没有先进政党顺应历史潮流、勇担历史重任、敢于作出巨大牺牲，中国人民就无法打败压在自己头上的各种反动派，中华民族就无法改变被压迫、被奴役的命运，我们的国家就无法团结统一、在社会主义道路上走向繁荣富强。"[②] 通过回顾梳理中国社会性质问题论战可知，马克思主义、列宁主义都是先进理论，但是，如果不经过中国化的过程，不在中国化的过程中形成中国化的马克思主义，那么对中国共产党来说，就还不能说是完全被先进理论武装起来了。只有应用马克思主义中国化的最新成果，才是完整意义上的先进理论武装。

中国社会性质问题大论战还为以马克思主义为指导的当代中国人文学科塑造了基本话语方式与理论架构，从而在质的规定性上塑造了当代中国学术的基本形态与范式。这一基本形态与范式的核心特点，就在于从社会性质出发。[③] 马克思主义传入中国之后，为中国学者提供了崭新的理论工具，从而开启了中国马克思主义学术的发展历程，但是，马克

[①] 习近平：《在纪念毛泽东同志诞辰120周年座谈会上的讲话》，《人民日报》2013年12月27日。

[②] 习近平：《在庆祝中国共产党成立95周年大会上的讲话》，《人民日报》2016年7月2日。

[③] 参见李红岩：《从社会性质出发：历史研究的根本方法》，《中国史研究》2017年第3期。

思主义的传入并不能天然地在中国形成中国的马克思主义学派。它还需要诸多条件。其一，需要有一个新兴的资产阶级学术流派对封建学术形态发起攻击，从而为马克思主义学术的生成在一定程度上扫清道路。晚清时期以梁启超等人为代表的"新史学"承担起且比较好地完成了这一历史任务。其二，需要人们对马克思主义理论有比较广泛的了解和认同。五四时期马克思主义的广泛传播，满足了这一条件。其三，需要马克思主义与中国的现实及历史结合，从中接受验证。中国社会性质问题大论战与中国社会史大论战，正满足了这一条件。

所以，当代中国哲学社会科学以坚持马克思主义的指导为根本标志，马克思主义对于中国的适用性、真理性及其对于中国文化自信的新的培植性，不仅经历了实践验证，而且经过了学理验证。在这一过程中，李大钊、郭沫若等一大批马克思主义学者，发挥了先驱作用。李大钊不仅热切地介绍、宣传马克思主义，而且实现了马克思主义与中国学术的初步结合。郭沫若则运用分析社会性质的基本方法，通过新的历史观和方法论实现与中国古史的结合，从而建立了崭新的、深刻的史学样式。中华人民共和国成立后，人文社会科学领域开展了许多热烈讨论，其中史学界的讨论尤其引人注目，究其根本无不是从社会性质上生发出来，也无不以社会性质为依归。这就让历史研究摆脱了旧式考证学与19世纪资本主义史学的范式，丰富了认识中国历史的视角。

习近平总书记指出："一个国家选择什么样的国家制度和国家治理体系，是由这个国家的历史文化、社会性质、经济发展水平决定的。"[1] 同

---

① 习近平:《坚持和完善中国特色社会主义制度　推进国家治理体系和治理能力现代化》,《求是》2020 年第 1 期。

样，一个国家选择什么样的学术样态作为学术主流，也是由这个国家的历史文化、社会性质、经济发展水平决定的。中国马克思主义学术的发展历程，既贯穿着这一原则，也验证了这一原则。中华民族的文化自信，既建基于五千多年的独特历史发展道路、深层精神追求、独特精神标识之上，也扎根于近代以来马克思主义理论的培植之中。在新时代，加快构建中国特色哲学社会科学，依然要坚守已经被实践验证过的从社会性质出发的根本方法。现代西方主观唯心主义思潮对客观主义的所谓"拆解""悬置""震颤"等，并没有动摇从社会性质出发这一根本方法的科学性与有效性。因此，我们需要在习近平新时代中国特色社会主义思想指引下，继续运用从社会性质出发的根本方法，继续坚持由这一方法所生发出的社会经济结构分析、阶级分析等方法，同时坚持与时俱进，认真落实习近平总书记在哲学社会科学工作座谈会上的讲话精神，在百年道路的坚实基础上，让文化自信之树愈加茂盛。

从"中华民族的新文化"到文化自信

——中国共产党文化民族性理念的百年传承与实践创新

忻　平（上海大学文学院历史系教授）

姜　楠（上海大学文学院历史系博士研究生）

文化是一个国家、一个民族的灵魂。百年来，中国共产党始终重视文化建设，不断创新文化理念，进而持续推动党自身的成长壮大，使党永葆生机活力。文化是多元的，这是由文化的民族性决定的。民族性是文化的本质属性，是指某一民族在其长期发展过程中，在自身的地理环境、生产方式、历史文化、风俗习惯等因素的影响下，逐步形成的有别于其他民族的独特文化特质。不同民族有不同的文化，任何文化都依托于一定民族而存在，民族性是其中的核心要义。中国共产党在开展文化建设的过程中，对文化的民族性特征给予了相当程度的重视，从新民主主义文化到中国特色社会主义文化，民族性始终被列为首要属性。在不同的时代，民族性的体现虽有所变化，但是本质特点始终未变。中国共产党立足于不同时代主题，不断丰富民族性的内涵，从而形成并逐步完善中国共产党文化民族性理念。

本文立足于党史百年视域，梳理中国共产党文化民族性理念在革命、建设、改革、新时代各阶段传承的基本脉络，分析这一理念在不同阶段的流变与应用过程，进而总结传承与创新的特点。

中国共产党文化民族性理念的形成

（一）早期中国共产党人对文化民族性的忽视

近代以来，古老中国的国门被迫打开，大量西方文化输入中国。从1840年到1906年，世界主要列强挟持先进工业文明之利器侵略中国，"救亡"成为时代主题。国人逐渐认识到西方文明的先进性，为"师夷长技以制夷"，有识之士开始主张学习西方的科学技术和制度，但中国的落后地位仍未改变。一些先进的知识分子开始认识到传统的封建文化根深蒂固，希望通过革新思想文化挽救民族危亡，五四新文化运动由此开启。

正如毛泽东在《如何研究中共党史》一文中所言，"我们研究党史，只从一九二一年起还不能完全说明问题"。[1]新文化运动奠定了中国共产党的文化基础，是中共百年文化发展史的起点。运动的倡导者高举"民主"和"科学"的旗帜，鲜明地反对旧文化、旧道德，猛烈地抨击中国传统文化，试图通过"破旧"达到"立新"的目的。作为新文化运动的旗手，陈独秀从"新"与"旧"的角度分析东西文化的差异，称中国文化"未能脱古代文明之窠臼"，[2]全面肯定西方文化的先进性，认为西方文化优于中国文化。同时，陈独秀否认文化调和的观点，认为两种文化"若

---

[1] 中共中央党史和文献研究院编：《毛泽东、邓小平、江泽民、胡锦涛关于中国共产党历史论述摘编》，北京：中央文献出版社，2021年，第28页。

[2] 陈独秀：《法兰西人与近世文明》，任建树主编：《陈独秀著作选编》第1卷，上海：上海人民出版社，2014年，第164页。

南北之不相并，水火之不相容"，^①将二者截然对立起来。他强调："要拥护那德先生，便不得不反对孔教，礼法，贞节，旧伦理，旧政治；要拥护那赛先生，便不得不反对旧艺术，旧宗教；要拥护德先生又要拥护赛先生，便不得不反对国粹和旧文学。"^②这一主张将树立"民主""科学"观念与反对中国传统文化相联系，客观来说，存在矫枉过正的问题。

相比于陈独秀的言辞激烈，李大钊虽认识到"东西文明，互有长短"，^③但也表示"中国文明之疾病，已达炎热最高之度"，承认西洋文明更具优越性，进而呼吁"竭力以受西洋文明之特长，以济吾静止文明之穷"。^④显然，这些观点对于当时开启民智、冲击故步自封的中国传统文化具有积极意义，但存在明显的矫枉过正，对西方文化的全面肯定显得过于激进，缺乏对本民族文化的认同。新文化运动的思想家们往往用文化时代性所强调的"新"与"旧"来比较中西文化的优劣，在一定程度上忽视了文化的民族性。

1919年五四爱国运动促进了中国人思想意识的觉醒，无政府主义、互助主义、新村主义等各类新思潮在中国大地竞相涌现，这些新思潮以改造社会为宗旨，凭借自身特色得到不同群体的拥护，以陈独秀、李大钊为代表的一批先进知识分子最终选择了马克思主义。成为马克思主义者后，他们从原有新文化阵营中分化出来，由崇尚西方文化转而宣扬社会主义文化。

---

① 陈独秀:《东西民族根本思想之差异》，任建树主编:《陈独秀著作选编》第1卷，上海：上海人民出版社，2014年，第193页。
② 陈独秀:《〈新青年〉罪案之答辩书》，任建树主编:《陈独秀著作选编》第2卷，上海：上海人民出版社，2014年，第10页。
③ 李大钊:《东西文明根本之异点》，《李大钊全集》第2卷，北京：人民出版社，2013年，第311页。
④ 同上书，第313页。

中国共产党成立后，根据当时的半殖民地半封建社会的社会性质，中共二大制定了反帝反封建的民主革命纲领，这在早期共产党人的文化观上也有所体现。此时他们在反对文化保守主义的同时，逐渐认识到西方资本主义文化的弊病。1924 年 4 月，陈独秀在《中国青年》发文抨击泰戈尔对东方文化的鼓吹时，已经转变了原先一味鼓吹西方文化的倾向，表达了对西方文化的新态度："我们并不迷信西方已有的资产阶级文化已达到人类文化之顶点，所以现在不必为西方文化辩护。"[1]这是对此前"西化"观念的超越，表明这一时期中国共产党人文化观的进步。

然而，早期共产党人对文化民族性的认知总体而言仍是不全面的。在与东方文化派的论战中，陈独秀认为："我们若把东方文化当作特别优异的东西，保守着不思改进；其实人类之文化是整个的，只有时间上进化迟速，没有空间上地域异同。"[2]瞿秋白也认为："东西文化的差异，其实不过是时间上的。"[3]他们以时间作为衡量东西方文化的维度，将东西文化的差别片面归为"古今之异"而非"民族之别"，东方文化作为旧文化因而落后于西方文化这一新文化，强调文化的时代性而忽视了民族性。正如胡绳后来所总结的，这一时期推崇新文化时对民族性的认知弱化，"既然是新文化，就不能带有任何民族的色彩，因此就抹煞了一切民

---

① 陈独秀：《太戈尔与东方文化》，任建树主编：《陈独秀著作选编》第 3 卷，上海：上海人民出版社，2014 年，第 253 页。

② 陈独秀：《精神生活东方文化》，任建树主编：《陈独秀著作选编》第 3 卷，上海：上海人民出版社，2014 年，第 198 页。

③ 瞿秋白：《东方文化与世界革命》，《瞿秋白文集·政治理论编》第 2 集，北京：人民出版社，2013 年，第 14 页。

族文化的传统，甚至抹煞中国民族生活的特点"。① 实际上，任何文化都兼具民族性和时代性，仅强调单一方面是对文化属性的割裂。

早期中国共产党人对文化民族性的忽视是时代的产物。这一时期是他们接触马克思主义的初期，对马克思主义的理解尚浅，尚未充分认识到结合中国国情的重要性。在苏俄革命成功经验的影响下，早期共产党人强调"以俄为师"，崇尚国际主义，加之受到新文化运动前期全面反传统思想的影响，因而对中国文化的民族性特征缺乏足够认识。究其根源，这与此时中国共产党人尚不成熟、对马克思主义中国化的认识不足密切相关。

（二）新启蒙运动与文化民族性理念的萌发

毛泽东指出："一定的文化是一定社会的政治和经济在观念形态上的反映。"② 中国共产党人对文化民族性认知的深化与党开展的革命实践历程密不可分，党成立后，共产党人投身革命活动，在大城市开展了轰轰烈烈的工人运动，并试图照搬苏俄革命模式发动城市武装起义。一系列失败证明苏俄革命城市中心道路在中国行不通，革命实践以及正反两方面经验推动了马克思主义中国化进程，此后中国共产党人经过艰苦努力，根据国情，探索出一条"农村包围城市，武装夺取政权"的中国特色革命道路。中国共产党人逐渐认识到革命实践与中国国情相结合的重要性，在此基础上增加了民族认同。

---

① 胡绳：《新文化的方向和途径——抗战时期的文化运动的回顾》，《胡绳全书》第1卷下，北京：人民出版社，1998年，第306页。
② 毛泽东：《新民主主义论》，《毛泽东选集》第2卷，北京：人民出版社，1991年，第694页。

　　　　　　　　　　　　　　　　　学术中的中国

20世纪30年代，在日本对华侵略的背景下，民族危机日益加剧，激发了广大中国人民族意识的觉醒。此时社会上存在不同的思潮，国民党为维护其统治，推行文化专制主义，掀起了复古逆流。1934年2月，蒋介石发表《新生活运动之要义》演说，倡导"使一般人民都能除旧布新，过一种合乎礼义廉耻的新生活"，标志着新生活运动的开始。新生活运动号召"复兴中国固有文化"，其政治目的是用中国传统伦理道德禁锢民众思想，以达到压制革命、维护国民党独裁统治的目的。在此复古风潮的影响下，1935年1月，王新命、陶希圣等十名教授联合署名发表《中国本位的文化建设宣言》，中国本位文化建设运动由此发起。中国本位文化建设运动是新生活运动在思想文化领域的拓展，运动所倡导的"不盲从""不守旧"实际上是"中体西用"论的复刻，是对国民党复古论调的迎合，其思想内核仍是复古论。此外，当时社会上仍存在陈序经等人所倡导的"全盘西化"思潮，认为西方文化比中国文化先进，主张全面采纳西方文化，这一观点彻底背弃了本民族文化，是对中国文化民族性的完全否定。

面对全盘西化思潮和复古思潮在社会上的流行，中国共产党人和一些进步文化人士共同发起了新启蒙运动，对两种思潮进行批判。何干之表示："现在是我们重新估量中国文化，估量西洋文化，深入研究，深入批评的时代了。"[1] 在对待中国文化的问题上，新启蒙者在批评一味复古和全盘西化两个极端倾向基础上，开始正视和深入研究中国文化，强调

---

① 何干之：《近代中国启蒙运动史》，《何干之文集》第2卷，北京：北京出版社，1994年，第139页。

文化的民族性，主张对中国文化批判继承。1928年入党的柳湜主张："我们提出继承我们好的传统文化，发扬民族固有的文化，保卫我们的民族文化。"[①] "选拔旧文化中的具有民族意识的要素，发展它。"[②] 这一系列观点表明新启蒙运动的参与者开始重视本民族文化，主张以扬弃的观点辩证看待中国传统文化，这表明他们对文化民族性的认识在深化。在民族救亡的时代主题下，不同的政治力量、文化团体都在研究文化问题，但在如何对待中国传统文化及其发挥时代作用上，他们的观点却大相径庭。其中，中国共产党的民族文化观在时代主题下逐渐在深化，进而推动了抗日民族统一战线的形成与巩固。

在全面抗战的大背景下，受到新启蒙运动的催化，党内思想文化界出现了"民族化""中国化"的思潮，文化的民族性开始受到广泛重视。1937年11月，中共中央机关刊物《解放》周刊上刊登了一篇题为《现阶段的文化运动》的文章，该文对文化民族性有深刻认识，指出抗战时期文化运动的内容"首先就是民族的"，主张发扬民族优秀传统，"使我们的文化运动充分中国化"。[③] "民族的""中国化"这些全新提法表明了中国共产党人对文化民族性认识的进一步提升，从后来的状况来看，这些新理念得到了党中央和毛泽东的重视，并进一步升华凝练。毛泽东的文化民族性思想正是建立在广泛吸收党内的优秀思想成果的基础之上，是中国共产党文化民族性理念的集中体现。

1938年10月，毛泽东在中共六届六中全会上作报告，表达了对

---

① 柳湜：《抗战以来文化运动的发展》，《战时文化》创刊号，1938年5月25日。

② 柳湜：《柳湜文集》，北京：生活・读书・新知三联书店，1987年，第721页。

③ 从贤：《现阶段的文化运动》，《解放》第1卷第23期，第12页。

中华民族文化的重视："我们这个民族有数千年的历史，有它的特点，有它的许多珍贵品。对于这些，我们还是小学生……从孔夫子到孙中山，我们应当给以总结，承继这一份珍贵的遗产。"[1] 同时，他强调："马克思主义必须和我国的具体特点相结合并通过一定的民族形式才能实现。"[2] 这是毛泽东首次提出"马克思主义中国化"的概念，这与他对文化民族性的认知觉醒是分不开的。在此基础上，毛泽东强调要运用"新鲜活泼的、为中国老百姓所喜闻乐见的中国作风和中国气派"。[3] 对民族文化的形式及特点的强调，显示了毛泽东对中国文化民族性内涵的思考。

（三）新民主主义文化民族性的提出及其内涵阐释

在 1939 年 12 月 13 日召开的中央政治局会议上，毛泽东首次提出了"中华民族的新文化"概念，认为这是一种"彻底的民主主义文化"，并将这种新文化概括为民族化、民主化、科学化、大众化四个方面。[4] 中华民族的新文化是新民主主义文化的雏形，毛泽东以"中华民族的"为新文化命名，并将"民族化"放在首位，体现了他对文化民族性的重视，这也是中国共产党对中华民族文化的新表述、新论断。

1940 年 1 月 4 日—12 日，陕甘宁边区文化协会第一次代表大会在延安召开，张闻天于 1 月 5 日在会上作了题为《抗战以来中华民族的新

---

① 毛泽东：《中国共产党在民族战争中的地位》，《毛泽东选集》第 2 卷，北京：人民出版社，1991 年，第 533—534 页。

②③ 同上书，第 534 页。

④ 中共中央文献研究室：《毛泽东年谱（1893—1949）》中卷，北京：中央文献出版社，1993 年，第 151 页。

文化运动与今后任务》的报告。张闻天在报告中使用的便是毛泽东所提出的"中华民族的新文化"概念，认为中华民族的新文化必须是为抗战建国服务的文化，其内容包括：民族的、民主的、科学的、大众的。[①] 可见，张闻天对新文化内容的分类，继承了毛泽东的观点。他将"民族的"特点进一步阐释为两方面内容：一是"抗日第一，反帝、反抗民族压迫，主张民族独立与解放"；二是"提倡民族的自信心，正确把握民族的实际与特点"。[②] 其重点在于突出了民族文化对于全民族抗日的重要性，进而发挥民族文化在凝聚抗日力量中的作用。

1月9日，毛泽东在会上作了题为《新民主主义的政治与新民主主义的文化》的报告，会后毛泽东将这份报告进一步修改为《新民主主义论》。毛泽东在此提出了"新民主主义的文化"概念，将其概括为"民族的科学的大众的文化"，并论证了三者辩证统一的关系。其中，突出了排在首位的"民族的"即新民主主义文化的民族性，毛泽东将其核心内涵阐释为三个层面：

第一，具有民族独立性和革命性。毛泽东强调，新民主主义文化"是反对帝国主义压迫，主张中华民族的尊严和独立的"。[③] 近代以来，伴随着外来侵略，中国逐步沦为半殖民地半封建社会。因此，建立的新文化要与救亡图存的时代主题相契合，立足于民族独立，这与张闻天所说的"抗日第一，反帝、反抗民族压迫，主张民族独立与解放"是一致的。

---

① ② 张闻天：《抗战以来中华民族的新文化运动与今后任务》，中央党史研究室张闻天选集传记组：《张闻天文集》第 3 卷，北京：中共党史出版社，2012 年，第 25 页。

③ 毛泽东：《新民主主义论》，《毛泽东选集》第 2 卷，北京：人民出版社，1991 年，第 706 页。

同时，毛泽东强调新民主主义文化是革命的民族文化，因此"决不能和任何别的民族的帝国主义反动文化相联合"，[①]这体现了毛泽东世界革命的眼光。

第二，展现民族特点和民族形式。毛泽东认为，新民主主义文化"是我们这个民族的，带有我们民族的特性"，[②]强调要"和民族的特点相结合，经过一定的民族形式，才有用处"。[③]这表明新民主主义文化植根于中华民族的独特土壤，运用于中国的实际情况，因而具有中华民族的特色。张闻天也强调要"把握民族的实际与特点"，如果脱离了民族特点，盲目吸收外来文化，则这一文化在中国是行不通的。

第三，取其精华，去其糟粕。毛泽东认为，"中国应该大量吸收外国的进步文化，作为自己文化食粮的原料"。[④]任何文化都不可能是单一的、纯粹的，新民主主义文化作为马克思主义中国化的产物，绝非封闭排外的，而是要批判地吸收外国进步文化，转化为有益成分。毛泽东将这一吸收过程形象地比喻为："必须经过自己的口腔咀嚼和胃肠运动，送进唾液胃液肠液，把它分解为精华和糟粕两部分，然后排泄其糟粕，吸收其精华，才能对我们的身体有益，决不能生吞活剥地毫无批判地吸收。"[⑤]

以上阐释构成了新民主主义文化民族性理念的框架，是对近代以来中西文化论争的全面回答，其核心在于对本民族文化的尊重与认同。1940年2月《新民主主义论》的发表，标志着这一理念的正式形成。作

---

①②④　毛泽东:《新民主主义论》,《毛泽东选集》第2卷,北京:人民出版社,1991年,第706页。

③⑤　同上书,第707页。

为毛泽东思想的重要组成部分，新民主主义文化民族性的提出和内涵阐发是以毛泽东为代表的中国共产党人集体智慧的结晶，是中国共产党文化民族性理念历史传承的源头活水。文化的民族性从忽视到形成成熟阐释，与马克思主义中国化的历史进程密不可分，其背后反映的是中国共产党成立以来中国共产党人对中国特色革命道路理论和实践探索的逐渐成熟，是中国共产党在新的时代背景下对民族文化的新认识。

中国共产党文化民族性理念在革命和建设时期的运用与升华

新民主主义文化是中国共产党人在革命时期进行文化事业探索的重要成果，奠定了社会主义文化、中国特色社会主义文化的基础。新民主主义文化的民族性理念在后来的历史进程中得到传承与发扬，并在实践的基础上得到创新。

延安整风时期是新民主主义文化民族性得到运用的最初阶段，这一全新理念也是在该时期得到进一步升华与发展。毛泽东等中共领导人将该理念广泛运用到许多具体问题的分析中去，并与马克思主义中国化相结合，提升了这一理念的广度与深度。这一时期，文化民族性理念的运用主要体现在以下三个方面：

第一，将文化民族性理念与马克思主义中国化联系起来，要求立足民族文化，独立自主地走一条符合中国国情的革命道路。1941 年 5 月，毛泽东在延安干部会议上作了题为《改造我们的学习》的报告，标志着整风运动拉开序幕。针对部分党员对中国历史与文化的漠视，毛泽东将这一问题描述为："不论是近百年的和古代的中国史，在许多党员的心目中还是漆黑一团。"① "只懂得希腊，不懂得中国，对于中国昨天和前天的面目漆黑一团。"② 毛泽东称这一现象为"极坏的作风"，③ 批评部分党员缺乏对中国的实际情况的了解，缺乏对民族文化的认同，因而要进行学习上的改造。不懂中国历史和文化，不懂得中国国情，就难以理解中国共产党独特的革命道路。毛泽东在此强调关注中国的历史与现实，目的在于纠正在中国革命实践中将马克思主义教条化的倾向。

1943 年 5 月，中共中央发文赞成共产国际执委会主席团提议解散共产国际的主张，其中强调了中国共产党在发展过程中的"独立自主"，并运用文化民族性理念进行解释："中国共产党人是我们民族一切文化、思想、道德的最优秀传统的继承者，把这一切优秀传统看成和自己血肉相连的东西，而且将继续加以发扬光大。"进而强调："整风运动就是要使得马克思列宁主义这一革命科学更进一步地和中国革命实践、中国历史、中国文化深相结合起来。"④ 这一时期，中国共产党人将文化民族性理念灵活运用到中国化的逻辑中，强调结合民族文化是马克思主义中国化的着力点，将中华民族文化作为中国特色革命道路的文化支撑。

第二，强调批判地吸收中华民族传统文化和其他民族文化。在批判党八股的问题上，毛泽东运用文化民族性理念，提倡改善语言水平"要从外国语言中吸收我们所需要的成分"，"还要学习古人语言中有生命的

---

① ③ 毛泽东：《改造我们的学习》，《毛泽东选集》第 3 卷，北京：人民出版社，1991 年，第 797 页。

② 同上书，第 799 页。

④ 《中国共产党中央委员会关于共产国际执委会主席团提议解散共产国际的决定》，中央档案馆编：《中共中央文件选集》第 14 册，北京：中共中央党校出版社，1992 年，第 41 页。

东西"。① 吸收借鉴国外和中国古代的有益文化因子，使新民主主义文化民族性内涵升华。在《新民主主义论》中，毛泽东论及对古代文化的态度："剔除其封建性的糟粕，吸收其民主性的精华。"此后，毛泽东多次谈到立足本民族文化与博采众长的问题。1944年7月，毛泽东在同英国记者斯坦因谈话时说："中国历史遗留给我们的东西中有很多好东西，这是千真万确的。我们必须把这些遗产变成自己的东西。"② 在《论联合政府》一文中，毛泽东对这一问题进行了更为深入的解析："对于外国文化，排外主义的方针是错误的，应当尽量吸收进步的外国文化，以为发展中国新文化的借镜；盲目搬用的方针也是错误的，应当以中国人民的实际需要为基础，批判地吸收外国文化。"③ 毛泽东在这里特别强调运用苏联革命建设实践中创造的新文化，并以此作为我们建设人民文化的范例。对于中国古代文化，毛泽东主张以辩证的态度看待，"既不是一概排斥，也不是盲目搬用，而是批判地接收它，以利于推进中国的新文化"。④ 这一系列论述与《新民主主义论》中民族性思想一脉相承，丰富了新民主主义文化民族性的内涵。

第三，强调将文化民族性与大众性相结合，创造人民群众喜闻乐见的民族文化形式。在延安文艺座谈会上，毛泽东指出："我们必须继承一切优秀的文学艺术遗产，批判地吸收其中一切有益的东西……文学艺术中对于古人和外国人的毫无批判的硬搬和模仿，乃是最没有出息的最害

---

① 毛泽东:《反对党八股》,《毛泽东选集》第3卷,北京:人民出版社,1991年,第837页。

② 毛泽东:《同英国记者斯坦因的谈话》,《毛泽东文集》第3卷,北京:人民出版社,1996年,第191页。

③④ 毛泽东:《论联合政府》,《毛泽东选集》第3卷,北京:人民出版社,1991年,第1083页。

　　　　　　　　　　　　　　　　　学术中的中国

人的文学教条主义和艺术教条主义。"① 这一观点很快落到了实践层面，边区的广大文艺工作者和群众共同改造传统艺术形式，如编排成人民群众喜闻乐见的新秧歌。新秧歌运动自 1943 年春节开始在边区广泛开展起来，引发了广大边区人民的热爱、参与和追捧。一些作家开始运用信天游等人民群众接受度高的传统语言形式进行创作，赵树理的《小二黑结婚》、李季的《王贵与李香香》是其中的代表，广受群众欢迎。这些文艺作品立足于抗日救亡的时代背景，在内容上实现了民族化和大众化的统一，因此深受人民群众的喜爱，从而进一步推动了这一时期文艺创作的繁荣。

中国革命的胜利向世界证明了中国特色革命道路的正确性，用成功实践反驳了"西方中心论"的错误思想，洗刷了中国人的民族自卑感，增强了中国人对中华民族文化的认同感。1949 年 9 月 21 日，毛泽东在中国人民政治协商会议第一届全体会议上宣告："中国人被人认为不文明的时代已经过去了，我们将以一个具有高度文化的民族出现于世界。"② 同年制定的带有临时宪法性质的《共同纲领》规定，中华人民共和国的文化教育为新民主主义性质，民族性被列为首要属性。③

新中国成立伊始，文化领域的首要任务是改造旧文化，建立新文化，民族性理念是文化改造中必须考虑且贯穿始终的重要因素。在改造教

---

① 毛泽东：《在延安文艺座谈会上的讲话》，《毛泽东选集》第 3 卷，北京：人民出版社，1991 年，第 860 页。

② 毛泽东：《中国人从此站起来了》，《毛泽东文集》第 5 卷，北京：人民出版社，1996 年，第 345 页。

③ 《中国人民政治协商会议共同纲领》，《建国以来重要文献选编》第 1 册，北京：中央文献出版社，1992 年，第 10—11 页。

育方面，周恩来在 1950 年 6 月的全国高等教育会议上强调："我们的教育是民族的，要有民族的形式……具有民族形式的教育，才易于被人民所接受，为人民所热爱。"①周恩来结合《共同纲领》在文化教育方面的要求，将文化民族性理念贯彻到新中国教育模式中。同时，他还强调："我国是个多民族的国家，要注意各兄弟民族的特点和形式……这样才能将科学的内容输送到各族人民中去，把教育办好。"②相比于此前新民主主义文化民族性主要偏重于中华民族整体，这一观点在强调共性的同时，关注到了中国各民族的个性，符合中国共产党成为执政党后的新站位，是文化民族性理念在新中国的创新。次年 9 月，第一次全国民族教育会议召开，会议确定了少数民族教育的具体方针和任务。大中小民族学校在全国范围内陆续建立，内蒙古人民出版社、新疆人民出版社等民族地区的出版社成立，各类民族语言的教材和书籍得到出版。③

在文艺领域，作为中国传统文化的代表，戏曲成为文艺改造的重要对象。1951 年 5 月，政务院发布关于戏曲改革工作的指示，其中明确强调："删除各种野蛮的、恐怖的、猥亵的、奴化的、侮辱自己民族的、反爱国正义的成分。对旧有的或经过修改的好的剧目，应作为民族传统的剧目加以肯定。"④这一指示内容体现了文化民族性，根据这一指示，戏曲改革工作进一步推进，各类旧戏曲经过改编，旧貌换新颜。对传统剧目

①②　周恩来：《在全国高等教育会议上的讲话》，《周恩来选集》下，北京：人民出版社，1984 年，第 17 页。

③　刘源泉：《中国共产党少数民族文化政策研究》，北京：人民出版社，2014 年，第 114—115 页。

④　《政务院关于戏曲改革工作的指示》，《建国以来重要文献选编》第 2 册，北京：中央文献出版社，1992 年，第 251 页。

的挖掘与整理工作，促进了传统文化的扬弃和保护。刚刚起步的新中国电影也得到发展，1950年9月，周恩来说："年轻的人民中国的电影已经迅速地在市场上代替了美国电影的地位，受到了广大观众的欢迎。"[①]

经过社会主义改造，1956年社会主义制度在中国确立，新民主主义文化过渡为社会主义文化。此时，因受"一边倒"外交政策的影响，全面学习苏联的同时，也造成苏联文化充斥中国上下，甚至引发了教条主义的问题，必须予以解决。

1956年4月，毛泽东在《论十大关系》中表示："我们的方针是，一切民族、一切国家的长处都要学，政治、经济、科学、技术、文学、艺术的一切真正好的东西都要学。但是，必须有分析有批判地学，不能盲目地学，不能一切照抄，机械搬用。他们的短处、缺点，当然不要学。"[②]毛泽东在此阐述了他对中外文化关系的认识，他的这一认识继承了《新民主主义论》和《论联合政府》关于文化民族性理念的论述，即批判地吸收外来文化。毛泽东在《论联合政府》一文中，将苏联文化推崇为我们建设人民文化的范例。然而，新中国成立初期对苏联文化的全面学习演化成了对苏联文化的照搬照抄，这引发了毛泽东对发展本民族文化的思考。

同年8月，在同音乐工作者谈话时，毛泽东系统阐述了"古为今用、洋为中用"的文化民族性理念，包括以下几个方面：

第一，要尊重本民族的文化，使民族文化与时代相结合。毛泽东说：

---

① 周恩来：《为巩固和发展人民的胜利而奋斗》，《周恩来选集》下，北京：人民出版社，1984年，第48页。

② 毛泽东：《论十大关系》，《毛泽东文集》第7卷，北京：人民出版社，1999年，第41页。

"我们当然提倡民族音乐。作为中国人，不提倡中国的民族音乐是不行的。"①同时他也认为，本民族文化的运用不能盲目僵化，进而举例称"军乐队总不能用唢呐、胡琴"。②毛泽东认为，民族文化并不意味着完全复古，要将民族形式时代化。他表示："民族形式可以掺杂一些外国东西。小说一定要写章回小说，就可以不必；但语言、写法，应该是中国的。"③

第二，主张"洋为中用"。毛泽东承认："近代文化，外国比我们高。"④因此主张学习外国文化，进而为中国服务，他在谈话中多次强调"要向外国学习科学的原理……用来研究中国的东西"。⑤"要学到一套以后来研究中国的东西，把学的东西中国化。"⑥同时，毛泽东认为，在学习外国文化的过程中要以本国文化为主，"中国的和外国的要有机地结合，而不是套用外国的东西……搬要搬一些，但要以自己的东西为主"。⑦这一论述即为"以我为主，为我所用"思想的体现，强调本民族文化的本位性。

第三，批判吸收外国文化。毛泽东说："西洋的东西也不是什么都好，我们要拿它好的。我们应该在中国自己的基础上，批判地吸收西洋有用的成分。"⑧也就是要通过吸收外国文化的有益成分，促进文化融合，进而发展民族文化。这也可以理解为毛泽东对此时苏联文化在中国广为流行的态度。

---

①② 毛泽东：《同音乐工作者的谈话》，《毛泽东文集》第7卷，北京：人民出版社，1999年，第77页。

③ 同上书，第80页。

④⑥ 同上书，第81页。

⑤ 同上书，第78页。

⑦ 同上书，第82页。

⑧ 同上书，第83页。

《论十大关系》与《同音乐工作者的谈话》是毛泽东面对"照搬苏联"的倾向所作出的关于文化民族性的论述，这是革命时期产生的文化民族性理念在社会主义建设和全面学习苏联大背景下的转化与升华。其中反复强调的"以我为主，为我所用""批判吸收"的观点，体现了毛泽东对本民族文化的重视，是马克思主义民族化和时代化思想在这一时期的体现。

1961年1月，文化工作开始调整。1962年4月30日，中共中央批转了《关于当前文学艺术工作若干问题的意见（草案）》。《意见》对新中国成立以来文艺工作的正反两方面经验作了总结，提出要批判地继承民族文化遗产和吸收外国文化，收集和整理我国各民族和民间的文学艺术遗产，有计划地翻译出版世界各国古典的和当代的优秀文学艺术作品和重要理论著作。①《意见》有效推动了文艺政策的调整，许多内容落到了实处，但"文化大革命"使这一民族文化建设进程遭遇严重挫折。

毛泽东在《新民主主义论》中强调，必须将马克思主义普遍真理"和民族的特点相结合，经过一定的民族形式，才有用处，决不能主观地公式地应用它"。②其中的民族特点与民族形式就是文化民族性的体现，因此，中国共产党在革命和建设时期强调并运用文化民族性，实际上是中国共产党人摆脱教条、结合中国实际、推进马克思主义中国化的重要实践，在运用的过程中结合时代主题，解决面对的各类问题，取得了良好效果。

---

① 《文化部党组和文学艺术界联合会党组关于当前文学艺术工作若干问题的意见（草案）》，《建国以来重要文献选编》第15册，北京：中央文献出版社，1992年，第371—373页。

② 毛泽东：《新民主主义论》，《毛泽东选集》第2卷，北京：人民出版社，1991年，第707页。

中国共产党文化民族性理念在改革开放新时期的继承与创新

党的十一届三中全会以后，中国共产党的文化工作走向复苏，文化领域出现了翻天覆地的变化。与此同时，随着改革开放的进程，国门洞开，各类西方文化开始大量涌入中国，其中不乏一些民族虚无主义和历史虚无主义的价值观念，构成了这一时期开展文化建设的新背景。在建设物质文明的同时，中国共产党持续推进社会主义精神文明建设，坚持文化民族性理念，结合时代特征，从以下几方面着力，推动社会主义文化发展繁荣。

（一）对"古为今用、洋为中用"方针的承续

"古为今用、洋为中用"是毛泽东在革命和建设时期总结的重要文化民族性理念，改革开放后，这一理念得到有效继承。1979年10月30日，邓小平在中国文学艺术工作者第四次代表大会上重申，社会主义文化发展要"坚持百花齐放、推陈出新、洋为中用、古为今用的方针"，[①]并在此基础上提出了"钻研、吸收、融化、发展"的八字原则，这一原则将"推陈出新"的过程进一步细化，为文化的继承创新提供了更为科学的指导方案。在改革开放之初我国各方面条件仍较为落后的情况下，继承中华民族优秀文化成果、合理吸收外来文化显得十分必要。改革开放的大背景为吸收外来文化提供了可能，邓小平重视对西方先进文化的学习，在改革开放伊始他就认识到中国不仅自然科学落后于西方，社会科学也较

---

① 邓小平：《在中国文学艺术工作者第四次代表大会上的祝词》，《邓小平文选》第2卷，北京：人民出版社，1994年，第210页。

为落后，要求思想理论工作者学习外语，从而能够阅读外国的重要社会科学著作。[①]同时，邓小平也继承了毛泽东关于区分精华与糟粕的论断，指出"要划清文化遗产中民主性精华同封建性糟粕的界限"，鉴于"文革"时期"全盘否定"的文化乱象，邓小平重视对文化加以分析，强调"不要又是一阵风，不加分析地把什么都说成是封建主义"。[②]综合来看，邓小平充分继承了毛泽东的文化民族性思想，同时立足于改革开放初期的时代特点加以创新。

20世纪80年代"文化热"在中国大地上兴起，社会思潮涌动，知识界开始围绕西方文化与中国传统文化等问题进行探讨，其中不乏否定中国传统文化、倡导"全盘西化"的论调。这种民族虚无主义和历史虚无主义的论调引起了党中央的高度警惕，1990年1月10日，李瑞环出席全国文化艺术工作情况交流座谈会，并就弘扬民族优秀文化的问题作了系统阐释。中央领导人专门就民族文化问题进行大篇幅论述，这是此前党史中鲜见的，可见此时党中央对这一问题的重视程度。

在讲话中，李瑞环首先肯定了文化的民族性，强调"无论是东方还是西方，世界各民族都有自己独具特色的文化"，进而总结出中华民族文化具有"源远流长、博大精深、影响深远"等三大特点。[③]在积极借鉴外来文化的问题上，李瑞环在继承"洋为中用"观点的基础上，创新地提出

---

① 邓小平：《坚持四项基本原则》，《邓小平文选》第2卷，北京：人民出版社，1994年，第181页。

② 邓小平：《党和国家领导制度的改革》，《邓小平文选》第2卷，北京：人民出版社，1994年，第335页。

③ 李瑞环：《关于弘扬民族优秀文化的若干问题》，《十三大以来重要文献选编》中，北京：人民出版社，1993年，第854—856页。

弘扬中华民族文化的优秀传统，才能增强吸收外来文化的能力。同时立足对外开放的新背景，提出"吸收外来文化的气魄应该更大一点，更要有世界眼光"，对于当时外来文化传播的混乱现象，他强调要认真加以清理和改变。[①] 对于正确处理继承和发展关系的问题，李瑞环在重申"推陈出新、古为今用"理念基础上，认为："不能用今天的标准苛求历史和前人。苛求势必导致历史虚无主义。"[②] 这也是他针对当时社会上存在的崇洋媚外、历史虚无主义的现象提出的新观点，目的是防范错误思潮的扩散。这一讲话贴合时代形势，表明了此时党中央对吸收借鉴传统和外来文化的科学态度。

1991 年 7 月 1 日，庆祝中国共产党成立 70 周年大会召开，江泽民在大会讲话中对"有中国特色社会主义的文化"的内涵进行了初步阐释，这里的"有中国特色"所强调的就是文化的民族性，是马克思主义中国化在文化领域的反映。对于传统文化与外来文化，江泽民指出："必须继承和发扬民族优秀传统文化而又充分体现社会主义时代精神，立足本国而又充分吸收世界文化优秀成果，不允许搞民族虚无主义和全盘西化。"[③] 此后党中央多次强调运用中华民族传统文化和外来文化的原则方法，其中的核心要义即运用唯物辩证法，一分为二地对传统文化和外来文化进行分析，取其精华，去其糟粕，汲取运用文化中的积极部分，摒弃消极部分。这是毛泽东"批判吸收"观点的延续，是中国共产党文化民

---

① 李瑞环:《关于弘扬民族优秀文化的若干问题》,《十三大以来重要文献选编》中, 北京:人民出版社, 1993 年, 第 861—862 页。

② 同上书, 第 863 页。

③ 江泽民:《在庆祝中国共产党成立七十周年大会上的讲话》,《十三大以来重要文献选编》下, 北京:人民出版社, 1993 年, 第 1644 页。

学术中的中国

族性理念在改革开放新时期传承的重要体现。

而在实践的层面上，中国改革开放的环境使这一理念得到了充分实现，传统音乐、传统戏曲、传统武术等文化形式受到追捧。1990 年，纪念徽班进京 200 周年大型活动在全国范围内展开，各类演出、学术研讨层出不穷，使京剧艺术重新焕发生机。一些积极有益的国外文化产品也引入了中国，受到中国人的欢迎，成为时代流行文化的一抹亮色。

（二）弘扬和培育民族精神

民族精神是一个民族在长期的共同生活和共同的社会实践基础上形成和发展的，为民族大多数成员所认可和接受的思想品格、价值取向和道德规范，是一个民族的心理特征、文化传统、思想情感等的综合反映。[①] 作为民族文化的精髓，民族精神是文化民族性的集中体现，具有独特的民族特点与民族形式。江泽民指出："中华民族有着自己的伟大民族精神。这个民族精神，积千年之精华，博大精深，根深蒂固，是中华民族生命机体中不可分割的重要成分。"[②] 这充分表明了中华民族精神的重要性和独特性，体现了民族精神的历史根脉和文化积淀。另一方面，民族精神伴随着中国共产党的成长壮大和中国革命、建设、改革的伟大实践而不断丰富、发展，始终滋养着中华民族，成为中华民族伟大复兴的重要精神动力。

改革开放改善了中国人民的物质生活，对丰富人们的精神生活具

---

① 本书编写组：《弘扬和培育伟大的民族精神》，北京：中央文献出版社，2003 年，第 1 页。

② 江泽民：《在全国抗洪抢险总结表彰大会上的讲话》，《江泽民文选》第 2 卷，北京：人民出版社，2006 年，第 231 页。

有积极作用。在市场经济的浪潮中,出现了"一切向钱看"的倾向,对原有的集体主义价值观的认同渐趋弱化,社会上也出现了一些道德滑坡、价值观迷失的现象。在时代的呼应下,党的十六大首次将培育和弘扬民族精神作为战略任务,将其内涵阐释为"以爱国主义为核心的团结统一、爱好和平、勤劳勇敢、自强不息的伟大民族精神",强调"必须把弘扬和培育民族精神作为文化建设极为重要的任务,纳入国民教育全过程,纳入精神文明建设全过程,使全体人民始终保持昂扬向上的精神状态"。①

中华民族精神深植于中华民族的优秀传统文化中,展现了中华民族独有的文化面貌。弘扬和培育民族精神有利于保持民族文化的生机与活力,增强中国人民的民族文化认同,激发人民群众的昂扬斗志,进而动员和凝聚民族力量。弘扬和培育民族精神是中国共产党文化民族性理念在改革开放和社会主义现代化建设背景下的一大创新,有力地回应了发展这一时代主题。

(三)弘扬中华文化,推动中华文化"走出去"

文化的民族性表明,一切民族文化都不可能是孤立存在的,民族之间的文化交流必然存在,中华民族文化正是在不断与其他民族文化融合的过程中发展起来的。中国共产党文化民族性理念倡导积极吸收一切有益的文化成果,在较长的历史时期所强调的"批判吸收"更侧重于"引进来"。而在改革开放新时期,随着中国文化软实力的增强,深入挖掘中华民族的文化资源,对外弘扬中华文化,展现中国的文化特色,对推动文

---

① 江泽民:《全面建设小康社会,开创中国特色社会主义事业新局面》,《十六大以来重要文献选编》上,北京:中央文献出版社,2004 年,第 30 页。

化交流,增强国际竞争力具有重要意义,因而中华文化"走出去"成为时代需要。

党的十五大报告指出:"我国文化的发展,不能离开人类文明的共同成果。要坚持以我为主、为我所用的原则,开展多种形式的对外文化交流,博采各国文化之长,向世界展示中国文化建设的成就。"①2004年9月,党的十六届四中全会明确提出:"推动中华文化更好地走向世界,提高国际影响力。"②2005年10月,胡锦涛在党的十六届五中全会的讲话中指出:"加快实施文化产品'走出去'战略,推动中华文化走向世界。"③此后,中央关于文化建设的各类文件中不断强调中国文化"走出去"的重要性,并将这一战略逐步推进。

文化是民族的,也是世界的。没有不同民族的文化在世界平台上的交流,就无法形成世界文化百花园的艳丽缤纷。推动中华文化"走出去"是中国共产党文化民族性理念在实践过程中的创新,在传播中华文化的同时,能够丰富世界文化多样性,促进人类文明的繁荣昌盛。新世纪以来,中华文化"走出去"的进程加快,各类中国文化中心、孔子学院在世界范围内逐步开设。2004年,第一所孔子学院在韩国设立,截至2012年12月,中国在世界108个国家建立了400所孔子学院和500多个孔子课堂,汉语学员总数达65.5万人。世界排名前200名的大学中有70所已

---

① 江泽民:《高举邓小平理论伟大旗帜,把建设有中国特色社会主义事业全面推向二十一世纪》,《十五大以来重要文献选编》上,北京:人民出版社,2000年,第32页。

② 《中共中央关于加强党的执政能力建设的决定》,《十六大以来重要文献选编》中,北京:中央文献出版社,2006年,第284页。

③ 胡锦涛:《在中共十六届五中全会上的工作报告》,《十六大以来重要文献选编》中,北京:中央文献出版社,2006年,第1033页。

设立孔子学院。① 此外，电影、书籍等各类中国文化产品也传播到世界各地，越来越多的外国人了解到中国文化，推动中华文化国际影响力的提升。

在改革开放新时期的背景下，中国共产党文化民族性理念在继承的基础上创新，在广泛的实践中发展，从而更好地服务于时代发展。强调民族文化的主体性，科学理性地对待传统文化与外国文化，妥善处理古今中外的文化关系，是推动文化大发展、大繁荣的强大动力。

文化自信：彰显中国共产党文化民族性理念在新时代已臻成熟

2012 年 11 月，党的十八大拉开了中国特色社会主义进入新时代的序幕。大会闭幕十几天后，习近平总书记在参观《复兴之路》展览时首次提出为中华民族伟大复兴的"中国梦"而奋斗。实现这一伟大梦想无疑是不易的，坚定中国特色社会主义道路自信、理论自信、制度自信、文化自信正是实现中国梦的关键因素。习近平总书记指出："当今世界，要说哪个政党、哪个国家、哪个民族能够自信的话，那中国共产党、中华人民共和国、中华民族是最有理由自信的。"② 中国共产党在改革开放和社会主义现代化建设的进程中，正是始终坚持中国特色社会主义道路，形成并不断创新中国特色社会主义理论体系，确立并完善中国特色社会主

---

① 欧阳雪梅主编：《中华人民共和国文化史（1949—2019）》，北京：当代中国出版社，2019 年，第 380 页。

② 习近平：《在庆祝中国共产党成立 95 周年大会上的讲话》，《人民日报》2016 年 7 月 2 日，第 2 版。

学术中的中国

义制度，发展中国特色社会主义文化，因而取得了举世瞩目的辉煌成就，这是我们自信的根源。

在"四个自信"中，道路自信、理论自信、制度自信都是生根于中华民族悠久的文化传统中，因此文化自信是其他三个自信的基础。习近平总书记强调："文化自信，是更基础、更广泛、更深厚的自信，是更基本、更深沉、更持久的力量。"[①] 文化民族性理念在新时代的传承与创新集中体现在文化自信上，即中国共产党对中华文化的高度认同和对中华文化生命力的坚定信念。重视文化的民族性是坚定文化自信的前提基础，在坚定文化自信的基础上，中国共产党带领中国人民建设社会主义文化强国。

（一）传承中华文化，坚定文化自信

党的十八大以来，习近平总书记一直高度重视文化建设，将中华民族文化和中华民族伟大复兴联系起来，多次强调："一个国家、一个民族的强盛，总是以文化兴盛为支撑的，中华民族伟大复兴需要以中华文化发展繁荣为条件。"[②] "没有中华文化繁荣兴盛，就没有中华民族伟大复兴。"[③] 对本民族文化的高度重视和认同，强调民族文化的主体性，是中国共产党文化民族性理念的核心要义。习近平总书记对中华民族文化传承与发展的高度重视，反映了以习近平同志为核心的党中央在新时代对中国共产党文化民族性理念的继承，彰显了对中华民族的强烈认同感和

---

① 习近平：《要有高度的文化自信》，《习近平谈治国理政》第 2 卷，北京：外文出版社，2017 年，第 349 页。

② 《认真贯彻党的十八届三中全会精神　汇聚起全面深化改革的强大正能量》，《人民日报》2013 年 11 月 29 日，第 1 版。

③ 习近平：《在文艺工作座谈会上的讲话》，《人民日报》2015 年 10 月 15 日，第 2 版。

自豪感。

文化自信所展现的是新时代对待中华民族文化的立场与态度，文化自信来源于中华民族丰厚的文化内涵，包括五千年的中国优秀传统文化、百年的革命文化和社会主义先进文化。树高千尺，根深沃土。这一深厚的文化特质植根于中国悠久的历史文化和中国共产党百年历史征程，展现出丰富的伟大民族精神。因此，中华民族文化的厚重感和先进性是其他文化难以比肩的，是值得每一位中国人为之自信的。同时，中国文化正在不断繁荣发展，中国始终坚持不忘本来、吸收外来、面向未来，推动文化创新性发展，进而创造出更具生命力的文化。当今世界正处于百年未有之大变局中，中华民族文化就是中国实现崛起的重要支撑，是实现中华民族伟大复兴的不竭动力。

（二）推动优秀传统文化创造性转化、创新性发展

中华优秀传统文化是文化自信的重要来源。作为中国共产党文化民族性理念的重要组成部分，继承和弘扬中华优秀传统文化始终受到历届中央领导人的重视，这一理念在新时代又有了创新与延展。首先表现在对传统文化地位的评价上，习近平总书记称中华优秀传统文化是"中华民族的突出优势"，[①]"已经成为中华民族的基因"，[②]"是我们在世界文化激荡中站稳脚跟的根基"，[③]并强调："抛弃传统、丢掉根本，就等于割断

---

① 《胸怀大局把握大势着眼大事　努力把宣传思想工作做得更好》，《人民日报》2013 年 8 月 21 日，第 1 版。

② 习近平：《青年要自觉践行社会主义核心价值观——在北京大学师生座谈会上的讲话》，《人民日报》2014 年 5 月 5 日，第 2 版。

③ 《把培育和弘扬社会主义核心价值观作为凝魂聚气强基固本的基础工程》，《人民日报》2014 年 2 月 26 日，第 1 版。

学术中的中国

了自己的精神命脉。"①这一高度评价是前所未有的,体现出文化自信的深刻内涵。

在对待优秀传统文化的态度问题上,习近平总书记在2013年12月举行的十八届中央政治局第十二次集体学习会议上提出:"坚持古为今用、推陈出新,努力实现中华传统美德的创造性转化、创新性发展。"这是"创造性转化、创新性发展"理念的首次出现,此后习近平总书记在不同场合就不同对象多次阐述这一理念,在党的十九大报告中,他明确指出:"推动中华优秀传统文化创造性转化、创新性发展。"②关于如何实现"双创",习近平总书记重视传统文化与新时代相结合,强调:"要加强对中华优秀传统文化的挖掘和阐发,努力实现中华传统美德的创造性转化、创新性发展,把跨越时空、超越国界、富有永恒魅力、具有当代价值的文化精神弘扬起来。"③这一论述是中国共产党"古为今用"理念的延续,对中华优秀传统文化加以挖掘和阐发的目的在于进一步总结出传统文化的丰厚涵养和时代价值,使传统文化"活"起来。

2017年1月,中共中央办公厅、国务院办公厅印发了《关于实施中华优秀传统文化传承发展工程的意见》,详细阐明了工程的主要内容和重点任务,明确了组织实施和保障措施,积极从实践层面落实新时代的传统文化观。《意见》中明确的保护传承文化遗产、滋养文艺创作、融入

---

① 《把培育和弘扬社会主义核心价值观作为凝魂聚气强基固本的基础工程》,《人民日报》2014年2月26日,第1版。

② 习近平:《决胜全面建成小康社会,夺取新时代中国特色社会主义伟大胜利》,《人民日报》2017年10月28日,第3版。

③ 《完善和发展中国特色社会主义制度 推进国家治理体系和治理能力现代化》,《人民日报》2014年2月18日,第1版。

生产生活等具体任务都已逐渐取得成效。截至 2020 年，我国累计完成古籍普查登记数据 270 余万部，认定非遗代表性项目 10 万余项，[①]以《中国诗词大会》《经典咏流传》为代表的各类创新型传统文化节目广受好评。2021 年 4 月，中央宣传部正式印发《中华优秀传统文化传承发展工程"十四五"重点项目规划》，中华优秀传统文化在新时代光彩四射。

（三）吸收外来文化，扩大文化交流

习近平总书记对文化的民族性特征有着深刻的理解与思考，充分认识到文化与民族的关系，他强调：每一个国家和民族的文明都扎根于本国本民族的土壤之中，都有自己的本色、长处、优点。[②]正是文化的民族性，汇聚产生了世界文化的多样性。同时，文化的民族性不仅表现在对本民族文化的重视上，还表现在立足本民族文化，吸收其他民族文化上。习近平总书记指出："中华民族是一个兼容并蓄、海纳百川的民族，在漫长历史进程中，不断学习他人的好东西，把他人的好东西化成我们自己的东西，这才形成我们的民族特色。"[③]中华民族文化的丰富性和生命力，就是源于中华民族文化在历史长河中不断与其他民族文化融合汇聚。

文化自信表现在用积极的态度去对待其他民族文化。习近平总书记继承了中国共产党长久坚持的"洋为中用"的理念，重视对其他民族文化的学习借鉴。他强调："中国要永远做一个学习大国，不论发展到什么

① 郑海鸥：《中华优秀传统文化传承发展硕果累累——彰显文化魅力 增强文化自信》，《人民日报》2021 年 4 月 13 日，第 6 版。
② 习近平：《在纪念孔子诞辰 2565 周年国际学术研讨会暨国际儒学联合会第五届会员大会开幕会上的讲话》，《人民日报》2014 年 9 月 25 日，第 2 版。
③ 《完善和发展中国特色社会主义制度 推进国家治理体系和治理能力现代化》，《人民日报》2014 年 2 月 18 日，第 1 版。

学术中的中国

水平都虚心向世界各国人民学习，以更加开放包容的姿态，加强同世界各国的互容、互鉴、互通，不断把对外开放提高到新的水平。"① 对于外来文化，习近平总书记主张"去其糟粕，取其精华，从中获得启发，为我所用"。② 随着全球化、信息化的迅猛发展，一些国外的不良文化思潮也沉渣泛起，利用网络等载体输入中国，这要求我们在吸收有益成分时坚决抵制和防范错误思潮。

进入新时代，党中央更加重视对外文化交流。党的十八届三中全会提出："坚持政府主导、企业主体、市场运作、社会参与，扩大对外文化交流，加强国际传播能力和对外话语体系建设，推动中华文化走向世界。"③一方面，要保持对自身文化的自信，扩大对外文化交流，积极吸收借鉴国外优秀文化成果，引进有利于我国文化发展的国外成功经验。另一方面，要推动中华文化走向世界，促进中华文化与其他国家文化的交流与融合，从而进一步丰富中华文化的内涵，为人类文明添光彩。

结　语

回顾党的百年辉煌历程，中国共产党始终致力于文化建设，而坚持文化民族性理念是推进文化建设的重要前提基础。中国共产党文化民族性理念植根于对中华文化的强烈认同，强调文化的民族形式和民族特

---

① 《中国要永远做一个学习大国》，《光明日报》2014年5月24日，第1版。
② 习近平：《在中央党校建校80周年庆祝大会暨2013年春季学期开学典礼上的讲话》，《人民日报》2013年3月3日，第2版。
③ 《中共中央关于全面深化改革若干重大问题的决定》，《十八大以来重要文献选编》上，北京：中央文献出版社，2014年，第535页。

点，落脚于对古今中西文化关系的理性处理。正是在不断契合不同时代主题的基础上，中国共产党文化民族性理念不断升华和创新，成为系统的理论，进而推动中华文化焕发生机与活力。中华文化底蕴深厚，富有魅力，是世界文明中最值得自信的文化。中国共产党坚持文化的民族性，重视传承发扬好中华民族文化，不忘本来、吸收外来、面向未来，在文化自信中实现文化自强，在建设社会主义文化强国新征程上奋力迈进。

"尽书生报国之志"

——天地玄黄中的学术坚守

沈　洁（上海社会科学院历史研究所研究员）

　　20 世纪 30 至 40 年代的中国学术，与民族、国家存亡息息相关。自晚清屡遭外来势力侵袭，中国学人就在不停思考以学术回应时代的问题。张之洞说："世运之明晦，人才之盛衰，其表在政，其里在学。"梁启超说："学术思想之在一国，犹人之有精神也。"这是同光一系士人在中国卷入世界体系、面对变局时所激发的学术意志。进入抗日战争时期，社会转型伴生的古今中西之争演变为亡国灭种的生死考验。九一八事变后知识界提出"书生何以报国"的时代命题，此后一系列事件中都可以看到学人感于世变而调整人生抉择。

　　年轻的史学家张荫麟说，抗战时期为"中国有史以来最大的转变关头"。[①] 那样的危急之际，生死考验激发了学人的坚韧，也催生了更深邃的洞察，为中国文化寻找生机，使其在绝望处焕发新的生命，不仅是书斋功夫，更是存亡续绝。战火纷飞，弦歌未断。抗战年代面世了不少堪称经典的学术著作，如冯友兰的《新理学》、朱光潜的《诗论》、金岳霖的

---

① 张荫麟:《中国史纲》，上海：上海古籍出版社，1999 年，"自序"，第 1 页。

《逻辑》、钱穆的《国史大纲》、陈寅恪的《唐代政治史述论稿》《隋唐制度渊源略论稿》、艾思奇的《大众哲学》等，都是半个多世纪之后仍在重印、不断被重读的名作。

　　追寻中国现代学术史上那些具有恒久价值的作品，其大体脉络已然清楚，当前更需要讨论的是战争年代的学术责任。那一代学人究竟在回应哪些具体的时代命题，这些经典的产生过程、依托因素是怎样的，其组织与动员的力量源自何处，这些学术经典勾勒出一个怎样的传统中国及未来中国，存在何种现实意义，这些问题都值得讨论。从学术史角度看，许多转变也已经逸出了单纯的学术范围，折射出新的意识与政治路径。①

"尽书生报国之志"

　　"救亡"是当时的时代主题，学人身临此境，遭遇的困境多种多样，对时代及处境的回应，也呈现出复杂的格局。这里所要讨论的，就是与"救亡"相关的学术责任具体落在哪些方面，学人们怎样对"救亡时代"进行学术应答。

---

① 　关于中国现代学术的总体状貌可参见刘梦溪：《中国现代学术要略（修订版）》，北京：生活·读书·新知三联书店，2018 年；具体到抗战年代，则有常云平、聂强：《略论抗战时期大后方的社会科学研究——以重庆为中心的考察》，《历史教学》2019 年第 12 期；杨绍军：《西南联大与抗战时期学术发展》，《学术探索》2017 年第 1 期；洪认清：《抗日战争时期的史家与史学》，《史学史研究》2005 年第 3 期；张承凤：《论国民政府抗战时期的学术建国与国学运动的兴盛》，《重庆师范大学学报》（哲学社会科学版）2010 年第 5 期等。本文非学术史的内在理路研究，而重在围绕人文社科领域，讨论 20 世纪 30 至 40 年代战争时期学术的总体脉络及其时代环境。

（一）战时艰困环境与学人心态

张荫麟在 1940 年指出："文献的沦陷，发掘地址的沦陷，重建的研究设备的简陋，和生活的动荡，使得新的史学研究工作在战时不得不暂告停滞，如其不致停顿。"[1]敌机轰炸、居无定所、薪水不足、图书资料缺失，构成了抗战时期的学人日常。

昆明的"跑警报"日常已为后人熟知。迁到大后方的高校，是日军袭击的重要目标，经常出现房屋、图书、仪器设备等财产损失和人员伤亡。据当时云南省防空司令部统计，从 1938 年 9 月至 1944 年 12 月，云南全省遭空袭共 508 次。[2]截至 1939 年 4 月，各地 92 所专科以上学校死伤 108 人，财产损失达法币 65367409 元。[3]1938 年 9 月 28 日，日机第一次突袭昆明，金岳霖当时正在埋头工作，"就在那地方落了九个炸弹"，几乎丧生。[4]陈岱孙记录了这一险境："当敌机临空时，有两位同学尚在楼上阳台张望，被炸身亡，中楼没中弹，但前后两楼被炸的声浪把金先生从思考炸醒，出楼门才见到周围的炸余惨景；用他后来告诉我们的话，他木然不知所措。"[5]陈岱孙在昆明先后有三处住所，两处皆毁于轰炸。

另一方面是经济困难。其时，货币贬值、资源紧缺、物价飞涨。昆

---

[1] 张荫麟：《中国史纲》，上海：上海古籍出版社，1999 年，"自序"，第 2 页。

[2] 云南省档案局（馆）编：《抗战时期的云南——档案史料汇编》下，重庆：重庆出版社，2015 年，第 648 页。

[3] 侯德础：《抗日战争时期中国高校内迁史略》，成都：四川教育出版社，2001 年，第 46 页。

[4] 金岳霖：《悼沈性仁》，刘培育主编：《金岳霖的回忆与回忆金岳霖》，成都：四川教育出版社，1995 年，第 276 页。

[5] 陈岱孙：《忆金岳霖先生》，《往事偶记》，北京：商务印书馆，2016 年，第 181 页。

明物价上涨严重，1943 年，"较战前几过二百倍"，[①]1944 年每百元法币购买力只相当于 1937 年 6 月的 0.17 元。[②] 南迁学人多数都处在经济紧张中。郑天挺在日记中多处记载同事出售藏画、皮袍，皆系用度匮乏之故。[③] 即使工资很高的陈寅恪同样感叹："淮南米价惊心问，中统银钞入手空"；"日食万钱难下箸，月支双俸尚忧贫"。[④]1940 年年底，梁思成随中国营造学社从昆明内迁到四川宜宾李庄。梁家在李庄的六年，"已弄得吃尽当光"。[⑤] 在西南联大教授英文的佩恩（Robert Payne）描述他所见的中国学者生活："他们忍饥挨饿，营养不良，通货膨胀，贫困，敌机轰炸，住房拥挤，老鼠成堆，疾病流行，药物奇缺，书籍和杂志不足等等……昆明美丽的风光与我的朋友们的贫困生活十分不协调。"费孝通的传记作者写道："他们不仅过着缺衣少食、没有住处的难民生活，而且也受到通货膨胀的影响，使日子越过越穷。在三十年代，教授的薪金是比较高的，但是到了四十年代，他们的工资赶不上通货膨胀。结果产生财富的再分配，费孝通比一般生活在社会底层的人更穷。"战时条件非常困难，费孝通和他的研究团队没有资金从事大规模的研究计划，没钱雇助理和秘书，甚至买不起照相机和胶卷等简单器材，出版物大部分是油印的，费孝通花了很多时间刻蜡版和印刷。[⑥] 有关生活与研究艰困状况

---

① 《郑天挺西南联大日记》，北京：中华书局，2018 年，第 672 页。

② 杨培新编著：《旧中国的通货膨胀》，北京：生活·读书·新知三联书店，1963 年，第 22 页。

③ 《郑天挺西南联大日记》，北京：中华书局，2018 年，第 610、744 页。

④ 《陈寅恪集·诗集》，北京：生活·读书·新知三联书店，2001 年，第 29、41 页。

⑤ 《傅斯年致朱家骅》，林徽因：《林徽因诗文集》，南京：译林出版社，2011 年，第 304 页。

⑥ 阿古什：《费孝通传》，董天民译，北京：时事出版社，1985 年，第 76—78 页。

的描述，不胜枚举。

对学人来讲，研究资料的匮乏也是一个严重问题。范文澜在延安写书时条件很差，不仅买不到必要的参考书，外借也很困难。[①] 吴泽回忆："战乱期间，转辗平、津、京、沪、武汉、成、渝诸地，奔波于兵荒马乱之中，在渝寓处，就两次被日机炸毁，烧成瓦砾，资料文稿，也几次损毁！……颠沛流离，不能安居，何暇写著！尤其是资料的搜集感到万分的困难。"[②] 更糟糕的是手稿丢失，积累的成果化为乌有，陈寅恪 1938 年4 月由港赴滇途中行李被盗，携带的重要书籍包括多年研究著述成果丢失。[③] 陈岱孙也在战火中损失了早年搜集的学术资料及《比较预算制度》手稿。[④]

然而，即便过着穷困潦倒的生活，学人们仍能保持积极心态。教授学生"真是打成一片"，"那一段的生活，是又严肃，又快活"。[⑤] 汪曾祺讲那时候的师生"对于任何猝然而来的灾难，都用一种'儒道互补'的精神对待之。这种'儒道互补'的真髓，即'不在乎'。这种'不在乎'精神，是永远征不服的"。[⑥] 何善周回忆清华大学文科研究所的情景："当时大家作科学研究的兴头极高，每夜都到十二点过后才睡觉；而闻先生睡

---

① 丁名楠：《怀念范老》，《近代史研究》1994 年第 1 期。

② 吴泽：《中国历史大系：古代史·殷代奴隶制社会史》，上海：棠棣出版社，1949 年，"序"，第 5—6 页。

③ 《陈寅恪集·书信集》，北京：生活·读书·新知三联书店，2015 年，第 245 页。

④ 参见丁文丽、王文平：《西南联大时期陈岱孙的学术研究》，《云南师范大学学报》（哲学社会科学版）2014 年第 6 期。

⑤ 冯友兰：《回念朱佩弦先生与闻一多先生》，《三松堂全集》第 14 卷，郑州：河南人民出版社，2000 年，第 166 页。

⑥ 汪曾祺：《跑警报》，《人间草木》，南京：江苏文艺出版社，2005 年，第 176 页。

的更晚，有时我睡醒一觉了，看见正楼的窗户上还有亮光"，闻先生"天天工作到十六个小时以上，向不中途休息，向无倦容"。① 闻一多在这一时期完成了《神话与诗》《周易义证类纂》《楚辞校补》《尔雅新义》《庄子内篇校释》等传世名篇。费孝通回忆："以客观形势来说，那正是强敌压境，家乡沦陷之时，战时内地知识分子的生活条件是够严酷的了。但是谁也没有叫过苦，叫过穷，总觉得自己在做着有意义的事，吃得了苦，耐得了穷，才值得骄傲和自负。"② 费孝通认为，这是种"一往情深"，对事业的抱负，已不再是书斋的、个人的，而系于对国家的信心。

（二）抗战救亡与学术责任

清儒朱一新在《无邪堂答问》中说："学之成就，视乎其时。"③ 抗战年间，"帝国主义侵华史""国耻史"的编著层出不穷。据不完全统计，20世纪 30 至 40 年代，国内共出版日本侵略中国史专著 13 部，国耻史 5 部，日本历史著译数部，有关论文不计其数。④ 学人心志，不脱"救亡"一题。

九一八事变后，东北沦陷。柳诒徵在天津《大公报》撰《罪言》一文，激愤于事变，大力倡导抗日，又印行《嘉靖东南平倭通录》《正气堂集》《郑开阳杂著》《任环山海漫谈》《三朝辽事实录》《经略复国要编》《武经七书》等，激扬中国历史上的武功。他创办《国风》杂志，"本史迹以导政术"；在《国史要义·史统篇》中说："史之所重在持正义"，应秉

---

① 何善周：《千古英烈万世师表——纪念闻一多师八十诞辰》，《闻一多纪念文集》，北京：生活·读书·新知三联书店，1980 年，第 254—255、272 页。
② 《费孝通全集》第 12 卷，呼和浩特：内蒙古人民出版社，2009 年，第 377 页。
③ 朱一新：《无邪堂答问》，北京：中华书局，2000 年，第 3 页。
④ 参见田亮：《抗战史学与民族精神——作为抗战文化的史学及其历史贡献》，《抗日战争研究》2007 年第 4 期。

持疆域之正、民族之正、道义之正，挽救民气与国威，抵抗侵略。[①]哲学家贺麟则在事变后写下《德国三大伟人处国难时之态度》，介绍歌德、黑格尔和费希特三人的爱国事迹。其师吴宓加写按语："此次日本攻占吉辽，节节进逼。当此国难横来，民族屈辱之际，凡为我中国国民者，无分男女老少，应各憬然知所以自处。"[②]

童书业后来总结："自从东北四省失陷以来，我们的国家受外辱的凌逼可算到了极点，所以有血气的人们，大都暂时放弃了纯学术的研究，而去从事于实际工作，至于在学术界的人物，也渐渐转换研究方向。"[③] "救亡"语境下的学术研究，充分演展了"人与国同休戚"的古训。1938年9月18日吴玉章发表《研究中国历史的意义》一文："我们大中华民族正处在亡国灭种的生死关头，只有深刻地研究我们的历史，唤起全民族的爱国精神"，"我们的民族革命和社会革命才能得到胜利"。[④]朱光潜抗战时期转向中国传统美学，最主要的原因也是对文化沦亡的担忧："近代灭人国者，常竭力摧残其固有文化……国家危亡之机，失教远甚于失政。"[⑤]面对抗战时局，学人纷纷以学术实践加入救亡洪流。

（三）"民族精神"与本位学术体系的构建

学界讨论危局与救亡，命意即在展衍"民族精神"。此一时代的史家与史学就是典型。钱穆提出，文化演进之使命若中辍，"则国家可以消失，民族可以离散"。他将历史与民族感情联系起来，"治国史之第一

---

① 柳诒徵：《国史要义》，南昌：江西教育出版社，2018年，第51页。

② 吴宓：《德国三大伟人处国难时之态度·按语》，《大公报·文学副刊》1931年10月26日。

③ 童书业著、童教英整理：《童书业历史地理论集》，北京：中华书局，2004年，第299页。

④ 吴玉章：《研究中国历史的意义》，《解放》1938年第52期。

⑤ 朱光潜：《政与教》，《朱光潜全集》第9卷，合肥：安徽教育出版社，1993年，第91页。

任务，在能于国家民族之内部自身，求得其独特精神之所在"。[1]1938年4月，钱穆来到昆明，"万里逃生，无所靖献，复为诸生讲国史"，在此期间，他完成了一生中最重要的学术著作《国史大纲》，1940年由商务印书馆出版。钱穆的学生、同为史学大家的严耕望评价《国史大纲》："寓涵民族意识特为强烈，复在重庆等地亲作多次讲演，一以中华文化民族意识为中心论旨，激励民族感情，振奋军民士气，故群情向往，声誉益隆，遍及军政社会各阶层，非复仅黉宇讲坛一学人。国家多难，书生报国，此为典范。"[2]"书生报国"正是抗战学术的要义，是学人在兵杻流离、戎马仓皇之际，护持、赓续文化命脉的行动力。

在沦陷区北平的陈垣则连续发表《明季滇黔佛教考》《南宋初河北新道教考》《清初僧诤记》《通鉴胡注表微》等，是为"陈垣抗战史学系列"。这些论著以宗教、遗民为题材，表彰爱国精神和民族气节。以其1938—1940年撰写的《明季滇黔佛教考》为例："此书作于抗日战争时，所言虽系明季滇黔佛教之盛，遗民逃禅之众，及僧徒拓殖本领，其实所欲表彰者乃明末遗民之爱国精神、民族气节，不徒佛教史迹而已。"[3]1943年陈垣在一封致友人书信中讲述心迹变化："从前专重考证，服膺嘉定钱氏；事变后，颇重实用，推尊昆山顾氏；近又进一步，颇提倡有意义之史学。"[4]此"意义"便是沦亡情境中关于"民族精神"的大力书写。

陈寅恪主攻隋唐史，表面上离抗战现实较远，但他往往在序跋等文

① 钱穆：《国史大纲》，"引论"，北京：商务印书馆，1996年，第32、11页。
② 严耕望：《钱穆宾四先生与我》，《治史三书》，沈阳：辽宁教育出版社，1998年，第230页。
③ 陈垣：《明季滇黔佛教考》，北京：中华书局，1962年，第320页。
④ 《陈垣史学论著选》，上海：上海人民出版社，1981年，第624页。

中直抒胸臆。如他 1940 年为陈垣的《明季滇黔佛教考》作序:"忆丁丑之秋,寅恪别先生于燕京,及抵长沙,而金陵瓦解。乃南驰苍梧瘴海,转徙于滇池洱海之区,亦将三岁矣。此三岁中,天下之变无穷。先生讲学著书于东北风尘之际,寅恪入城乞食于西南天地之间,南北相望,幸俱未树新义,以负如来。"① 二陈分处北平、云南,各自守望,这既是学林佳话,也是战争年代民族精神的坚毅体现。

吕思勉讲明末诸遗老,"所以百折不回,事虽不成,然仍深藏着一个革命的种子于民间,至近代革命时犹收其效力",② 民族主义是国民活力的源泉。《吕著中国通史》便是吕思勉在上海沦陷的"孤岛"时期所写,编写此书的明确目标,就是总结历史经验,用来指导今后的行动。他借宋朝遗民诗人、画家郑所南(思肖)的事迹表达沦胥之感,讲述郑"著有《心史》,藏之铁函,明季乃于吴中承天寺井中得之。其书语语沉痛,为民族主义放出万丈的光焰"。③ 这与陈垣"抗战史学"称颂遗民坚贞为同调。

与"民族精神"相关,中国现代学术的核心命题便是本位文化体系的构建。在哲学领域,冯友兰以《新理学》《新事论》《新世训》《新原人》《新原道》《新知言》"贞元六书",构筑新理学体系;贺麟写了《知行合一新论》《文化的体与用》《五伦观念的新检讨》《儒家思想的新开展》等论文,完成《近代唯心论简释》《文化与人生》两本论文集和专著《当代中国哲学》,初步构建了新心学体系;熊十力的《中国历史讲话》《新唯识

---

① 陈寅恪:《陈垣〈明季滇黔佛教考〉序》,《陈寅恪集·金明馆丛稿二编》,北京:生活·读书·新知三联书店,2001 年,第 272—273 页。

② 吕思勉:《蔡孑民论》,《吕思勉遗文集》上,上海:华东师范大学出版社,1997 年,第 183—189 页。

③ 吕思勉:《吕著中国通史》,上海:华东师范大学出版社,1992 年,第 450 页。

论》《读经示要》等构筑新唯识论体系；还有金岳霖的《论道》及其新道论体系。历史学领域，有陈寅恪的《隋唐制度渊源略论稿》《唐代政治史述论稿》，钱穆的《国史大纲》，雷海宗的《中国文化与中国的兵》，张荫麟的《中国史纲》（第一册）等。政治学领域，有萧公权的《中国政治思想史》等。这些都是中国现代学术史上具有经典意义的论著，均完成于抗战时期，体现了"中国本位"及"体系构建"的双重立意。这是经历了晚清西学东渐至五四激进反传统之后，历史开出的另一条脉络。晚清以降有关中国本位文化的思考最终汇流。新儒学与新国学体系，从本位论到方法论，将东方传统哲学与西方现代哲学、考证与义理串接，构筑起融汇中西、贯通古今的宏大学术体系。

贺麟在 1941 年发表的《儒家思想的新开展》一文中说："民族复兴本质上应该是民族文化的复兴。"[①] 民族文化复兴是抗战学术的核心命题，如何将"中国"视为叙述主体，如何以"中国"为出发点，从中产生具备历史独特性的提问方式，进而构筑由中国语境生发的理论与方法论框架，这是学人在时代语境下所身临和直面的问题。他们坚持扎根于民族本位，将西学挑战融入本国学术传统脉络之中，既不偏执拒斥，也不为外来文化所消融。这样的学术实践，既是对时代的勇猛回应，也具备了恒久流传的价值。

（四）"经世"与"民生"

抗战促发了中国学术的民族本位化，也推动学术走向实践之途。

首当其冲的是经济学家。陈岱孙说："抗日战争激发了中华民族自

---

① 贺麟：《文化与人生》，上海：上海人民出版社，2019 年，第 12 页。

强图存的探索激情，富国、强兵、救国思想空前活跃，政界及学术界人士纷纷发表自己的见解。"① 经济学是抗战时期兴盛的学术领域，当时在重庆的知名经济学家有重庆大学的马寅初、丁洪范、朱祖晦、朱国璋、张圣奘等，复旦大学的潘序伦、卫挺生、李炳焕、樊弘、吴其祥、张光禹、李蕃等，他们编写了一批高质量的经济学教科书，如张光禹的《经济学原论》，叶元龙、夏炎德的《经济学原理》等，具有广泛影响。

在文史学界，最直接的回应就是边疆问题成为学术热点："说起来是'九一八'后，大家都注意边疆问题了！"② 顾颉刚与谭其骧等人1934年发起禹贡学会，创办《禹贡》半月刊："强邻肆虐，侵略不已，同人谋以沿革地理之研究，裨补民族复兴之工作，裨尽书生报国之志。"③ 顾颉刚回忆自己走上边疆史地研究的道路"乃是受着时代使命的压迫而不得不然"，因为"中国地方广大，边疆因亦辽阔，界线越长，问题越多，我们要挽回国权，洗刷国耻……就该得尽些鼓吹的责任，去唤醒国人"。④ 此外，金毓黻出版《东北通史》《渤海国志长编》，卞宗孟出版《东北史研究》，邵循正整理西域史料，开始西北边疆史地研究；先后出现了边政学会、新亚细亚学会、中国社会调查学会、东方学会、开发西北学会、东南大学史地研究会等较有影响的边疆研究组织，还出版了众多刊物。边疆史地尤其是西南边疆史地研究成为重要的学术园地。

---

① 陈岱孙：《经济学是致用之学》，《陈岱孙文集》下卷，北京：北京大学出版社，1989年，第28页。

② 林同济：《边疆问题与历史教育》，《独立评论》第127号，1934年11月18日。

③ 《本会三年来工作述略》，《禹贡》1937年第7卷第1、2、3期合刊。

④ 顾颉刚：《中国边疆问题及其对策（上）》，《西北通讯》1947年第3期。

社会学研究亦然。费孝通回忆："学一门学科总得有个目的。我是想通过学社会学来认识社会，然后改革社会，免除人们的痛苦。"[1] 费孝通当年在云南做田野调查，物质条件异常艰苦，在这样的环境里坚持学术研究，靠的就是对"民生"问题的关切。抗战后期，面对故国山河破碎、农村日渐凋敝和社会危机，费孝通感到有太多的事情要做，而最重大的使命，就是发展并传播能重建乡村、重建中国的社会学。[2] 费孝通后来写《乡土中国》也是在着力探讨作为基层的乡土社会，讨论土地与农民的关系、乡土社会的本质、礼治结构之下的亲属关系和社会秩序等，所有问题都是围绕同西方社会作比较，探索中国社会结构的独特之处在哪里、中国社会如何走向现代。中国社会在外力冲击下，从一个自足的有机体演变为处于一个文化、经济与社会均脱节的状态，怎么有效解决这个脱节，使中国走向现代，是当时的学者共同关心的问题。费孝通抗战年间有关乡土中国、乡土重建的一系列理论探索后来直接成为"苏南模式"小城镇发展的理论依据，不仅在中国也在世界范围的学术史上构成浓墨重彩的一笔。

战时学术佳作何以层出不穷

回溯 20 世纪 30 至 40 年代的文史学界，大致说来，这一时期的学术，总体是在回应"救亡"和"国族"问题，所以，学科虽林林总总，时代主

---

[1] 《费孝通全集》第 14 卷，呼和浩特：内蒙古人民出版社，2009 年，第 264 页。

[2] 参见阎明：《中国社会学史：一门学科与一个时代》，北京：清华大学出版社，2010 年，第 191 页。

题却非常集中,这有助于群体及体系的形成。再则,战争在破坏与损毁的同时,也催生和激发了许多别样空间。自晚清迤逦而来的古今中西之争,因山河破碎促发了"万众一心",外来学说与本国传统由众声喧哗走向融汇统一。

(一)学术机构与学人群体的集中

这一时期学术发展的有利条件,很重要的一点是学术机构和学人群体的空前集中。这里举以费孝通为核心的魁阁研究团队为例。"魁阁时代"是中国社会学、人类学、民族学学科史上一个高峰,群星璀璨。以吴文藻、费孝通为首组成的这个学术共同体,不仅开创了中国社会学人类学的学科体系、人才体系,创作了一大批经典学术名著,也为社会科学的中国化、国际化奠定了关键基础。

吴文藻从美国学成归来后在燕大任教,他把英国功能学派的理论和方法介绍到中国,倡导"社区研究","大家用同一区位的或文化的观点和方法,来分头进行各种地域不同的社区研究",[①]魁阁研究室便是在这一观点指导下展开调查和研究的。吴文藻1938年到云南大学任教,力邀其在燕京大学和清华大学任教期间派往欧美留学的学生——费孝通、林耀华等到云南大学工作,汇聚了一批优秀学者。费孝通是其中的核心人物,自英国留学回国后不久,任教于云南大学社会学系。费孝通的传记作者评价:"四十年代,他的学生形成一个有才华、有前途的学者集团。"[②]谢泳把魁阁研究团队称为"早期中国现代学术集团的一个雏

---

① 吴文藻:《中国社区研究的西洋影响与国内近况》,《北京晨报·社会研究》第102期;吴文藻:《现代社区实地研究的意义和功用》,《北京晨报·社会研究》第66期。

② 阿古什:《费孝通传》,董天民译,北京:时事出版社,1985年,第79页。

形"。① 魁阁时代产生了丰富的学术成果，如费孝通的《禄村农田》，张之毅的《易村手工业》《玉村农业和商业》，这三本书后来以《云南三村》为题结集出版，成为中国社会学人类学史上的经典作品。瞿同祖的《中国法律与中国社会》是根据他在云南大学和西南联大授课的讲稿改写而成，亦可算作"魁阁时代"的产物。费孝通个人成果也十分丰富，8 年间共出版中文著作 2 部、中文译著 2 部、英文著作 2 部、学术论文 34 篇和难以精确统计数量的大量学术杂文。② 另外，费孝通在云南大学和西南联大授课的基础上整理出文章在报刊上发表，后汇集成《生育制度》和《乡土中国》，1948 年出版，迄今仍是经典名著。费孝通在伦敦经济学院的导师、著名人类学家马林诺夫斯基（Bronislaw Malinowski）将吴文藻、费孝通的研究称为"社会学的中国学派"，③ 可见其世界性影响。

1945 年费正清访问费孝通和他的魁阁研究团队发现："物质条件很差，但艰苦的工作精神和青年人明确的工作目标，给人以深刻的印象。"④60 年后，人类学家王铭铭重访魁阁，回溯和整理现代中国学术史上这一灿烂篇章，他认为，围绕"魁阁"，中国的社会学和人类学的某个局部曾形成一个接近"磁场"的学术小群体，师生之间充分实现"传、帮、带"，保持一种平等的关系，营造了自由而又紧密的学术氛围。⑤ 在

---

① 谢泳：《魁阁——中国现代学术集团的雏形》，《北京大学学报》（哲学社会科学版）1998 年第 1 期。

② 参见李玥霖：《费孝通先生与民族研究：入"阁"乃至毕生》，《今日民族》2020 年第 5 期。

③ 费孝通：《从马林诺斯基学习"文化论"的体会》，《走出江村》，北京：人民日报出版社，1997 年，第 480 页。

④ 阿古什：《费孝通传》，董天民译，北京：时事出版社，1985 年，第 78 页。

⑤ 王铭铭：《魁阁的过客》，潘乃谷、王铭铭编：《重归"魁阁"》，北京：社会科学文献出版社，2005 年，第 85—100 页。

特定的时空情境中，学术研究的意义及协作的工作方法均被充分激发。这种学术交流与学术脉络的连贯一气，正是天地玄黄中学术坚守的本义所在。

（二）汇通中西的努力

五四一代的学人已为学术上的中西之争殚精竭虑并且奠定了相当的基础，到抗战年代，融化新知而又不忘本民族历史传统的努力真正在学术实践中展开。1933 年，陈寅恪为冯友兰《中国哲学史》下册撰写审查报告书时说，"真能于思想上自成系统，有所创获者，必须一方面吸收输入外来之学说，一方面不忘本来民族之地位"。[①]汇通中西，正是此一时代学术高度的养成因素，也构成其基本状貌。

从帝制崩塌到共和建立，从辛亥到五四，政治上"再造共和"，文化上"再造文明"。这个过程实际上是在构筑一个"再造统一"的趋势，也就意味着寻找一种新秩序。所以，"再造"成为重要的关键词，逐步形成一种时代特征，在各个方面表现出来。自北洋时代始，文化上开始走向融汇，出现一个充满活力和无限可能性的时代。不同的人群众声喧哗，表达截然相反的政治理想，也可以在同一个言论场中竞逐，为后来中国现代学术走向集大成提供了前情与准备。

20 世纪 30 至 40 年代的中国学术，已经在一个很高的程度上参与了国际化。1943 年至 1944 年，费孝通访问美国期间，把他和张之毅的调查研究成果《禄村农田》《易村手工业》《玉村农业和商业》翻译成英文著作 *Earthbound China*，1945 年由芝加哥大学出版社出版，后来收入英

---

① 陈寅恪：《冯友兰〈中国哲学史〉下册审查报告》，《陈寅恪集·金明馆丛稿二编》，第284—285 页。

国 Kegan Paul 书局的"国际社会学丛书"。① 他还将史国衡根据 1940 年在昆明的企业调查写成的《昆厂劳工》编译成英文著作 *China Enters the Machine Age*，1944 年由哈佛大学出版社出版。这两本书成为国际学界了解中国社会和中国社会学、人类学研究的重要窗口。其他魁阁成员著作译成英文海外出版的还有多部。② 在伦敦经济学院任教的著名汉学人类学家费里德曼（Maurice Freedman）不断对学生说，费孝通的《江村经济》、林耀华的《金翼》及魁阁时期中国人类学田野工作者的作品，是研习汉学人类学的基本读物。③

这些纯粹从中国经验诞生而最终获得世界范围认可的经典作品能够出现，还要归功于这一代学人"中国化"的自觉。吴文藻很早就开始提倡社会学的中国化，他认为，中国社会学研究的宗旨是"认识中国，改造中国"，而实现这一目的，途径就是走社会学中国化之路，即社会学必须从中国本土中生长出来。而那些"始而由外人用外国文字介绍，例证多用外文材料；继而由国人用外国文字讲述，有多讲外国材料者"，"民族学和社会学在知识文化市场上，仍不脱为一种变相的舶来物"，这并非中国社会学本土化。④ 费孝通在 1947 年一篇总结魁阁研究团队工作的文章中说："他们不是单把西洋的理论用适当的中国传统概念加以翻译，不是专注重于西洋理论的系统介绍，也不是素白的胪列中国的社会事实，

---

① 《费孝通全集》第 12 卷，呼和浩特：内蒙古人民出版社，2009 年，第 375—376 页。

② 潘乃谷：《"魁阁"的学术财富》，潘乃谷、王铭铭编：《重归"魁阁"》，第 75 页。

③ 王铭铭：《魁阁的过客》，潘乃谷、王铭铭编：《重归"魁阁"》，北京：社会科学文献出版社，2005 年，第 96 页。

④ 王庆仁、马启成、白振声主编：《吴文藻纪念文集》，北京：中央民族大学出版社，1997 年，第 294 页。

而是企图用西洋所传来的科学方法和已有的社会学理论去观察及分析中国现实的社会生活，更进一步地想对中国社会怎么会这样的问题提出解释……我也许未免过于自信地说，中国社会学经过 8 年的战争时期，已有了重要的迈进，向着方法的科学化，问题的具体和实际化的路上的迈进。"① 西洋传来的科学方法与中国现实社会生活的充分结合、融汇，将中国经验上升为具有普适讨论度的、范式层面的"问题"，由此形成的学术成果才可平等地加入世界范围的学术对话。这种国际化是真正意义上的国际化，而不是以中国研究为西洋理论范式提供注脚。

新儒学是社会学之外另一个当时学术中西融贯的典型例证。以贺麟为例，20 世纪 40 年代，贺麟建立自己的思想体系，成为中国现代新儒家代表。他的《近代唯心论简释》将西方的新黑格尔主义和中国传统的陆王心学融合起来，构建起一套涵盖本体论、认识论和方法论的新心学思想体系。在《文化与人生》一书中，贺麟提出"以儒家思想为体，以西洋文化为用""以民族精神为体，以西洋文化为用"两个新说法，反对被动的"西化"，而主张主动的"化西"。他认为："如中华民族是自由自主、有理性有精神的民族，是能够继承先人遗产、应付文化危机的民族，则儒化西洋文化，华化西洋文化也是可能。如果中华民族不能以儒家思想或民族精神为主体去儒化或华化西洋文化，则中国将失掉文化上的自主权，而陷于文化上的殖民地。"② "新的中国哲学"，必须很忠实地把握西洋文化，但又不是纯粹抄袭，而是加以融会发挥，"中国古典哲学的发挥

---

① 费孝通：《中国社会学的长成》，《费孝通全集》第 5 卷，呼和浩特：内蒙古人民出版社，2009 年，第 415—416 页。

② 贺麟：《文化与人生》，上海：上海人民出版社，2019 年，第 13—24 页。

和西洋古典哲学的融化，实是一而二、二而一的事"。[1]

（三）作为"传薪者"的出版界

学人在完成知识生产之后，其成果的传播、流布还需要载体，这一过程中最重要的当然是出版机构。事实上，出版业不仅负责印刷与发行，也在很大程度上参与学术创作。许多大出版家本身就是优秀学人或与学界有良好关系，众多经典作品是在出版人的敦促或扶持下诞生的。战时的中国出版业虽因侵略遭受重创，但出版界、出版人多以孤军守残垒的精神在坚守。如果说学人为"造薪者"，出版界则是"传薪者"。

抗战全面爆发后，东部地区的主要新闻出版机构陆续内迁至重庆。战时重庆出版业最为鼎盛的时期是 1942 至 1944 年间，这一时期出版社、书店的总数在 150 至 180 家之间，印刷厂、店一般在 150 家左右，最多时达 250 多家。[2]1938—1945 年在重庆的各出版社、书局共出版社会科学类著作 668 种（部）。[3]较有影响力的出版机构如商务印书馆、中华书局、青年书店、生活书店、新知书店、读书出版社等均落户重庆，"先后内迁和新建的出版机构和出版的图书均占全国的 1/3 左右"。[4]

这些出版机构中论重要性首推商务印书馆。1932 年一·二八事变，日军炸毁位于上海闸北宝山路的商务印书馆及其印刷厂，并纵火烧毁东方图书馆，商务遭受重创。而 7 月 14 日，商务印书馆便在上海各大报刊刊登复业启示："敝馆既感国人策励之诚，又觉自身负责之重，爰于创

---

[1] 贺麟：《五十年来的中国哲学》，上海：上海人民出版社，2019 年，第 86 页。

[2] 叶再生：《中国近代现代出版通史》第 3 卷，北京：华文出版社，2002 年，第 311 页。

[3] 重庆市地方志编纂委员会编：《重庆市志·社会科学志》，重庆：重庆出版社，1999 年，第 327 页。

[4] 同上书，第 68 页。

巨痛深之下，决定于本年八月一日先恢复上海发行所之业务，一面在上海筹设小规模之制版印刷工厂，借以继续其三十六年来贡献我国文化教育之使命。"①8月1日商务印书馆总管理处、上海发行所和租界内新设工厂同时复业，"为国难而牺牲，为文化而奋斗"的标语悬挂在河南路发行所外墙上，"同人与顾客见者无不动容"。②1933年4月至1940年，商务印书馆出版了《复兴教科书》，编印了《大学丛书》《小学生文库》《四库全书珍本初集》《四部丛刊续编》《四部丛刊三编》《丛书集成》《中国文化史丛书》，《世界各国经济史丛书》第2辑，《万有文库》《幼童文库》《世界文学名著丛书》《百衲本二十四史》等。③1938年4月15日的《致股东书》中，商务强调"于万分困难中继续出版，发展营业，裨仍得为教育与文化服务"。④以《中国文化史丛书》为例，这套丛书的出版始于1936年，至1939年前后四年共出41种51册，涵盖绘画史、建筑史、婚姻史、盐政史、田赋史、交通史等，"分之为各科之专史，合之则为文化之全史"，可以说是这一时期文化史研究之集大成者，许多专史都是该领域的拓荒之作。⑤商务印书馆在重庆也出版了诸多学术要著，如孙本文的《现代中国社会问题》、吕叔湘的《中国文法要略》（上卷）、萧一山的《清代学者著述表》、王力的《中国现代语法》、冯友兰的《新原

① 《商务印书馆总馆复业启事》，《申报》1932年7月14日。
② 王云五：《八十自述（上）》，《王云五全集》第15卷，北京：九州出版社，2013年，第175页。
③ 《商务印书馆大事记》，商务印书馆编：《商务印书馆一百年1897—1997》，北京：商务印书馆，1998年，第715—716页。
④ 汪家熔：《抗日战争时期的商务印书馆（二）》，《编辑学刊》1995年第4期。
⑤ 参见徐丹：《〈中国文化史丛书〉的出版、演变与启示》，华中师范大学硕士学位论文，2013年。

人》《中国哲学史》、陈寅恪的《唐代政治史述论稿》、马寅初的《经济学概论》、金岳霖的《逻辑》等。① 这些著作均为中国现代学术史上的精品名篇。

另一著名出版机构中华书局也起到重要作用。抗战时期，中华书局共出版图书631种。其中较重要的学术经典有陆世鸿的《老子现代语解》，王光汉的《思想方法论》，孟汉著、李安宅译的《知识社会学》，李安宅的《边疆社会工作》，周谷城的《中国政治史》等。② 中华书局也在抢救性地搜购流散到街头地摊和旧书铺中的古籍、图书，两三年中购得图书30000余册，1937年和1939年两次组织人力装箱分藏各处。1939年及1940年，经人介绍，陆续购进古籍约30000册；1941年又购进吴兴藏书家蒋孟蘋所藏古籍54366册；1945年从郑振铎处购进藏书5500册，保存了很多珍贵的古籍。③

贵阳的文通书局也值得一提。文通书局初设于1909年，是贵州近现代史上最大的民营资本企业。1941年，贵阳文通书局编辑所（部）成立，马宗荣、谢六逸任正副所长。贵阳文通书局编辑所的成立，直接得益于大夏大学、浙江大学迁来贵州及黔籍学者、专家、教授的努力。书局聘请了一大批编审委员，委员会成员达112人，其中很多是当时国内各领域的一流大师。文通书局起先只印刷如"黔南丛书"之类的地方文献。抗战时期，"越来越多的文化、教育事业单位由沿海、沿江迁入西南，于

① 叶再生：《中国近代现代出版通史》第3卷，北京：华文出版社，2002年，第352、404—407页。

② 同上书，第407—414页。

③ 中华书局编辑部：《回忆中华书局》上编，北京：中华书局，2001年，第96—97页。

是文通书局由单一的印刷业务转向出版业的多方面发展"。① 从 1937 年抗战全面爆发到 1945 年 8 月日本投降，文通书局共出版各类图书 200 种左右，包括大学丛书、中小学教科书、贵州本土书籍、教育书籍以及学术和艺术方面的书籍，其中有不少畅销一时并在后世依然有影响的人文学术作品，如马宗荣的《新时代社会教育新论》《中国古代教育史》，卢冀野的《黔游心影》，张世禄的《中国文字学概要》《中国训诂学概要》，萧一山主编的《经世社丛书》，白寿彝的《中国伊斯兰史纲要》等。

彼时学人著书立说，往往抱持强烈的民族主义，战时的出版人同样如此。1932 年商务蒙难，已经退休的张元济第一时间赶回，主持召开董事会紧急会议商讨对策。他在回复胡适慰问的信中说："商务印书馆诚如来书，未必不可恢复。平地尚可为山，况所覆者犹不止于一篑。设竟从此渐灭，未免太为日本人所轻。"② 他连续数日全天在馆中服务，表示只要"一息尚存，仍当力图恢复"。出版本是启蒙与生意的合流，而在抗战时，此二端外还多了一层民族主义的责任。逆境催生出存亡续绝的使命感与急迫感，这一点有助于我们理解抗战时期的学术发展是在怎样多重的推力中汇聚而成的。

"组织"的力量：中国共产党的文化统战与"学术中国化"运动

政学关系是中国现代学术发展历程中的重要构成因素。在近代中

---

① 白至德编：《白寿彝的史学生涯》，北京：群言出版社，2016 年，第 53 页。

② 张元济：《致胡适》，1932 年 2 月 13 日，《张元济书札》，北京：商务印书馆，1981 年，第 163 页。

国，政治对学术有着紧密的引导、制约作用，两者形成千丝万缕的关联。发生在文化与学术领域的博弈和斗争也在很大程度上影响了政治的走向。

（一）中国共产党的知识分子统战工作

抗战时期中国共产党的知识分子统战工作以"文化救亡"为主，如果按"文化界"与"知识界"区分，其工作重点主要还是围绕"文化界"，通过报刊舆论，组织文艺团体、剧社，进行文艺宣传，将更多的知识分子纳入爱国抗日的民族统一战线中。

就"知识界"而言，中国共产党的统战工作主要由南方局展开。1939 年 1 月，中共中央南方局在重庆正式成立，由周恩来、董必武、叶剑英等具体负责，周恩来任书记，统一领导南方国统区和沦陷区各项工作。周恩来经常出席重庆进步文化界人士组织的读书会并参与探讨学术问题，通过各种措施为他们"创造了一个学风正派、方向明确、大家同舟共济、人人脚踏实地的研究环境"。[1]

1943 年冬，华岗被南方局派往云南开展统战工作，他化名林少侯，进入云南大学任社会学教授，12 月，在中共云南省工委领导下，华岗通过周新民、张子斋牵头，广泛联系文化教育界人士，秘密成立了"西南文化研究会"，前后聚集了楚图南、尚钺、吴晗、闻一多、费孝通、潘光旦、辛志超、闻家骃、潘大逵、冯素陶、李文宜等诸多学人。这个研究会后来发展为昆明学术文化界的统战核心，在思想上、政治上发挥了很多作用，为民主同盟在云南奠定了坚实的组织基础。

---

① 侯外庐：《韧的追求》，北京：生活·读书·新知三联书店，1985 年，第 126 页。

参加西南文化研究会者以学院知识分子为主，多在云南大学和西南联大授课。研究会每周开会一次，华岗曾单独拜访闻一多、吴晗、张奚若、费孝通等党外民主人士，广泛讨论问题，"把各种学术思想观点的高级知识分子团结在党的周围"。[①] 在华岗、楚图南等人影响下，吴晗、闻一多的教学思想逐渐发生转变。吴晗回忆："在这些会上，我们初步知道中国社会两头小中间大……等等道理。以后我们又得到《论联合政府》《新民主主义论》《论敌后战场》等党的文献和《新华日报》《群众》等刊物，如饥似渴地抢着阅读，对政治的认识便日渐提高了。"[②]1945年前后，吴晗讲明史课，开始痛斥明王朝对人民的压迫剥削，揭露统治阶级内部的倾轧，最后总要讲到农民起义对明王朝风卷残云般的冲击；给学生开列的中国通史参考书目中也有了郭沫若、翦伯赞等进步史学家的著作。[③]

　　中共地下党组织在联大的工作，以引导联大青年学生开展抗日救亡运动和爱国民主运动为主，也包括一些外围组织工作，对联大教授进行动员，最典型的例子就是闻一多。据楚图南回忆，华岗带来周恩来的信，表示："像闻一多这样的知识分子，对国民党反动派的腐败是反抗的，他们也在探索，在找出路，而且他们在学术界，在青年学生中，还是有广泛的社会联系和影响的，所以应该争取他们，团结他们。"[④] 刘浩回忆："我和闻先生很亲切地畅谈了大约两个小时，向他介绍了敌后抗日根据地的

---

① 李景煜主编、云南省地方志编纂委员会总纂、云南省地方志编纂委员会办公室人物志编辑组编撰：《云南省志·人物志》，昆明：云南人民出版社，2002年，第151页。
② 吴晗：《拍案而起的闻一多》，《人民日报》1960年12月1日。
③ 参见谢辉元：《抗战时期国统区的马克思主义史学家群体》，《史学月刊》2015年第8期。
④ 楚图南：《记和华岗同志在一起工作的日子》，《文史哲》1980年第4期。

情况，我党的主张，同时讲了国民党反动派阴谋对日妥协、准备反共等情况。"① 闻一多曾用功读过《列宁生平事业简史》等书，并于 1944 年向吴晗表示：自己是个马列主义者，将来一定要请求加入共产党。② 闻一多还曾说，他在黑暗中探索了半辈子，现在才看到中国的光明之路就是共产党指明的道路，他愿为此奋斗不息。③ 闻一多在 1944 年秋加入中国民主同盟，从书斋走向演说的战场。

任教于云南大学社会学系的费孝通也在这个群体中受到感染。1944年 7 月，在闻一多、吴晗出面组织，费孝通、张奚若、楚图南、闻家驷、尚钺、向达、张之毅、吴富恒、胡庆钧等教授以及王康、王志诚等青年教师参加的座谈会上，大家决定办一个周刊，取名《时代评论》，一致推选费孝通任主编。《时代评论》是一个宣传民主的政治性很强的周刊，与民盟机关刊物《民主周报》一样，在知识界有相当影响。闻一多对费孝通说："明哲可以保身，却放纵反动派把国家弄成现在这样腐败、落后、反动，所以我们不能不管了，决不能听任国民党反动派为所欲为了。"④ 在闻一多等人感召下，费孝通秘密加入中国民主同盟，担任云南省支部委员。党组织对他很重视，派人到他身边工作，加强联系，费孝通成为当时云南民主运动重要的参与者。费孝通后来回忆 1949 年前后的抉择："那时候我并不真正了解共产主义。我们对共产党人有积极的印象，因为他们爱国又能吃苦……无疑我们逐渐地把他们看做振兴中国的力量，

---

① ③ 闻黎明、侯菊坤：《闻一多年谱长编（修订版）》下，上海：上海交通大学出版社，2014 年，第 668 页。

② 闻立雕：《红烛：我的父亲闻一多》，北京：新华出版社，2009 年，第 212 页。

④ 费孝通：《难得难忘的良师益友》，《费孝通全集》第 8 卷，呼和浩特：内蒙古人民出版社，2009 年，第 382 页。

虽然我们对共产主义是什么，实际上并没有清楚的概念。我们只了解马克思主义是那时候流行的许多社会思想学派的一种。"①中国共产党的积极组织、动员，加上国民党政治腐败，加速了知识界的"左转"过程。

（二）"学术中国化"运动及其影响

抗战时期中国共产党与国民党在文化领域的斗争中，"学术中国化"运动相当重要，这场运动实则是国共两党关于学术话语权的博弈。1938年，中共六届六中全会提出"马克思主义中国化"命题。1938年10月与1941年5月，毛泽东做了《论新阶段》和《改造我们的学习》两个重要讲话，强调关于马克思主义理论建设的重要性。为了响应这个任务，中国共产党积极引导进步社会科学工作者把马克思主义的科学方法运用于学术研究领域，兴起了"学术中国化"思潮。1939年4月1日，由艾寒松和史枚编辑、生活书店发行的《读书月报》在重庆创刊后不久，即在第3期开辟"学术中国化问题"专栏。4月15日，由沈志远主编、生活书店发行的《理论与现实》季刊在重庆创刊，创刊词中直接宣告两大办刊原则——"理论现实化和学术中国化"，并在创刊号上发表了潘梓年的《新阶段学术运动的任务》、侯外庐的《中国学术的传统与现阶段学术运动》两篇重要文章。这样，以两大期刊为主要阵地，以一批马克思主义者和进步知识分子为代表，以相关理论文章为标志，"学术中国化"运动正式开始。

"学术中国化"是"马克思主义中国化"在学术界的回响，主要宗旨就是希望确立马克思主义在学术领域的领导地位，亦即"中国学术的马

---

① 《费孝通全集》第 12 卷，呼和浩特：内蒙古人民出版社，2009 年，第 403 页。

克思主义化"。①口号一经提出，便引发了不同门类文化工作者的积极响应："文艺创作者热烈地讨论文艺的民族形式问题；戏剧家研究各地方戏，作实验公演；音乐家也搜集各地民歌，研究改良，作实验演奏；社会科学家研究着中国的实际，中国的历史；自然科学家在研究着国防工业、交通运输、战时生产、医药卫生等中国具体问题，并提出了'中国科学化运动'的口号；科（哲）学家在研究着中国的古代哲学与思想上在抗战建国上的各种问题。"②

中共理论家对此做了系统的理论建设工作，比较重要的一脉便是新哲学大众化运动，艾思奇、李达、陈唯实、沈志远、李平心、胡绳、冯定等人，创作了一批影响深远的论著，如李达的《社会学大纲》，张如心的《无产阶级底哲学》《辩证法学说概论》，艾思奇的《大众哲学》《民族解放与哲学》，陈唯实的《通俗辩证法讲话》《通俗唯物论讲话》，胡绳的《新哲学的人生观》《辩证法唯物论入门》，沈志远的《现代哲学的基本问题》，李平心的《社会哲学概论》等。这些论著主要有两个方面的贡献。一是使马克思主义在中国语境中实现"在地化"，如1937年5月在苏区党代表会议上，张闻天提出要把马克思主义应用到中国的具体环境中，将理论与实践统一起来；1938年4月艾思奇在《哲学的现状与任务》一文中提出哲学研究"中国化"的问题，随后他又进一步总结，马克思主义哲学要中国化、现实化，必须将其基本原则应用到中国的具体问题上来，在中国的现实地盘上把马克思主义具体化。③二是以通俗的语言建构中

---

① 杨松：《关于马列主义中国化的问题》，《中国文化》第1卷第5期，1940年7月。

② 军事委员会政治部：《抗战四年》，重庆：青年书店，1941年，第190页。

③ 《艾思奇文集》第1卷，北京：人民出版社，1981年，第553页。

国的马克思主义理论体系，扩展其大众影响。这方面的代表是艾思奇和胡绳。艾思奇的名著《大众哲学》，题名便开宗明义，当时就有其"动员了十万青年参加革命"的说法。[1]胡绳则自陈写作目的在于"对于青年读者们的生活实践有相当的作用，帮助他们更结实地、更合理地处理身边的一切事情"。[2]通俗化运动极大扩展了马克思主义哲学的大众影响，连蒋介石都感叹："一本《大众哲学》，冲垮了三民主义的思想防线。"[3]以上两个层面的贡献，使得辩证法、唯物论广泛而迅速地在思想界占据了一席之地；在学术脉络中，理论的具体化与在地化，给打着国粹主义旗号的复古运动者以严厉打击，在世界的通性中确立中国之特性。

"学术中国化"运动还包含另一个有效展开的层面，即马克思主义史学的迅速发展。据侯外庐说："抗战时期，一些革命的史学家们来到大西南，他们以国民政府的文化工作委员会（文工会）作为合法的活动阵地，并以重庆为中心，在西南地区形成了一支掌握马克思主义世界观与方法论的史家队伍。"[4]这些史家，包括翦伯赞、侯外庐、吕振羽、杜国庠、华岗、胡绳、吴泽、嵇文甫、赵纪彬、陈家康等。1942年他们还组织了"新史学会"，广泛团结桂林、昆明等地的进步知识分子。此外，像顾颉刚、张志让、周谷城等著名学者，也都汇聚到这面"新史学"的旗帜之下。这一时期，产生了范文澜的《中国通史简编》、吕振羽的《简明中国通史》《中国社会史诸问题》《中国政治思想史》、翦伯赞的《历史哲学教程》《中

---

① 刘大年、白介夫主编：《中国复兴枢纽——抗日战争的八年》，北京：北京出版社，1997年，第505页。

② 《胡绳全书》第4卷，北京：人民出版社，1998年，第3页。

③ 参见刘萍：《艾思奇及其大众哲学的消失》，《传记文学》第72卷第2期，1998年。

④ 侯外庐：《韧的追求》，北京：生活·读书·新知三联书店，1985年，第123页。

国史纲》、郭沫若的《十批判书》《青铜时代》、侯外庐的《中国古代思想学说史》《中国近世思想学说史》《中国古典社会史论》、吴玉章的《研究中国历史的方法》等一批马克思主义史学史上的标志性成果。

20世纪40年代的"学术中国化"运动产生了广泛影响，戴逸谈到年轻时第一次读范文澜的《中国通史简编》："当时也看过一些历史书。但这部历史书与众不同，与以前看的都不一样，观点新颖，气势磅礴，站在劳动人民的立场上指点江山，评论千古，给人一种发聩振聋，耳目一新的感觉，给人极大的震动。"[①] 刘大年也说："新中国研究近代历史的队伍，在很大程度上是在他的培养和影响下成长起来的。拿我自己说，1942年我第一次读到《中国通史简编》，那时在冀南抗日游击战争的战场上。"[②] 不但马克思主义史学队伍在迅速扩大，许多持其他立场的学者也开始接触或信奉历史唯物论，吕思勉在1945年出版的《历史研究法》中便认为唯物史观"对于史事的了解，实在是有很大的帮助的。但能平心观察，其理自明"。[③] 中国共产党与"学术中国化"运动，是学统与治统相辅相成的理想状态。20世纪40年代末，中国的意识形态转型、政治转折在许多方面印证了学术与政治的这种相互关系。

20世纪30至40年代中国现代学术体系的精神旨归、养成机制，体现了战争年代对学人与学术的多重塑造，包括论题选择、研究方法、社会关怀、政治指向等。这个过程中，可以看到学术与政治之间复杂的形塑与反形塑，可以在学术脉络的隐微变化中，看到社会经济的流动与政

---

① 戴逸：《时代需要这样的历史学家》，《近代史研究》1994年第1期。

② 刘大年：《光大范文澜的科学业绩》，《近代史研究》1994年第1期。

③ 吕思勉：《历史研究法》，《史学四种》，上海：上海人民出版社，1981年，第40页。

治的大体走向。另外，艰困催生了许多不朽，但也造成非常多的遗憾。东方图书馆成为灰烬；因时局、营业困难而放弃的《四部丛刊》四编；赵家璧没能完成的《新文学大系》续编；陈寅恪遗失逆旅的《蒙古源流注》《世说新语注》《五代史记注》；更多因战乱导致的死亡、贫病、时不待我，受制于时势而无法实现的宏愿……都成为从可见时空中消失的"中华文明"。可是，也正是在这样的家国旧情、兴亡遗恨下，意志对抗了强力，个人突破了时空限制，去探索能够更恒久流转于人世的文明和意义。如冯友兰所讲："颠沛流离并没有妨碍我写作，民族的兴亡与历史的变化，倒是给我许多启示和激发。"① 旧学邃密、新知深沉，是后人对这一时代学人与学术的基本概括。时空交汇，彼时正好到了一个中西新旧可能融汇的节点；而大时代又赋予时代的亲历者、历史的观察者更深刻的洞察力。艰难时世在这里不单单是作为背景的存在，不仅仅是一种思想底色，它构成了穿透迷蒙的"启示和激发"。这个时代沉淀下来的知识、思想、心志和文辞，至今仍为我们所诵读。书写者将身心性命化入时代，并因之使其作品超越了时代。

---

① 冯友兰：《三松堂自序》，《三松堂全集》第 1 卷，郑州：河南人民出版社，2001 年，第 209 页。

建設末代

"百家争鸣"的一次可贵的尝试

——重温 1957 年初中国哲学史座谈会

张翼星（北京大学哲学系教授）

当我们回顾当代中国哲学的艰难历程时，不应淡忘六十多年前，由北京大学哲学系主办的一次哲学争鸣的盛会——中国哲学史座谈会（以下简称"座谈会"）。会议的目的是破除来自苏联日丹诺夫以唯物主义和唯心主义"两军对垒"为哲学史定义的公式化教条。人们在纪念和回忆这次会议时，往往称之为"一次抓住机遇的难得的哲学争鸣""一次贯彻'双百'方针的基本成功的尝试""一次不应被淹没的学术盛举"，等等。

1957 年 1 月下旬，座谈会在北大未名湖畔拉开帷幕，与会者约 120 人，主力是北大哲学系当时十分华丽的师资队伍（如冯友兰、金岳霖、朱光潜、张岱年、郑昕、唐钺、贺麟、洪谦、任华、朱谦之、任继愈、朱伯崑等人）。会议也邀请了校外众多知名学者（如温公颐、张恒寿、王方名、杨宪邦、吴恩裕等，据悉当时已年逾古稀的老一辈学者徐炳昶、傅铜等也曾到会）。此外，还有少数校内外研究生、哲学系高年级本科生和众多媒体采访者参加。真可谓鸿儒云集、群贤毕至。老、中、青三代学人各抒己见，齐聚一堂；中哲、西哲、马哲三方学者交相切磋，盛况空前。

特殊的历史背景

座谈会的酝酿和准备，开始于 1956 年下半年。早在 1956 年 2 月，苏联共产党召开了第二十次代表大会，会上尖锐批判了教条主义和个人崇拜，事后东欧又发生了震惊世界的"波匈事件"。这无疑对知识分子产生各种深刻影响。当时中国共产党已确定的"过渡时期总路线"是逐步实现社会主义工业化，逐步实现对农业、手工业和资本主义工商业的社会主义改造。到了 1956 年，生产资料所有制的社会主义改造宣告基本完成。与此同时，经过一系列的政治运动和意识形态领域的大批判，中国共产党在国内肃清了帝国主义和"封（建主义）、资（本主义）、修（正主义）"残余势力的政治和思想影响，取得了稳定性胜利。

国内的知识分子阶层多半经历过五四和新文化运动，是一个初步具有现代意识的社会群体。他们中部分人有过出国留学的经历，在学术上一般都学有专长，虽然其中一些人在政治思想上比较崇尚西方的民主、自由与法制，他们大都是爱国的，并且主张科学救国与教育救国，反对专制与独裁，因而不满于国民党专制腐败的统治。同时，他们有着较强的精神独立的追求和个人自尊心。他们一般愿意为建设新中国尽力。然而，20 世纪 50 年代初的一系列意识形态领域的大批判，特别是对知识分子的"思想改造"，使他们灵魂深处受到不同程度的冲击，使他们不免心存疑虑，或心有余悸。他们相信有一种学术上宽松、心情上舒展的环境或时机会到来。

1956 年，整个国内形势出现转机，政治环境和意识形态领域一直紧绷的弦有所松动。1956年1月，在中南海召开了有1200人参加的知识分子问题的会议。在关于知识分子问题的报告中，周恩来尖锐地批评了对待知识分子的种种宗派主义倾向，并且郑重宣布"知识分子是工人阶级的一部分"，"工人、农民、知识分子的兄弟联盟是中国社会主义事业的依靠力量"。会上还向全国郑重发出了向科学进军的号召。这给知识分子和广大群众以极大鼓舞，会后出现了一阵尊重科学、尊重知识分子的风尚。4月28日，毛泽东在中共中央政治局扩大会议上指出："艺术问题上的百花齐放，学术问题上的百家争鸣，我看这应该成为我们的方针。"5月2日，毛泽东又提到"双百"方针的实施，强调在中华人民共和国宪法范围之内，各种学术思想，正确的、错误的，让他们去说，不去干涉他们。5月26日，时任中宣部部长的陆定一，在中南海向知识界作了"百花齐放，百家争鸣"的报告，随后又在《人民日报》上发表了同题文章，明确阐述"双百方针"是提倡文学艺术和学术研究领域要有独立思考的自由、有辩论的自由、有创作和批评的自由，有发表自己意见、坚持自己意见的自由，指出应当提倡建立在科学基础上的尖锐的学术论争，批评和讨论应当以研究工作为基础，反对采取简单粗暴的态度。

"双百方针"的提出和阐明，在知识分子中引发了强烈反响。一些著名学者纷纷在《人民日报》等报刊上发表拥护文章。对于老一辈的知识分子来说，乍一听到最高领导层如此坦诚的话语，像是空谷足音，那种久旱逢甘霖的欣喜心情是可想而知的，但在欣喜之外也不免有疑虑。著名社会学家费孝通先生于1957年3月24日在《人民日报》上发表了《知识分子的早春天气》一文，他指出，周总理关于知识分子问题的报告，"像春雷般起了惊蛰作用"。"接着百家争鸣的和风一吹，知识分子的积极因素应时而动了起来。但是对一般老知识分子来说，现在好像还是早春天气。他们的生气正在冒头，但还有一些腼腆，自信力不那么强，顾虑似乎不少。"这正是当时知识分子矛盾心理的写照。1956年10月，专门研究康德哲学的郑昕先生在《人民日报》上发表了《开放唯心主义》一文，袒露了自己"一个腔子里关着两个灵魂"的困顿心理，直截了当地提出了怎样处理学术与政治的关系和怎样评估唯心主义的问题。他坦诚地表述了自己的内心矛盾：政治上愿接受思想改造，接受党的领导，所以在公开场合肯定唯物主义，回到书斋里却仍然同情康德的唯心主义。在历史大批判中，由于只许批判，不许辩护，便把唯心主义压了下去，却实际"难以使人信服"，原来的学术观点并没有改变。这更贴切地表露了那时知识分子的矛盾心态。

为了贯彻落实"双百方针"，中央有关部门决定召开两个座谈讨论会。先是遗传学讨论会，1956年8月在青岛召开，历时15天，集中讨论了当时国内外生物学理论中长期争论的问题，即米丘林学派与摩尔根学派的分歧与争论。这次会议是我国自然科学领域百家争鸣的开端。会上经过热烈争论，基本克服了把科学问题政治化的倾向，摘掉了给摩尔根学派扣上的"反动唯心论"的帽子，使不同学派得以在平等地位上开展争鸣。

人文科学领域则选择了中国哲学史进行专题讨论。中国哲学史是研究中国现当代哲学的基础，是研究国学的入门学科。中国哲学史的教学与研究中遇到的问题与分歧也比较多。1956年10月，《人民日报》先后发表过朱伯崑先生的《我们在中国哲学史研究中所遇到的一些问题》、冯友兰先生的《关于中国哲学史研究的两个问题》等文章，颇为引人关注。

选择这个专题，尝试开展"百家争鸣"，既适应教学与研究的迫切需要，又能引发学界和广大干部、群众的兴趣，促进哲学和人文科学的发展。

北大哲学系主动抓住机遇，经过比较充分的酝酿和准备，及时地主办了这次哲学争鸣的盛会。座谈会之所以由北大哲学系主办，是由于北大哲学系历来是中国哲学研究的重镇，是中国哲学史作为一门学科及其开山之作的诞生地。胡适有关中国古代哲学史（先秦部分）的著作，就是在北大的哲学教学期间正式写成和出版的；冯友兰说他自己研究中国哲学史的一些基本功就是在北大"哲学门"练就的，而"哲学门"正是哲学系的前身。20 世纪 30 年代初，冯先生正式出版了作为奠基之作的完整的《中国哲学史》。1952 年全国高校院系调整时，原各大学哲学系的骨干教师大都集中于北大哲学系，中国哲学史方面，尤显硕学鸿儒众多的优势。如冯友兰、汤用彤、张岱年、朱谦之、黄子通、任继愈、石峻、朱伯崑等人，他们当时都还可称年富力强。

热烈争鸣的焦点

座谈会讨论的主题，可以概括为三个方面：一是怎样确定中国哲学史的研究对象、范围，伦理与人生方面是否属于中国哲学史的对象；二是怎样看待唯心主义，其本身有没有好东西；三是怎样继承我国的哲学遗产，哲学命题的抽象意义（或一般意义）能否继承。这三个方面又集中到一个中心：怎样看待和应用苏联日丹诺夫的一个关于哲学史的定义。

1947 年，日丹诺夫在讨论亚历山大洛夫《西欧哲学史》一书的会上，严厉批判了亚历山大洛夫书中的"客观主义"观点和"资产阶级立场"，反复强调唯物主义是在与唯心主义的无情斗争中发生、发展和获得胜利的，并给哲学史作了如下定义：科学的哲学史，是科学的唯物主义世界观及其规律的胚胎、发生与发展的历史。唯物主义既然是从与唯心主义派别斗争中生长和发展起来的，那么，哲学史也就是唯物主义与唯心主义斗争的历史。这篇发言以《在关于亚历山大洛夫著〈西欧哲学史〉一书讨论会上的发言》为书名出版。1948 年初便有中译本问世，在 20 世纪 50 年代"向苏联学习"的高潮中广为流传，哲学系师生几乎人手一册，被奉为研究哲学特别是哲学史的圭臬。在当时，尽管对待知识分子的政策有所改变，"双百方针"也已颁布，那些研究哲学史的先生们，也还只是在承认日丹诺夫定义的前提下，提出某些质疑或不同理解的意见。

怎样确定中国哲学史的研究对象与范围，这是朱伯崑与冯友兰先生提出的问题。按照日丹诺夫的定义，必须划分出唯物主义与唯心主义这两个派别，前者是正确的，后者是错误的，而且有相应的阶级与政治分判，前者代表革命或进步，后者代表反动或落后。同时，要把整个哲学史看作唯物主义在与唯心主义的斗争中发展的历史。可是这种两个派别的划分，主要是就西方哲学的本体论、认识论进行的。中国哲学史的史料、典籍多属人生伦理或社会政治方面。冯先生认为，若按西哲史惯例，偏重自然观、认识论，则研究的范围太窄，有"削足适履"之感。如果完全忽视人生伦理和社会政治的丰富内容，就会使中哲史变得贫乏而枯燥。王太庆先生指出，简单搬用西方理论，让人感到"异国气息"。任继愈先生委婉提出，日丹诺夫有三处"不够全面"：限于唯物、唯心之间的斗争，偏重自然观、认识论就会在社会历史观上留下空白，让中国哲学史失去许多丰富的内容；忽视辩证法与形而上学的对立，而中哲史上的辩证法思想却相当丰富；未给唯心主义流派以应有的历史地位，不能反映哲学史的全貌。至于阶级、政治属性的划分，朱伯崑等先生谈到，中国历史上的哲学家，多半经历过复杂的历程，成分也很复杂，或纵横交错，或前后转变，难于进行简单判断，且在古代社会，他们很多属"地主"一类阶级，不过大与中、小之别，难显阶级与政治的分野。许多学者都认为中国哲学有自身的形式与特点，有特殊的范畴和规律，不宜用一个简单的公式去硬套。认真揭示中国哲学自身发展的进程和规律，才是中国哲学史研究的宽广求真之道。会上有的学者虽表示原则上肯定或接受日丹诺夫的定义，但也力图指出中国哲学的特色。张岱年先生认为，"天人之道"乃中国哲学的研究范围。他概括了关于"天道"和"人道"的基本内容。中国哲学的特点在形式方面采取了论纲式的体裁，在内容方面则肯定了"体用一原""天人合一"等基本观点。张岱年称中国古代唯物主义为那个时代"进步学者的唯物主义"，朱谦之则称之为"自然主义或自然主义的唯物主义"。①

　　中国哲学史座谈会讨论的重点是结合哲学史的实际，质疑日丹诺夫的定义，集中为两个方面的问题：如何对待唯心主义、怎样继承哲学遗产。其中，尤为引人注目、争议至为热烈的焦点有以下三方面。

　　（1）唯物主义与唯心主义之间，只有斗争性没有同一性吗？按日丹诺夫的定义，一部哲学史只是唯物主义在与唯心主义的斗争中成熟、发展并最后战胜唯心主义的历史。这里强调的是对立面斗争的绝对性，对

---

① 朱谦之：《关于中国哲学史的对象和范围问题》，载《守道1957》，上海：上海人民出版社，2012年，第121页。

立双方毫无调和的余地。会上许多学者用大量史料说明唯物主义与唯心主义之间并非只有单纯的斗争或排斥，还有相互渗透、促进和转换。人类认识在各种对立、交错因素的影响下，往往呈现盛衰起伏的曲折进程。冯友兰先生所言宋明道学的事例至为明显：起初周敦颐、张载的唯物主义以"气"为本，表现为"唯物主义"；后来程（程颢、程颐）朱（熹）在"理""气"关系上认为"理"在"气"先，转向"唯心主义"，最后王夫之（船山）撇开程朱，继承并发展了张载的思想，建立了唯物主义的完整体系。程朱在张载的基础上转向唯心主义，与张载对立起来，王夫之又在程朱的基础上转向唯物主义，与程朱对立起来。[①]王夫之继承张载，并不是简单地继承。他撇开程朱，也不是简单地撇开。他是经过程朱，而又撇开程朱，经过程朱而又继承张载。这种"经过"，是包含吸收合理成分而又去其糟粕，是有提高的。若无程朱的"理在事先"的唯心主义，王夫之难于提出"理在事中"的唯物主义。朱光潜先生则颇为风趣地分析了一些历史人物的"思想两栖"现象：实际跨越两个基本派别，类似"水陆两栖动物"，所以难于判断他们的确切属性。对于唯物主义者与唯心主义者之间的关系，贺麟先生指出，他们在哲学思想上虽有原则分歧，但往往并不是革命与反动或进步与落后的关系，有的是密切的亲友关系，有的是"青出于蓝而胜于蓝"的师生关系。正是觉察到种种复杂而交错的状况，许多学者认为，深入而全面地研究这些关系，避免简单而僵化的"对垒"，才能再现哲学史上生动而丰富的内容。

会上另一类学者，则坚守日丹诺夫的定义，对上述观点持截然不同

---

① 冯友兰：《关于中国哲学史研究的两个问题》，载《中国哲学史问题讨论专辑》，北京：科学出版社，1957年，第11页。

的意见。他们强调唯物主义与唯心主义"只能是斗争的关系",或者说是"你死我活""我立你倒"的关系,因为每一方"都是要从根本上摧垮对方",① 也可以说是"红""白"关系,而不能是"青""蓝"关系。面对丰富的史料,在难以否认两者的统一性时,有人也只笼统地承认两者都以宇宙为对象,或受同样社会条件的制约,有大体一致的侧重研究的方面,但仍否认两者之间的相互渗透与吸收关系。会上的讨论或争议,虽然仍受整个政治格局和日丹诺夫定义的制约,会有些重政治、轻学术,甚至把学术政治化的倾向,也有若干调和、缓冲的说法,但真正支持一味讲斗争的论点者,实际上为数很少。

（2）唯心主义观点或体系中,究竟有没有"好东西"? 这是贺麟先生提出的问题,他也给出了肯定回答。如果唯心主义只是错的、坏的,没有任何合理因素,那就一味斗争、一概批倒好了,不是很省事吗? 但贺先生在 1953 年就说过,唯心主义有好有坏,好的方面是曾起过进步作用。1955 年,在对胡适思想开展"大批判"时,他又率性提出:唯心主义本身就有好东西。他在会上举出两个例证:宋代唯心主义哲学家朱熹把"太极"说成"理","理"有动有静。他发现"理"的能动性,这是他的一大贡献。又唯心主义哲学家王阳明阐述"良知",认为它既是认识的最高真理,又是本体上的最实在者,而"致良知"也是做人、求知的方法。这里包含本体论、认识论和方法论三者统一的完整体系的合理因素。有的学者虽然肯定唯心主义的体系或著作中包含合理因素,如黑格尔哲学体系中所含辩证法的"合理内核",但认为这并非唯心主义本身所有,而且

---

① 关锋:《关于哲学史上的唯物主义与唯心主义的斗争问题》,载《守道 1957》,第 210 页。

与唯心主义体系本身相矛盾。陈修斋先生则认为，唯物主义并不等于正确，唯心主义也不等于错误。唯心主义中有价值的东西不一定与自身体系相冲突。比如，欧洲中世纪的唯名论者，在共相与个体的关系上表现出唯物主义倾向，但他们仍是一批经院哲学家，他们肯定个体事物的实在性，并不与上帝创造世界的神学体系相冲突。黑格尔的辩证法是概念的辩证法，与自身体系并不冲突，两者是相互交融的。更重要的是，唯心主义也是人类认识这棵大树上的一条支干，自有它生存的根据与脉络，因而就自有它的合理之处。贺麟先生说得很明白："哲学史上的哲学思想，哪怕是片面的、错误的、唯心的，只要它有资格被记载在哲学史里面，它就是对人类文化的一种贡献，它就有被保存、被研究、被批判的价值。"[1] 实际上，有的唯心主义对认识过程分析得相当周密细致，包含众多合理成分；有的唯心主义注重精神的能动性，体现了辩证法因素；有的唯心主义对唯物主义进行批评，可能起到借鉴或促进的作用。

究竟应当怎样对待唯心主义？只把唯心主义视作错误的人，认为只能批判、斗争，甚至要求用唯物主义原理去代替、改变、翻转或驱逐唯心主义因素。[2] 哲学史的研究者们则强调学理的分析。贺麟先生提出：不要"当头棒喝"，而要"和风细雨"，前者只能压服，后者方可克服。朱谦之先生提醒大家，应当重视列宁在《哲学笔记》中的一系列论述。日丹诺夫对待唯心主义的简单否定的观点，与列宁《哲学笔记》中对唯心主义认识论根源的分析，以及唯物主义与唯心主义相互关联、相互转化的分析是不相吻合的。洪谦先生谈到，有些唯心主义著作的动人之处，在

---

[1]　贺麟：《对于哲学史研究中两个争论问题的意见》，载《守道1957》，第193页。

[2]　魏明经：《马克思列宁主义哲学与中国哲学史》，载《守道1957》，第164页。

于其周密完整的思想体系和深入细致的逻辑分析。有的学者还提出深入研究唯心主义，有计划地翻译出版原著，开设评述和研讨唯心主义的课程，培养精通唯心主义的专家等建议。

（3）怎样继承哲学遗产？哲学命题的抽象（或一般）意义可否继承？按照日丹诺夫的观点，哲学史的主线便是唯物主义与唯心主义斗争，并最后战胜唯心主义的历史。这样，中国哲学遗产中可继承的东西就很少。冯友兰先生有虑于此，便率先提出一种继承的方法，首先区分哲学命题的"具体意义"与"抽象意义"，如《论语》中所说："学而时习之，不亦说乎"，其具体意义是学习诗、书、礼、乐等古代传统内容。这对现在不适合，不需继承；但其抽象意义则是说学过的东西都要经过温习和实习，这是多么快乐的事。这种意义现在仍正确、有用，可以继承。①

冯先生的这种看法，会上除个别高年级学生明确支持，个别学者从侧面有所支持外，表示异议、提出批评意见者是多数。批评意见的要点集中于：第一，其割裂了命题的抽象意义与具体意义，或者说割裂了形式与内容的联系。有人还把冯先生的观点追源于他的"新理学"体系中"理在事先"的客观唯心主义。第二，夸大了思想的抽象或形式方面，忽视了遗产继承的特殊内容，势必忽视哲学思想的阶级性，抹煞唯物主义与唯心主义的斗争。第三，选错了遗产继承的准则，应当继承科学性、民主性内容，有益于人民与社会主义的东西，而不是继承某些命题的抽象意义。第四，采用了"最省力"的办法，把哲学遗产的继承简单化了，试图"现成地拿来"，却没有对认识过程进行科学分析，总结理论思维的

---

① 冯友兰：《中国哲学遗产的继承问题》，载《守道1957》，第273—280页。

经验教训。

面对这些批评意见,冯先生修养有素、从容镇定地再作发言,并写"补充意见"。为避免麻烦和误解,他将"抽象"与"具体"改称"一般"与"特殊",并承认自己的文章中有表述不够全面和恰当的地方。

在笔者看来,冯先生之所以受到批评较多,原因是多方面的。首先,他只是在逻辑思维上区分哲学命题的抽象意义和具体意义,并没有试图割裂客观存在的抽象与具体,以及形式与内容。这与他往年《新理学》中所论存在的"理在事先"并没有必然联系。其实,他所主张继承的是一种带有普遍性的思想内涵或道德原则,是"具体的共相"。正如贺麟先生所说:"可以继承的一定是本质的东西。本质是最具体的也是最抽象、最一般的东西。"[①]不过,冯先生对此可能没有说得很清楚,没有区别开不同的层次,因而容易引起误解。他在"补充意见"中也谈到自己表述上的问题:"这两个意义好像平排放着。"其次,他立意撇开某些命题的具体意义,提炼可继承的抽象意义,而具体意义多与社会内容相连接,这便使人敏感,容易被指责为"忽视阶级性""抹煞唯物主义与唯心主义的斗争"。这种指责和批评在往后的岁月里愈演愈烈,导致政治性的大批判。其实冯先生并不想完全否认道德内容的阶级性。只不过在他看来,若只承认特殊性、阶级性,而完全否认各种哲学思想、派别之间的一般性和共通性,就会堵塞我们对中国哲学优秀遗产继承的可能性。他试图肯定和发掘"哲学思想中有为一切阶级服务的成分",包含某些超越性的道德价值。这正是他在当时不同凡俗的高明之处。那种把一切社会性都归于阶级性

---

① 贺麟:《关于对哲学史上唯心主义的评价问题》,载《守道1957》,第200页。

的观点，实际上是一种庸俗社会学的观点。再次，冯先生头篇文章的题目是"中国哲学遗产的继承问题"，但直接论述的内容并不是问题的整体，并未涉及继承的目标、准则、任务等，而只是涉及继承某些命题的一种方法。题目与实际内容的反差，招来了"超负荷"的批评。如关于主要继承唯物主义和科学性、民主性内容的准则，他自认为理所当然，却受到了批评。人们把他的观点笼统地称为"抽象继承法"，其实并不完全符合他的原意。最后，说他的继承方法，是要求"现成地拿来"，只图"省力"，也不完全对。他作自我检查时虽也说："好像有一个现成的抽象的东西，我们可以随时取来，不加改造就可以继承。"[1]不过，这只是给人的印象。实际上，他认为揭示一个命题的普遍内涵或"抽象意义"，是要费一番功夫的，并不省力。更何况他只是讲继承的一个方面或一种方法。

冯先生的观点在此后的二十余年里，一直成为大批判的靶子，受到大量文章连续攻击。冯先生作了若干反省和自我批评，也作了必要的申辩和说明。直到1981年所写的《三松堂自序》中，他仍然说："其基本的主张，我现在认为还是可以成立的。"这正是富于学养和风度的一代知识分子的表现。也正是他在《新原道》序中所说："学问之道，各崇所见，当仁不让。"

座谈会的有益启示

回顾与反思座谈会，笔者深感有以下启示。

---

[1] 冯友兰：《关于中国哲学遗产继承问题的补充意见》，载《守道1957》，第284页。

（一）贯彻"双百方针"是发展学术文化的保证

学术文化的繁荣发展，是一个民族兴旺发达的标志。座谈会的意义和价值，就在于它是实施"双百方针"的一次可贵的尝试。它激发了人们对哲学，特别是对中国哲学的思考与兴趣，因而有力地推动了中国哲学的研究。

"双百方针"之所以正确，是因为它符合学术文化发展的规律，与中国优秀文化遗产的精髓相一致。"和而不同"与"中和"思想，在我国文化传统中占有重要地位。《周易·系辞》中便有"天下同归而殊途，一致而百虑"的精辟名言。多元一体的文化格局和先秦诸子的"百家争鸣"，促成了思想文化的高度繁荣，早已是不争的事实。秦汉以后，局面有所转折，秦李斯有所谓"别黑白而定一尊"，汉班固有所谓"罢黜百家，表章六经"的主张。但汉初司马谈在《论六家要旨》中，开篇便引用《周易·系辞》中的那句名言。不论是司马谈"六家"之论，还是《汉书·艺文志》所言"六艺之术""九家之言"与"万分之略"，都体现了一种多元文化观。而且多元文化观与多元一体的思想文化格局，和它的长期延续，也正是中华文化血脉始终绵延不断的重要原因。同时，中国的传统思想和文化中，历来富于宽宏包容的成分。蔡元培在阐述北大"兼容并包，思想自由"的办学方针时，多次引证《礼记·中庸》里的话作为依据："万物并育而不相害，道并行而不相悖。"事物相反相成的思想，在《周易》《老子》《孙子兵法》等论著中都有特定的表述。任何事物都是"一分为二"（如北宋张载的表述），又是"合二为一"（如明清之际方以智的表述）的。而且中国传统文化多讲究"会通"之学。任何学问既要善于通过不同派别的相互批评、相互比较来进行相互吸收、相互借鉴，又要善于融合各门学问的思想成果，融入外来文化的合理成分，达到综合创新的发展。"兼容并包，思想自由"的方针，正是融合中西传统思想的结晶，已成为北大的基本传统。它为北大的学术繁荣、人才涌现开辟了一条康庄大道，是一种挥之不去的力量。

应当看到，"双百方针"与中国文化的和而不同、宽宏包容的传统观念，与北大"兼容并包，思想自由"的基本传统，是相吻合的。所以，几位谙熟中国哲学并长期在北大和西南联大任教的学者，如冯友兰、贺麟等人，便成为座谈会上最活跃的人物。他们胸有成竹地多次申述自己的观点，敢于争辩和进行反批评。围绕中国哲学史研究中的主要问题，座谈会上学者各抒己见、互有诘难、竞相争鸣，这一盛况令人耳目一新，催人独立思考，孕育着学术繁荣的契机，是一种良好的突破与开端。一百多年来的演进历史说明，发展科学、繁荣学术是国家强盛、民族振兴之本，这在各国竞相实现现代化的背景下更为明显。科学、文化想要获得繁荣、发展，就必须让知识分子有学术探讨和学术争鸣的良好环境与氛围。

（二）贯彻"双百方针"必须反对教条主义

座谈会的一个鲜明特色，是反对教条主义。积习已久的教条主义，正是贯彻"双百方针"的主要障碍。教条主义的基本特征，便是固守某些现成的结论与抽象的原则，搬用刻板的公式与僵化的概念，阻碍研究的进展与创新。

在哲学领域，20世纪50年代初期，由于强调"学习苏联"，作为政治课的"马列主义基础"课的基本教材，便是《联共（布）党史简明教程》，其中的第四章第二节，即"论辩证唯物主义和历史唯物主义"，是教材的哲学部分。学生准备考试主要是背诵唯物主义包含哪几条、辩证法包含哪几条、唯物史观包含哪几条。这不仅使学生容易养成背诵教义、教条的习惯，而且也把马克思主义哲学的内容简单化和贫乏化了。

在哲学史方面，日丹诺夫关于哲学史的定义，成了教学与研究的经典准则。那时候，按照这个定义，给历史上的哲学家划哲学派别（唯物或唯心）、贴政治标签（革新或保守）的现象相当普遍。众多学者对此作了多方面的质疑与批评，已如前面所述。一个总的印象，正如王太庆先生所说：这类标签"大都是从外面粘贴上去的"，"有点像用一个大帐篷，搭在一群彼此不相干的陌生人头上"。[①]张岱年先生指出，学界流行的一种风气是："一切思想言论尽力求其合乎某种标准。一个问题只允许有一种答案，一个学说只允许有一个解释。"[②]他认为这种简单、独断的方式必须防止和克服，因为学术问题要得出正确结论、达到一个真理的过程是曲折而复杂的，不可能一蹴而就。贺麟先生还联系到对待知识分子思想改造的教育方式，若用教条主义的"当头棒喝"，也只会把某些错误思想打入地下，不敢公开说话，并不能真正克服，所以还是应当"循循善诱""和风细雨"。长期从事马克思主义研究的胡绳和潘梓年先生，也在会上或会后充分肯定了学者们对教条主义的批评。

由于有融合中西、贯通古今的功底，因而一批长期从事哲学史研究的学者常能深入分析实际史料，提出新颖独到的见解，给人以启迪。比如，张岱年先生关于唯物主义哲学特点的分析，贺麟先生关于古代艺术或哲学的超阶级、跨时代价值的分析，朱光潜先生关于某些思想家"思

---

① 王太庆：《哲学史研究的方法与目的问题》，载《中国哲学史问题讨论专辑》，第175页。

② 张岱年：《如何对待唯心主义》，载《中国哲学史问题讨论专辑》，第237页。

想两栖"性的分析，朱谦之先生关于 18 世纪中国"自然主义的唯物主义"对欧洲影响的分析等，至今仍有深入探讨的价值。他们既兼通中西哲学，也对马克思主义哲学了解颇多。受到思想撞击最多的是冯友兰先生和贺麟先生。冯先生温文尔雅、慢条斯理，贺先生则激情洋溢、直言应对。但他们都虚心听取，守道不懈，胸有成竹，从容不迫。相比之下，会上少数"理论工作者"，以批评者的姿态出现，多半坚守日丹诺夫的定义，对被批评的观点却没有多少实际的分析，拿不出什么确凿的材料和证据，因而缺乏说服力。问题在于他们并不熟悉哲学史，对哲学史中较深层次的问题缺乏研究，多属空泛地谈论一般原则。

可见反对教条主义与学风问题密切相关。如果倾向于以政治干预代替学术争鸣，就会以某些现成的结论或公式作为"棒喝"或批判的工具，无心于勤奋、深入的学术研究，陷入教条主义的泥坑。如果在教学与研究中热衷于追求名利，一味从数量上追求"成果"，满足于某些条条、框框的律令，疏懒于刻苦、严谨的治学，流于浅薄、浮躁，也会沦为教条主义的俘虏。

（三）克服教条主义，必须正确对待经典作家的论述

日丹诺夫的定义本身就是教条主义的典型表现。从表面上看，这个定义的基本思想是恩格斯和列宁思想的片面夸大和生硬拼凑。唯物主义与唯心主义两个阵营或两个基本派别的划分，来源于恩格斯的《路德维希·费尔巴哈和德国古典哲学的终结》一书。恩格斯揭示西方哲学的脉络，将思维与存在的关系问题看作哲学的基本问题，并且是从关于世界本原问题的回答来划分哲学上的两个基本派别的：凡认为世界本原是物质的，属唯物主义；凡认为世界本原是精神的，属唯心主义。其实中文的"唯物主义"与"唯心主义"两个名词,是从日文转译的。这里带有"唯"(唯独、唯一)字的翻译,已附加绝对化的成分。若按西文如英语的"materialism"与"idealism"两词来说,本无"唯"字的含义,结合恩格斯的划分,似译"物质本原论"与"精神本原论"较为适宜。当然,一百多年来,"唯物""唯心"的译名,已约定俗成,无法再改译了。但我们应注意两词的原义。恩格斯的划分也并未含有任何阶级、政治的因素。

从世界和认识的起(本)源来看,应当说,认为世界和人的认识起源于物质的观点,更贴近科学,更接近宇宙和人的认识发生过程。但人之所以区别于物和其他动物,又在于人有精神,有自觉的意识。由于精神的能动性,在一定意义上,精神比物质更复杂,更具无穷的奥秘,深入探究人的精神的形成、机制与作用,本是哲学、人类学、心理学的重大任务,理应受到重视。

从哲学史上看,西方哲学的两个发展高峰,是古希腊哲学和近代德国古典哲学,其代表人物与著作,大都属于唯心主义,而其对人类思想的巨大作用与贡献,却毋庸置疑;中国哲学也有两个高峰,即先秦诸子学说和宋明理学。先秦诸子的哲学属性比较复杂,难于明确划分,宋明理学的程朱、陆王,则都属唯心主义,而其显著地位与影响,也是无法否认的。唯心主义的体系与著作,由于注重精神的阐发,往往逻辑更为严密,分析更为细致,因而在哲理上更能启迪智慧和引人入胜。

从经典作家的论述上看,唯物史观的基本观点是社会存在决定社会意识;经济基础决定上层建筑。但上层建筑的不同部分与经济基础的关系是有区别的。上层建筑中的实体性部分,如国家机器、政治制度、法律制度等,与经济基础有直接的联系,而与之相适应的意识形态的各种形式，如法律、政治、宗教、艺术、哲学等，与经济基础的关系则是比较间接的。各种意识形态形式之间，是既有联系又相对独立的。恩格斯在进一步阐述唯物史观时，不仅强调了上层建筑对经济基础的反作用，而且注视着社会意识诸形式与经济基础关系的远近差别。他指出，"更高的即更远离物质经济基础的意识形态，采取了哲学和宗教的形式"，[①]并称之为"悬浮于空中的意识形态领域"。他还说过："经济上落后的国家在哲学上仍然能够演奏第一小提琴。"[②]可见，在恩格斯看来，哲学不仅不是经济基础的直接反映，而且是最高的一种意识形式，它与阶级利益也应是相距最远的。

把哲学派别与政治党派、阶级利益直接联系起来的是列宁。在《唯物主义和经验批判主义》一书中，列宁强调了西方从古代到近代的两条认识路线的对立与斗争，而且明确提出了哲学的党性原则："透过许多新奇的诡辩言词和学究气十足的繁琐语句，我们总是毫无例外地看到，在解决哲学问题上有两条基本路线、两个基本派别……最新的哲学像在2000年前一样，也是有党性的。唯物主义和唯心主义按实质来说，是两个斗争着的党派。"[③]这就把哲学上的学派分歧与政治上的阶级性、党性直接联系起来了。应当看到，这是列宁于1908年所写，是针对当时"孟什维克""经济派""十二月党人"等敌对派别而写，论战与批判的色彩较浓。但1915—1916年列宁到瑞士伯尔尼图书馆专门进行哲学探究而写

---

① 恩格斯：《路德维希·费尔巴哈和德国古典哲学的终结》，《马克思恩格斯选集》第1卷，北京：人民出版社，1995年，第253页。

② 同上书，第704页。

③ 列宁：《唯物主义与经验批评主义》，《列宁选集》第2卷，北京：人民出版社，1955年，第227、240页。

的《哲学笔记》中，关于哲学的阶级性与党性就已十分淡化了。他把唯心主义看作人类认识圆圈运动中的一个环节，分析了它的认识论根源。他认为唯物主义如果缺乏自身运动的辩证法因素，或者在一般与个别的关系上陷入混乱，就有可能走向唯心主义，而唯心主义如果比较客观而灵活，具有辩证法的契机或因素，那么就有可能"转弯抹角地（而且还翻筋斗式地）紧紧地接近了唯物主义，甚至部分地转变成了唯物主义"，[①]列宁甚至指出："聪明的唯心主义比愚蠢的唯物主义更接近于聪明的唯物主义。"[②]他还指出，在黑格尔的《逻辑学》"这部最唯心的著作中，唯心主义最少，唯物主义最多。'矛盾'，然而是事实"。[③]可见对唯心主义的认识和估价，列宁的思想有所转变和升华，显得更为灵活，更富于辩证性，把对唯心主义的深入分析和评论艺术提升到一个新的更高的水平。然而，斯大林和日丹诺夫却忽视《哲学笔记》，只是拘守《唯物主义和经验批判主义》中的某些提法，并把它们扩展到整个哲学史，生造出一个哲学史的定义，结果既僵化了自己，也束缚了别人。这是一个深刻的教训。马克思主义经典作家的思想，特别是他们的某些具体论述，是在特定的时代、历史条件下形成的，也往往有一个转变和升华的过程，需要具体地分析和历史地对待，决不可生搬硬套。马克思主义的指导，是提供一种方向和方法，而不是提供某些现成的结论或公式，更不是提供某些流行的条条和框框。哲学是人类精神的反思。学术要繁荣，哲学要创新，就必须坚持反对教条主义。

---

① 列宁：《哲学笔记》，《列宁全集》第55卷第2版，北京：人民出版社，1990年，第37页。
② 同上书，第235页。
③ 同上书，第203页。

余　论

　　座谈会是实现学术争鸣的一次比较成功的尝试，是人文、社科领域难得的一次学术盛会。相对于之前和之后的"大批判"来说，这是一次比较自由平等的学术争鸣。会上发言者，不论资历、学识的深浅，也不论年龄、辈分的高低，在探讨学术真理时，都是平等的，讨论的内容都是学术问题，学术的氛围甚浓，没有出现压制或干预学术的态势。讨论的方式也是和风细雨、心态平静、以理服人的，没有出现"大批判"式的强词夺理、"乱扣帽子"的现象。只是有些先生仍疑虑犹存、心有余悸，未能完全敞开心扉，畅所欲言。那些立意观察、准备施展批评的少数几位先生们，在"双百方针"颁布的形势下，也还是留有余地的。所以，从总体上看，会上提问题，有回应；谈见解，许争议；遇诘难，允反驳。总体来讲，思想气氛相当活跃，真知灼见有所伸张。这是在特定机遇下的一次颇为难得的哲学交流，一次学术争鸣的良好开端。

　　1958年，《哲学研究》发表了关锋的《反对哲学史工作中的修正主义》一文，发出了清算座谈会上的"修正主义倾向"的信号，并且点名批判了冯友兰、贺麟等先生的观点。随即全国主要报刊便出现了一系列点名批判的文章和相关报道。

　　直到改革开放以后，特别是关于真理标准问题的讨论之后，学术界的局面才大为改观，激烈的政治运动和大批判基本结束。座谈会期间的那种平等、和谐、坦诚、愉悦的心境至今为人们所怀念。科学出版社于1957年出版了《中国哲学史问题讨论专辑》，汇集会上、会下的发言与

建设年代

论文，保存了这份原始的珍贵史料。2007年，北大哲学系召集了纪念座谈会50周年的学术研讨会。2012年，由北大哲学系55级同学发起，在上海再次举行了关于座谈会学术价值的研讨会，上海人民出版社出版了《守道1957——1957年中国哲学史座谈会实录与反思》一书，在编纂和重刊会议实录的同时，发掘了国际国内相关信息与报道，并且汇集了少数亲历者撰写的回忆文章，邀集学人撰写了回顾与反思的文稿。

座谈会召开已经过去六十多年了，一代学人守护哲学遗产、畅所欲言的场景还可唤起人们的记忆。座谈会在我国当代学术史上的重要价值和所包含的经验教训不会被历史的灰尘所淹没。

改革年代

改革开放的思想先声

——1978年真理标准问题讨论回眸

黄力之（中共上海市委党校哲学教研部教授）

1978年5月，中国的思想天空爆发出"真理标准大讨论"的惊雷，这声惊雷迅速扩散开来，不只是学术理论界积极介入，还牵动了最高领导层。最终，这场讨论不仅改变了中国的学术文化生态，而且成为改革开放的思想先声。1981年党的十一届六中全会通过的《关于建国以来党的若干历史问题的决议》对这场讨论予以历史性肯定。在回顾党的百年辉煌历史时，有必要重温这场讨论，以推动新时代全面深化改革的进行。

"思想僵化，迷信盛行"必须终结

1976年10月，党中央一举粉碎"四人帮"这个利用"文化大革命"祸国殃民的集团，全国人民奔走相告，拍手称快。但是，历史永远存在复杂性。"文化大革命"这个错误之所以能够发生，对国家造成不小的损害，林彪、"四人帮"两个反革命集团的破坏只是一个方面而非全部的原因，还有一个方面是，当时党内的思想路线、思想方法偏离了正确方向，历史上存在过的唯意志论、教条主义错误再度发生。1981年历史决议指出，当时存在"脱离现实生活的主观主义的思想和做法，由于把马克思、恩格斯、列宁、斯大林著作中的某些设想和论点加以误解或教条化，反而显得有'理论根据'"。实际上，"马克思、恩格斯、列宁、斯大林的科学著作是我们行动的指针，但是不可能给我国社会主义事业中的各种问题提供现成答案"。① 应该说，这里也包括对毛泽东的"某些设想和论点加以误解或教条化"，林彪散布的所谓"字字照办，句句照办"就很典型。

"四人帮"被粉碎了，但运行已久的教条主义错误依然保持着相当力度的惯性。1977 年 2 月 7 日，规格最高的主流媒体以《学好文件抓住纲》为题发表社论，首次在全国公开提出"两个凡是"——"凡是毛主席作出的决策，我们都坚决维护，凡是毛主席的指示，我们都始终不渝地遵循"。执行"两个凡是"，意味着必须维护当时中国的既定状态，不能进行任何变革。当时中国是一种什么样的既定状态呢？那就是，"四人帮"虽然一朝覆亡，但社会依然在"以阶级斗争为纲"的轨道上运行。与此同时，许多冤假错案迟迟得不到平反昭雪，也使得一些老一辈革命家不能顺利参加中央工作，甚至连悼念朱德、陈毅的文章也不能发表。

在文化教育问题上，由于存在所谓"两个估计"(即"文化大革命"前17 年教育战线是资产阶级专了无产阶级的政，知识分子大多数是资产阶级知识分子)，存在依托权力而产生的种种不容许更改的错误理论(如哲学只讲矛盾不讲统一的观点，经济学对"唯生产力论"的批判以及对利润的否定，历史学对清官作用的否定以及农民起义历史主线论，文艺学

---

① 《关于建国以来党的若干历史问题的决议》，北京：中共党史出版社，2013 年，第88—89 页。

　　　　　　　　　　　　　学术中的中国

的"文艺是阶级斗争的工具"论，等等），知识分子依然战战兢兢、小心谨慎，不敢越雷池一步，文化生产力受到严重束缚。

这种状况，其实毛泽东晚年已有自觉意识，主要表现在文艺问题上。1975年7月9日，邓小平传达了毛泽东同他谈话时对文艺工作的意见："样板戏太少，而且稍微有点差错就挨批，百花齐放都没有了。别人不能提意见，不好。""怕写文章，怕写戏。没有小说，没有诗歌。"7月14日，毛泽东就文艺问题谈话，对"缺少诗歌，缺少小说，缺少散文，缺少文艺评论"的状况不满，指示"党的文艺政策应该调整一下，一年、两年、三年，逐步逐步扩大文艺节目"，使文艺"一两年之内逐步活跃起来"。毛泽东还对电影《创业》批示："此片无大错，建议通过发行。不要求全责备。而且罪名有十条之多，太过分了，不利调整党的文艺政策。"① 显然，毛泽东已经部分意识到必须改变"文革"以来的一些错误做法。

"两个凡是"的本质就是维护"文革"的错误，试图一切照旧。但历史的辩证法总是引导变革，变化才是天下永远的不变，识时务者对该变化者应该大力促变，历史方可展开而不是闭合。2018年12月，习近平总书记在庆祝改革开放四十周年大会上指出："'文化大革命'十年内乱导致我国经济濒临崩溃的边缘，人民温饱都成问题，国家建设百业待兴。党内外强烈要求纠正'文化大革命'的错误，使党和国家从危难中重新奋起。邓小平同志指出：'如果现在再不实行改革，我们的现代化事业和社会主义事业就会被葬送。'"②

---

① 《建国以来毛泽东文稿》第13册，北京：中央文献出版社，1998年，第443、446、450页。

② 习近平：《在庆祝改革开放四十周年大会上的讲话》，《人民日报》2018年12月19日。

由哲学突围开始的中国学术复苏

顺应历史趋势，变革的波涛不断冲击着"两个凡是"的堤坝。最强大的第一波就是邓小平的复出。党内主持正义的老同志应和人民的呼声，使得邓小平1977年第三次复出于中国政坛，从此注定了中国的变革是不可阻挡的。

复出的邓小平意识到了当时中国的问题之所在：必须推倒"两个凡是"，才能走上新路。出于对党和国家命运的高度责任心，就在个人复出问题尚未完全解决时，邓小平不取委曲求全之策略，而是将矛头直指"两个凡是"，他尖锐指出："'两个凡是'不行。按照'两个凡是'，就说不通为我平反的问题，也说不通肯定一九七六年广大群众在天安门广场的活动'合乎情理'的问题。把毛泽东同志在这个问题上讲的移到另外的问题上，在这个地点讲的移到另外的地点，在这个时间讲的移到另外的时间，在这个条件下讲的移到另外的条件下，这样做，不行嘛！"①

邓小平进一步以子之矛，攻子之盾。犯教条主义错误的那些人不是搬出无产阶级的领袖吗？那就看领袖是如何说和做的。邓小平指出："彻底的唯物主义者，应该像毛泽东同志说的那样对待这个问题。马克思、恩格斯没有说过'凡是'，列宁、斯大林没有说过'凡是'，毛泽东同志自己也没有说过'凡是'。"②

尽管"两个凡是"的堤坝实际上已经破溃，但客观地说，当时这一

① 《邓小平文选》第2卷，北京：人民出版社，1993年，第38页。
② 同上书，第39页。

切只发生在上层，社会大众并不能获知此中之复杂信息。对大众来说，邓小平的复出只是一个流传的消息而已，人们无从体味其对思想僵化的"两个凡是"之强劲冲击。

无论如何，"四人帮"之被粉碎，邓小平的复出，本身就标志着"两个凡是"挡不住变革的冲击波。打破"两个凡是"对人们思想的禁锢，这是必然要发生的。实际上，从根本上认识"两个凡是"之错误，已经在内部如中共中央党校进行。1977年下半年，中共中央党校的内部刊物《理论动态》已经连续发文触及真理标准问题。

在此背景下，《理论动态》第60期发表了《实践是检验真理的唯一标准》一文，这篇文章是在南京大学教师胡福明稿件基础上形成的。1978年5月11日，《光明日报》以特约评论员的名义转发了这篇文章。胡福明后来回忆，他当时的选题思路是，中国已经处于重大历史关头，必须否定"两个凡是"，文章既要切中"两个凡是"的要害，又不能公开提"两个凡是"，这是一个难题。他说自己进一步考虑到，"两个凡是"的要害是：领袖的话天经地义地是真理，毋须实践检验；领袖的指示、讲话、批示、圈阅、同意的，都是绝对正确的。不仅领袖的话句句是真理，毋须实践的证明，而且还是证明的工具、真理的标准。"这就违反了马克思主义的认识论，违反了实践是认识的基础，实践是检验真理的标准的原理。因此，要从真理标准问题下手做文章。"[1]

文章从四个方面讨论了真理标准的检验问题，提出：理论与实践的统一是马克思主义的一个最基本的原则；革命导师是坚持用实践检验真

---

[1] 胡福明：《真理标准大讨论的序曲——谈实践标准一文的写作、修改和发表过程》，《开放时代》1996年第1、2期。

理的榜样；任何理论都要不断接受实践的检验；实践不仅是检验真理的标准，而且是唯一标准。

文章在结束时写道："'四人帮'及其资产阶级帮派体系已被摧毁，但是，'四人帮'加在人们身上的精神枷锁，还远没有完全粉碎。毛主席在第二次国内革命战争时期曾经批评过的'圣经上载了的才是对的'这种倾向依然存在。无论在理论上或实际工作中，'四人帮'都设置了不少禁锢人们思想的'禁区'，对于这些'禁区'，我们要敢于去触及，敢于去弄清是非。科学无禁区。凡有超越于实践并自奉为绝对的'禁区'的地方，就没有科学，就没有真正的马列主义、毛泽东思想，而只有蒙昧主义、唯心主义、文化专制主义。"

这篇文章提出任何理论都要不断接受实践的检验，破除了绝对真理论的禁锢。这样，对"两个凡是"的质疑，就从隐而不显的高层展现于世人面前。孰是孰非，一场思想决战就这样拉开帷幕。事后来看，这场讨论的规模和影响，在学术史上前所未有。据当时报道，1978年下半年，全国围绕真理标准问题召开的讨论会、座谈会共有70多场。另据不完全统计，截至1978年年底，中央和省级报刊登载的阐述实践是检验真理的唯一标准的文章共有650余篇，特别是从1978年7月至10月，文章数量逐月递增，基本上反映了讨论不断走向高潮的趋势。

围绕这篇文章发生的争论，实际上见于两个层面，一个是学术层面，一个是政治层面。后一层面的冲突要比前一层面的冲突更为激烈，反对者的基本观点是将这篇文章说成是"砍旗"而不是"举旗"，是要"修改马列主义、毛泽东思想"，"会引起思想混乱"。他们实质上就是要坚持"两个凡是"，要继续"文革"的错误思路。不过，真正摆在前台的是学术层面的讨论。对中国学术来说，真理标准的讨论标志着由哲学开始的学术复苏。

实践是检验真理的唯一标准这个重大命题的提出，是通过实际上的百家争鸣方式，澄清了理论上的许多模糊见解，能够以学术规范去回答反对、质疑的观点，借助于学术力量而不是政治权力去确立"实践是检验真理的唯一标准"的正确观点。

比如，关于实践标准与理论指导的关系问题，反对者认为，强调实践是检验真理的唯一标准，就是要否定理论特别是马克思主义、毛泽东思想的指导作用。对此，支持者据理力争地论证出，理论是实践的指南和实践是检验真理的标准，这两个问题虽有联系，但具有不同性，不能混淆。

如李秀林、丁叶来、郑杭生三人的文章就指出："革命理论的确具有巨大的指导作用，任何时候都不能忽视和削弱。但是它的指导作用——无论是方法作用、预见作用、解放作用、动员作用和识别作用，都不仅不排斥实践，恰恰是以实践为基础的。""那种把理论当作检验真理的标准，以此来代替实践标准或与之相并列的观点，是真理问题上的主观主义或二元论。持有这种观点的人，在理论上拿不出任何站得住脚的论据，在方法上则是'非此即彼'的形而上学。在他们看来，承认了实践是检验真理的唯一标准，就必然要抹杀革命理论的作用；强调了实践的权威，就是否定了理论的权威；为了肯定理论的权威性，就必须动摇以至推翻实践标准的唯一性，正如为了肯定主观的能动性就必须动摇以至推翻客观的第一性一样。这不正是在'要么这样，要么那样'的两极对立中思维的典型吗？这种观点看起来好像是很尊重理论，然而这种'过分'的

'尊重'，恰恰走向了自己的反面，使理论脱离了实践基础，丧失了生命力，从而也就否定了它的指导作用。由此可见，为了正确解决实践标准和理论指导的关系，必须破除形而上学，必须辩证地进行思考。"[1]

更可贵的是，一些自然科学学者也介入了这场讨论，他们以科学史的事实证明了"实践是检验真理的唯一标准"观点的正确性。如柳树滋和赵功民的文章《科学实验是一项独立的社会实践》，举了现代量子理论建立和发展的例子来说明这个道理。作者指出，19世纪末，在热辐射现象的研究中，科学家发现了绝对黑体辐射能量随频率而变化的曲线。由于运用古典物理学理论无法解释紫外光和红外光部分，于是德国物理学家普朗克于1900年引进量子假说，成功地解释了绝对黑体辐射的能量分布曲线。后来，实验证明，用古典的光是电磁波的理论的确无法解释光电效应，于是爱因斯坦提出了光的量子假说，并经康普顿的X射线散射实验得到证实，揭示出光具有波粒二象性。电子被发现以后，丹麦物理学家玻尔又把量子理论引入原子行星模式，建立了原子结构理论，但仍无法解释大量的实验事实。科学家们进一步探索，终于建立了能够反映微观粒子波粒二象性的普遍的量子力学理论体系，并经过克林顿·戴维森与雷斯特·革末1927年的电子衍射实验得到了证实，使量子力学建立在牢固的基础之上。

通过这个科学史事例，作者得出结论："量子理论的发展令人信服地证明：理论发展中每一次新的重大推动都是由新的实验事实所引起的，这些新的实验材料揭示了以前不知道的物质世界的属性和新的联系，暴

---

① 李秀林、丁叶来、郑杭生：《实践标准与理论指导》，《哲学研究》1978年第10期。

露了旧理论同新的实验事实的矛盾，迫使科学家重新审查已有的理论，对它作一分为二的分析，保存其合理的成分，抛弃或修改其不适用的成分。实验事实同科学理论的矛盾的不断产生，不断解决，就成为科学发展的动力，促使科学不断向前发展。"[1]

理论物理学家何祚庥也撰文指出，林彪、"四人帮"虽然倒台了，但是他们设置的禁区至今有些人还未认识到它的危害性，看不到它堵塞言路、破坏民主、窒息革命精神、扼杀民族生机的严重性。"科学是在同宗教或神学设置的种种禁区作斗争中而发展起来的。科学无禁区。如果承认禁区，就是承认有些事物科学不能接触，这不是宣扬不可知论、神秘主义吗？历史上的剥削阶级，为了维护神学、宗教教义或某一资本家集团的权益，往往设置禁区，这样就会发生尖锐的斗争。毛主席曾经说过，哥白尼关于太阳系的学说，达尔文的进化论，都曾经经历艰苦的斗争。历史的事实表明，科学最终总是要突破这些禁区。"[2]

由于自然科学本身就具有很强的客观性，再加上全国科学大会（1978 年 3 月）刚刚开过，来自科学界的意见特别重要，反对者几乎无法去反驳科学界的声音。

哲学是最高层面的学科，哲学命题是能够从抽象层面进入具体层面的。一旦在哲学上承认"实践是检验真理的唯一标准"，那就必然引发其他具体学科的深入思考，波及经济学、文艺学、史学等学科。

经济学方面，1978 年 7 月 4 日、5 日，中国社会科学院经济研究所、《经济研究》编辑部邀请北京地区部分经济理论工作者和经济工作者举

---

① 柳树滋、赵功民：《科学实验是一项独立的社会实践》，《光明日报》1978 年 8 月 10 日。
② 何祚庥：《科学无禁区》，《人民教育》1978 年第 11 期。

行座谈会，讨论实践是检验经济理论和经济政策的标准，如何认识和运用社会主义经济规律的问题。

著名经济学家孙冶方认为："检验经济理论、经济政策的标准，只能是人民群众的社会实践。凡是经过实践检验，有利于社会经济发展的经济理论、经济政策，就是正确的；否则就是错误的。实践的标准，是唯一的标准。只有经过实践，才能认识客观规律。经济规律也只有经过经济实践才能被认识。"

国家计委经济研究所黄振奇认为，实践如何检验某种经济理论、经济政策是否符合社会主义经济规律，具体应从四个方面来看。第一，是否有利于巩固社会主义制度和加快社会主义经济发展速度。第二，是否有利于人民群众生活水平的提高。第三，是否有利于正确处理集体利益和个人利益、长远利益和目前利益的关系。第四，归根到底是看这种理论和政策是否有利于促进社会生产力的发展。

中国农业科学院杨均指出，由于种植经验的积累和农业科技的发展，历史上逐步形成了以某种作物为主的种植区或作物布局。但是，由于一个时期以来过分强调粮食自给，使得一些棉区为种粮而压缩棉田，一些甘蔗种植区为种粮而赶甘蔗上山，有的山区砍果树种粮，有的地方填平菁塘种粮，结果造成某些工业原料短缺，也造成了人民需要的某些产品的短缺，这说明："实践是检验农村经济政策是否正确的唯一标准。那些不符合农村实际情况的政策，必然导致农业生产的破坏，必须坚决改正。我们必须坚持实事求是，一切从实际出发，理论与实践相结合这个马克思主义的根本观点和根本方法，使我们的农村经济政策正确或比较正确地反映客观经济规律的要求，有力地促进农业经济的迅速发展。"①

这些看法实际上已经涉及对长时期存在的"左"的经济政策的质疑和批评，而其立论基础就是"实践是检验真理的唯一标准"。

文艺学方面，著名作家茅盾专门撰写了《作家如何理解实践是检验真理的唯一标准》一文。这篇文章发表在《文艺报》，《人民日报》1978年12月5日转载。文章指出："广大的读者和观众的社会实践，要比你个人经历的，实在复杂得多，深刻得多，因而这次检验的权威性也是大得多。你应当根据他们的反应（批评或大体肯定而仍有不少疑问，或补充你的观点，或提出新的意见），对自己的作品再作一次认真的修改，务使作品所反映的现实更深化，有更高的典型性。"茅盾还强调指出，在实践是检验真理的唯一标准面前，不存在任何禁区，这样才能为文艺事业的发展提供无限有利的条件，要达到"百花齐放，百家争鸣"的境界，还是要靠实践、再实践。②

中国戏剧家协会组织讨论"实践是检验真理的唯一标准"问题，讨论中提出，文艺作品的社会作用，只有通过群众的实践检验，才能得到准确的判断。一个戏、一部电影、一篇小说的发表和公演，能够打动人心的，往往会引起整个社会的广泛议论，不仅票房价值高，而且能影响社会生活，产生政治力量；不受欢迎的就遭到抵制，没人购票，没有销路。这不是任何个人意志所能左右的。只有剧作者处处考虑到群众的根本利益，处处为群众着想，既重视在作品中反映群众的生活斗争实践、

---

① 以上发言内容见《实践是检验经济理论、经济政策的标准》，《经济研究》1978年第8期。

② 茅盾：《作家如何理解实践是检验真理的唯一标准》，《人民日报》1978年12月5日。

反映他们的意愿，又注意在作品写出来后，让群众来检验，听取他们的意见，作为创作实践的依据，精益求精，不断完善，作品才具有真正的生命力。①

当时还有一个重要案例，上海《文汇报》以迂回的策略参与真理标准讨论，1978 年 8 月 11 日该报发表短篇小说《伤痕》，轰动全国。小说正面反思了"文革"和极左思潮，而在当时语境下，"文革"是被肯定的，小说却将其作为一个伤痕揭开，不仅直接触及了"文革"本身，而且对文艺界的禁区（即暴露黑暗是不可以的，人性论是反动的，悲剧是违背革命乐观主义精神的）也发起冲击。可以说，这篇小说的发表既是对"实践是检验真理的唯一标准"讨论的变相参与，也是这场讨论的重要成果。

历史学方面，史学家韩儒林先生就史学界如何贯彻"实践是检验真理的唯一标准"提出了精辟的见解，他认为："历史科学的实践，就是用马克思主义的立场、观点和方法，去详细占有史料，对史料作综合和分析，从中引出科学的结论来。马克思主义的普遍真理不是各个历史问题的结论，它是革命导师在长期革命实践中总结出来的科学原理，因此是放之四海而皆准的。历史上遗留下来的史料是有阶级性的，必须用马列主义的基本观点，特别是历史唯物主义观点、阶级斗争观点、人民群众创造历史的观点，去驾驭它，'纯客观'地对待史料是不对的。但是马列主义的普遍真理也要接受实践的检验，通过实践丰富它、发展它。分析综合史料，从史料中得出历史的真实，寻求事物发展的规律，引出正确的结论，就是对马列主义唯物史观的丰富和发展。但是马克思主义经典

---

① 本刊记者：《戏剧也要受实践的检验》，《人民戏剧》1978 年第 11 期。

作家的某些言论、个别结论也不能说'句句是真理','一句顶一万句',因为他们不可能对每个国家、每个民族的历史都作过详细考察,即使对某些问题作了详细的考察,也可能随着科学的发展作出必要的修改。"①

史学界的学者还指出,为真正贯彻"实践是检验真理的唯一标准",还必须彻底冲破"四人帮"在史学领域制造的重重禁区。十年"文革"中,史学领域禁区林立,一些历史事件、历史人物、历史问题,只要"四人帮"定了结论,史学工作者就只能跟着他们的指挥棒转,不允许有任何不同意见。"四人帮"虽然被粉碎了,但他们的余毒尚存,史学领域里的禁区仍然大量存在,严重地束缚了史学工作者的手脚,不利于史学的重新繁荣。

因此,史学工作者在大讨论中特别提到了冲破禁区的问题。韩儒林就指出:"四人帮"设置的"禁区"不是从实践中产生的,因而经不起实践的检验。就拿历史上的"和亲"政策来说,"四人帮"不加具体分析,把"和亲"一律说成是"卖国主义"的。实际上,历史上的"和亲"政策可能出于三种考虑:一种是敌人兵临城下,被迫纳女求和,这是屈辱投降;第二种是少数民族为了提高本民族文明程度,主动向中原皇帝求亲;第三种是中原王朝的皇帝主动以宗室女嫁给少数民族首领,以利于民族关系的改善。因此,不能把"和亲"政策一概斥为"卖国投降"。

杜国林指出,对于历史研究来讲,坚持实践第一的观点,很重要的是要在史学领域恢复实事求是的权威,把被"四人帮"颠倒了的东西重新纠正过来。他在文章中写道:"我们研究历史时,需要马克思列宁主

---

① 韩儒林:《打破"禁区"解放史学》,《南京大学学报》(哲学社会科学版)1978年第4期。

义、毛泽东思想的指导，这是毫无疑义的。但是，一定要尊重历史的客观事实，实事求是。一定要把马克思列宁主义、毛泽东思想和当时的历史实际相结合，从当时的历史条件出发，具体分析和研究实际问题，这才是科学的态度。"[①]

顺着思想史的惯性，"实践是检验真理的唯一标准"大讨论之后，思想解放运动全面发生，并延续至20世纪80年代中期。中国的文化、中国的学术、中国的社会生活进入空前活跃的状态，构成了改革开放史上的一道亮丽风景线，中国的文化和学术既复苏了自己，也有力推动了改革开放的发展。

由真理标准讨论带来的学术复苏，主要表现在两个方面，那就是五四新文化运动的精髓，即民主和科学。"实践是检验真理的唯一标准"这个命题本身就包含了这两个要素：民主要素，即是说，让实践来验证真理，便意味着不是由权力来册封真理，无论是宗教的权力还是世俗的政治权力，如此，通过民主的辩论，人人都有权利来发表自己的看法，让不正确的看法在符合学术规范的民主辩论中自然退场；科学要素，即是说，由于任何学术命题都来自自然现象以及社会实践，学术研究是对其性质、规律性的认识，而自然现象和社会实践是不断变化、不断发展的，因而，学术理论的正确性，并不取决于对已有的结论即所谓"本本"的固守，只有从实际、实践出发，以科学的实证精神、理性精神、怀疑批判精神，去进行不断深入的研究，才可能推进对世界的真实认识。

社会主义民主和科学精神在学术研究中的复苏，最显著的表现就是

---

① 杜国林：《在史学领域必须恢复实事求是的权威》，《思想战线》1978年第6期。

"禁区"被突破，很多不能讨论的话题可以讨论了，很多固定僵死的结论被推翻了。例如，1979年第1、2期合刊的《贵阳师范学报》发表金观涛、刘青峰的文章《中国封建社会的结构：一个超稳定系统》（在这篇文章的基础上，湖南人民出版社1984年出版《兴盛与危机——中国封建社会的超稳定结构》），提出了"中国社会的超稳定结构"的概念，引起轰动。"超稳定结构论"影响之所以超大，一方面在于呼应了当时的需要——反省"文革"与中国封建社会传统之关系；另一方面在于抓住了从自然科学中发展起来的新方法论，人们相信，凡用科学方法论来加以讨论的问题，结论也是正确的。在今天看来，作者所提出的观点是可以讨论的，但毫无疑问的是，正是这种突破"禁区"的讨论，推进了人们对中国封建社会长期延续的原因之认识。

1979年，《上海文学》杂志第4期发表"本刊评论员"文章《为文艺正名——驳"文艺是阶级斗争的工具"说》，这篇文章在质疑"阶级斗争为纲"的政治前提下，对在中国文艺界长期流传的工具论这一"根本性"观念进行了反思，反对把文艺变成单纯的政治传声筒，希望在不离开文艺"审美特性"的前提下来谈论文艺的政治功用。文章反响热烈，包括《上海文学》在内的很多刊物组织了较大规模的讨论。尽管还是有人循着思维惯性支持"文艺是阶级斗争的工具"说，至多在"审美特性"诉求上稍有松动，但是，由于十一届三中全会以后党的文艺政策本身的大幅调整，"禁区"逐渐突破，"文艺是阶级斗争的工具"说实际上已经被实践抛弃。从20世纪70年代末开始，新人新作犹如井喷，以小说《班主任》《伤痕》《李顺大造屋》《人生》，戏剧《于无声处》，"朦胧诗"，电影《小花》《巴山夜雨》《被爱情遗忘的角落》《天云山传奇》等为代表，百花齐放的春天真正到来。这就是习近平总书记在 2014 年 10 月文艺工作座谈会上所说的"改革开放以来，我国文艺创作迎来了新的春天"之真实历史内涵。没有改革开放的思想解放运动，那就还会滞留在毛泽东所说的"怕写文章，怕写戏。没有小说，没有诗歌"的阶段。

由真理标准讨论带来的学术复苏，同样体现在马克思主义理论本身。比如，关于人道主义与人性论，很长时期只能以"资产阶级理论"而论之，只能批判，不能有任何肯定，哪怕是马克思说了也不行。在思想解放运动中，一些学者以马克思的原著为依据，对世界社会主义实践中的某些问题进行反思，突破"禁区"，论证马克思主义与人道主义的正面联系。尽管当时出现过理论上的曲折，但是，以实践为标准的精神还是为时代所接受，胡乔木 1984 年的重要文章《关于人道主义和异化问题》能够说明之。

胡乔木在文章中指出，人道主义"有两个方面的含义：一个是作为世界观和历史观；一个是作为伦理原则和道德规范。这两个方面有联系，又有区别"。文章表示只能接受作为伦理原则和道德规范的人道主义，而不能接受作为世界观和历史观的人道主义。

> 人类社会发展进程中，提出过许多伦理道德理想。资产阶级人道主义的伦理道德理想，是无产阶级的社会主义运动以前的时代里提出过的最高的伦理道德理想。然而，在资本主义制度下，这些伦理道德理想无法真正实现。尽管一些真诚的人道主义者个人可以在实践人道主义伦理原则方面表现出令人敬佩的品格，尽管在不触及资本主义根本制度的改良范围内资本主义社会也可以使这种原则的

某些要求得到一定程度的实现，但是从根本上说，资本主义的阶级剥削制度使人道主义的伦理原则在很大范围内只能流于空谈。

　　社会主义的人道主义，可不可以说就是马克思主义的人道主义？如果说，马克思主义的人道主义的含义，不是作为世界观和历史观，而只是作为从属于马克思主义世界观和历史观、从属于社会主义经济制度和政治制度的社会主义伦理道德原则，那么，使用马克思主义的人道主义的提法并无不可。①

应该说，"文化大革命"结束以后，胡乔木明确表示可以接受作为伦理原则和道德规范的人道主义，这是对之前多次错误地批判人道主义的做法的一次强有力的拨乱反正，奠定了改革开放时期党的"以人为本"理念的理论基础，也奠定了 21 世纪重新构建马克思主义道义合法性的基础。在此意义上，胡乔木提出"社会主义的人道主义""马克思主义的人道主义"，标志着 20 世纪 80 年代中国学术的伟大复苏。

真理标准问题讨论的本质："真正的马克思主义"之判断

　　真理标准问题讨论在政治层面的论争与冲突，不可能直接见之于当时的媒体，很多情况都是后来逐渐披露出来的。但是，决定这场讨论的走向及结局的，恰恰就在这个层面。

　　实事求是地说，尽管邓小平最早觉察到"两个凡是"的错误，最早进

---

① 胡乔木：《关于人道主义和异化问题》，《人民日报》1984 年 1 月 27 日。

行了批评，但就真理标准讨论这件事而言，他开始并不知情。《实践是检验真理的唯一标准》刚发表时，他并没有特别加以注意。后来听说争论厉害，才找来认真阅读，应该说，邓小平马上察觉到了这场讨论的实质，意识到了其重大意义，他支持这篇文章的观点和立场。

1978年12月13日，邓小平在中央工作会议上作了重要报告，这个报告被称为实际上是党的十一届三中全会的主题报告。他在报告中正面提到了真理标准讨论问题，说："目前进行的关于实践是检验真理的唯一标准问题的讨论，实际上也是要不要解放思想的争论。大家认为进行这个争论很有必要，意义很大。从争论的情况来看，越看越重要。一个党，一个国家，一个民族，如果一切从本本出发，思想僵化，迷信盛行，那它就不能前进，它的生机就停止了，就要亡党亡国。这是毛泽东同志在整风运动中反复讲过的。只有解放思想，坚持实事求是，一切从实际出发，理论联系实际，我们的社会主义现代化建设才能顺利进行，我们党的马列主义、毛泽东思想的理论也才能顺利发展。从这个意义上说，关于真理标准问题的争论，的确是个思想路线问题，是个政治问题，是个关系到党和国家的前途和命运的问题。"[①] 至此，关于真理标准问题的讨论基本上尘埃落定，"两个凡是"这一紧箍咒被摘除。

正如习近平总书记所说："'文化大革命'结束，'中国向何处去'又成为摆在中国人民面前头等重要的问题。邓小平同志以他的远见卓识、丰富政治经验、高超领导艺术，强调实事求是是毛泽东思想的精髓，旗帜鲜明反对'两个凡是'的错误观点，支持和领导开展真理标准问题的

---

① 《邓小平文选》第2卷，北京：人民出版社，1993年，第143页。

讨论,推动进行各方面的拨乱反正。"① 如果说,党的十一届三中全会是改革开放的历史起点,那么,1978 年真理标准的大讨论完全可以说是改革开放的思想先声。

真理标准大讨论是一场论战,对立的双方唇枪舌剑,几乎不共戴天。但是,套用毛泽东当年的说法,这不是延安(共产党)与西安(国民党)的斗争,而是共产主义运动内部的对抗,争论的焦点是:谁才是真正的马克思主义。邓小平最早看出这个问题的实质,他在了解到讨论情况以后,在 1978 年全军政治工作会议上指出,坚持"两个凡是"还是坚持"实践是检验真理的唯一标准","这个问题不是小问题,而是涉及怎么看待马列主义、毛泽东思想的问题"。

维护"两个凡是"的人们当然认为,他们维护领袖的至尊地位,就是坚持真正的马克思主义,谁动摇谁就是"砍旗";而坚持"实践是检验真理唯一标准"的一方认为,不分时间地点地固守领袖的某些观点并不是真正的马克思主义,真正的马克思主义应该是与时俱进的,这本来就是马克思主义领袖,包括毛泽东的一贯思想。因此,邓小平在全军政治工作会议上指出:"毛泽东同志告诫全党同志不应该把马克思主义的理论'看成是死的教条','把马克思列宁主义书本上的某些个别字句看作现成的灵丹圣药,似乎只要得了它,就可以不费气力地包医百病'。如果这样,'就阻碍了理论的发展,害了自己,也害了同志'。他指出:'真正的理论在世界上只有一种,就是从客观实际抽出来又在客观实际中得到了

---

① 习近平:《在纪念邓小平同志诞辰 110 周年座谈会上的讲话》,《人民日报》2014 年 8 月 21 日。

证明的理论'。"①

从思想史上看，"谁是真正的马克思主义者"的问题，发端于马克思本人——恩格斯至少在四个场合说过"马克思说过自己不是'马克思主义者'"这句话，对于马克思的这个说法，《马克思恩格斯全集》中文第一版在注释中的解释是："指马克思由于法国马克思主义者在反对可能派的机会主义倾向的斗争中犯了宗派主义和教条主义性质的错误而说出的一句讽刺的话。"②这一解释确认，是否"真正的马克思主义"这个问题，发生在信奉马克思主义的人们内部——当谁说出与马克思主义经典文本中存在差异性的话时，便会被指责为不是真正的马克思主义者。这个问题，既存在于世界的马克思主义思想史中，也存在于中国共产党的马克思主义思想史中。1978年真理标准讨论是其中的一个典型案例。中国共产党并非第一次遇到这个问题，前车可鉴。

中国的革命是因马克思主义的进入而发生的，毛泽东说过，俄国革命唤醒了中国人，中国人学得了一样新的东西，这就是马克思列宁主义，果然一学就灵。但是，在国际共产主义运动内部，中国共产党领导的革命在多大程度上算是"真正的马克思主义"呢？历史上，这个问题曾经引发争论。

新中国成立不久，应毛泽东之请求，斯大林派了马克思主义哲学家尤金（后来担任苏联驻华大使）来中国，帮助出版《毛泽东选集》俄文版。1958年，毛泽东对尤金说："为什么当时我请斯大林派一个学者来看我的文章？是不是我那样没有信心，连文章都要请你们来看？没有

---

① 《邓小平文选》第2卷，北京：人民出版社，1993年，第116—117页。

② 《马克思恩格斯全集》第21卷，北京：人民出版社，1965年，第719页。

学术中的中国

事情干吗？不是的，是请你们来中国看看，中国是真的马克思主义，还是半真半假的马克思主义。""你回去以后说了我们的好话。你对斯大林说的第一句话，就是'中国人是真正的马克思主义者'。但斯大林还是怀疑。"[1]

斯大林的怀疑由来已久。从 1920 年代末到 1930 年代初，共产国际以及中共的某些领导人，对毛泽东创建农村革命根据地的做法表示怀疑，因此当时流传着"山沟里出不了马克思主义"的说法。1960 年 12 月，毛泽东在一次谈话中就说："那时，给我戴的帽子就多了。说什么山上不出马列主义，他们城里才出马列主义。说实在的，我在山上搞了几年，比他们多了点在山上的经验。他们说我一贯右倾机会主义、狭隘经验主义、枪杆子主义等等。"[2]

可见，以毛泽东为代表的中国共产党人早就遭遇了"谁是真正的马克思主义"这个问题。以王明为代表的"左"倾教条主义者，认为毛泽东在一系列重要问题上背离了马克思主义的基本原理，而他们自己才是"真正的马克思主义"。

1934 年，由于"左"倾教条主义的错误领导，红军的第五次反"围剿"失败，中共在中央苏区遭受严重挫折，革命几乎陷入绝境。对这一场中国革命内部的"真正的马克思主义"问题之分歧，毛泽东后来揭示为，"我们老爷的'马克思主义与列宁主义'是不顾时间、地点与条件的"，"其特点是夸夸其谈，从心所欲，无的放矢，不顾实际"，"谁要是在时间、地点与条件上面提出问题，谁就是'机会主义'"，而他们却"只知

---

① 《毛泽东文集》第 7 卷，北京：人民出版社，1999 年，第 388 页。
② 《毛泽东年谱（1949—1976）》第 4 卷，北京：中央文献出版社，2013 年，第 504 页。

牛头不对马嘴地搬运马克思、列宁、斯大林，搬运共产国际，欺负我党与中国人民对于马克思主义的认识水平与对于中国革命实践的认识水平的暂时落后而加以剥削"。"我常觉得，马克思主义这种东西，是少了不行，多了也不行的。中国自从有那么一批专门贩卖马克思的先生们出现以来，把个共产党闹得乌烟瘴气，白区的共产党为之闹光，苏区与红军为之闹掉百分之九十以上……都是吃了马克思主义太多的亏。"① 毛泽东说这句话的深层含意是，谁是真正的马克思主义的问题，不是靠口头上把马克思主义言词说得多么响亮，而是看谁把马克思主义的事业推向前进，如果只是把马克思主义言词说得很响亮，而实际上却使革命事业屡遭挫折，甚至陷入生死存亡之境，这绝不可能是真正的马克思主义。

马克思主义话语与中国实际之间的关系问题，建党伊始便存在。早在 1921 年夏，中共一大刚刚开过，早期共产党人施存统在《新青年》杂志上发表《马克思底共产主义》一文。在论及中国问题时，文章对照马克思《哥达纲领批判》中的社会主义阶段理论，提出："我以为马克思主义全部理论，都是拿产业发达的国家底材料做根据的；所以他有些话，不能适用于产业幼稚的国家。但我以为我们研究一种学说一种（引注：此处"一种"疑为衍文），决不应当'囫囵吞枣''食古不化'，应当把那种主义那种学说底精髓取出。……所以如果在中国主张马克思主义，实在没有必要违背马克思主义底精髓，乃正是马克思主义精髓底应用。我们很知道，如果在中国实行马克思主义，在表面上或者要有与马克思所说的话冲突的地方；但这并不要紧，因为马克思主义本身，并不是一个死

---

① 转引自杨奎松：《革命：毛泽东与莫斯科的恩恩怨怨》，桂林：广西师范大学出版社，2012 年，第 43 页。

　　　　　　　　　　　　　学术中的中国

板板的模型。所以我们只要遵守马克思主义底根本原则就是了；至于枝叶政策，是不必拘泥的。"①

据此，施存统认为，在俄国和中国，存在"由资本主义进到社会主义的过渡时期"，这个时期"究竟要多少时日，我们固不能预定"。应该说，施存统的看法，客观上宣告了教条主义的马克思主义不是真正的马克思主义，预示了后来马克思主义中国化的必然性。

正是在知行合一的意义上，毛泽东在延安整风时期提出，要"研究马克思主义的思想方法论"，"要分清创造性的马克思主义和教条式的马克思主义"，"宣传创造性的马克思主义"。"我们反对主观主义……不是降低马克思主义。我们要使中国革命丰富的实际马克思主义化。""对于理论脱离实际的人，提议取消他的'理论家'的资格。只有用马克思主义观点来研究实际问题、能解决实际问题的，才算实际的理论家。……我认为空洞的理论是荒谬绝伦的理论。"②

毛泽东已经清楚地回答了这样一个问题：为什么马克思主义的言辞不是坚守就可以了。这是因为，马克思主义经典作家创立的全部文本，就其世界观、方法论、价值观来说，当然是具有稳定性和普遍意义的，但是，涉及不同国家、不同阶段的革命与建设，会发生文本与实际之间的差异现象。倘若字字句句照搬文本，极有可能误导。毛泽东据此批评"我们老爷的'马克思主义与列宁主义'是不顾时间、地点与条件的"，"其特点是夸夸其谈，从心所欲，无的放矢，不顾实际"，"谁要是在时间、地点与条件上面提出问题，谁就是'机会主义'"，而他们却"只知牛头

---

① 新青年社编辑部：《社会主义讨论集》，新青年社，1922年，第381—382页。

② 《毛泽东文集》第2卷，北京：人民出版社，1996年，第373—374页。

不对马嘴地搬运马克思、列宁、斯大林，搬运共产国际"，可谓一语中的。

正是在批判"左"倾教条主义的基础上，中国共产党人取得了马克思主义思想史上的伟大突破，于 1938 年 10 月提出"马克思主义中国化"。1945 年党的七大上，刘少奇在关于修改党章的报告中说，"由于中国社会、历史的发展有其极大的特殊性，以及中国的科学还不发达等条件，要使马克思主义系统地中国化，要使马克思主义从欧洲形式变为中国形式"；他还说，毛泽东"在理论上敢于进行大胆的创造，抛弃马克思主义理论中某些已经过时的、不适合于中国具体环境的个别原理和个别结论，而代之以适合于中国历史环境的新原理和新结论，所以他能成功地进行马克思主义中国化这件艰巨的事业"。[1]

抗日战争胜利前夕，毛泽东精准把握住了何为"真正的马克思主义"的真谛。他在党的七大上说："马克思主义者走路，走到哪个地方走不通就要转弯，因为那个地方走不过去。……真正的马克思主义是：当需要在乡村时，就在乡村；当需要转到城市时，就转到城市。"[2]毛泽东在这里使用了"真正的马克思主义"这个概念，标准是：从实际情况出发而找出正确的办法，才是真正的马克思主义。顺此逻辑，"马克思主义中国化"符合"真正的马克思主义"之内在要求。

在讲到何为"真正的马克思主义"这个问题时，毛泽东同时有一重要论断："我们要依靠老百姓，但总是吃小米，靠小米加步枪是不行的。不能设想，我们党永远没有大城市，没有工业，不掌握经济，没有正规军队，还能存在下去。马克思主义在中国不能解决这些问题，那马克思主

---

[1] 《刘少奇选集》上卷，北京：人民出版社，1981 年，第 335—337 页。

[2] 《毛泽东文集》第 3 卷，北京：人民出版社，1996 年，第 332 页。

义也就不灵了。其实，不能解决这些问题，就是因为没有采取马克思主义的立场、观点和方法，也就是没有马克思主义。所以，我们一定要解决这些问题。"①毛泽东在这里建立了一种循环的辩证关系：只要共产党运用马克思主义，就能解决一切问题；如果不能解决问题，表面上是马克思主义不灵了，实质上是没有运用"真正的马克思主义"来解决问题；只要运用从实际情况出发的"真正的马克思主义"，就一定能解决问题。

一个富于戏剧性的情节是，就在1978年学者们为真理标准问题展开轰轰烈烈的讨论之际，一件务实之事在静悄悄地进行。当时分管经济工作的国务院副总理谷牧率领一个考察团，于1978年5月2日至6月6日对西欧进行了访问。出行前，邓小平指示说，要"广泛接触，详细调查，深入研究问题……也看看他们的经济工作是怎么管的。资本主义国家先进的经验，好的经验，我们应当把它学回来"。②

在一个多月的时间里，考察团访问了西欧国家的80个不同的地点、场所。结束考察以后，谷牧向中央提交了《关于访问欧洲五国的情况报告》。谷牧说自己当时提出了一个"石破天惊"的结论："我们现在达到的经济技术水平，同发达的资本主义国家比较，差距还很大，大体上落后二十年，从按人口平均的生产水平讲，差距就更大。我们一定要迎头赶上，改变这种落后状况。"当年7月上旬，国务院召开有关部委负责干部参加的关于加速四化建设的务虚会，"我在会上报告了考察西欧的情况，敞开思想讲了我的意见。我说，我国要老老实实承认落后了，与世

---

① 《毛泽东文集》第3卷，北京：人民出版社，1996年，第396页。

② 中央文献研究室编：《回忆邓小平》上册，北京：中央文献出版社，1998年，第155—156页。

界先进水平拉开了很大的差距。我们怎么赶上国际先进水平，怎么搞现代化，怎么把速度搞快些？很重要的一条就是狠抓先进技术的引进、消化、吸收。……我强调，在发展对外经济关系上，必须解放思想，多想点子，开拓路子，绝不能自我封闭，自我禁锢，作茧自缚，贻误时机。……在务虚会后，党中央、国务院又多次进一步讨论，其成果凝聚到当年12月党的十一届三中全会作出的以经济建设为中心，实行改革开放，加速社会主义现代化进程的伟大战略决策之中"。[1]

1978年年底，邓小平总结出国考察的作用时说："最近我们的同志去国外看了看。看得越多，就越知道自己多么落后。"[2]1978年12月2日，邓小平对那些为他起草中央工作会议讲稿的人说，"基本的要点是，必须承认自己落后，我们的很多做法都不对头，需要加以改变"。[3]

对马克思主义者、社会主义者来说，通过对实际情况的了解，知道自己落后，承认自己很多做法都不对头，意味着什么呢？意味着要去反省自己对马克思主义、社会主义的理解和掌握。也就是毛泽东所尖锐指出的，不能解决问题，就是因为"没有采取马克思主义的立场、观点和方法"，也就是"没有马克思主义"。显然，这个"没有"不是着眼于文本，而是着眼于实践。有一些人尽管"专门贩卖马克思"，却把事业搞得一团糟，怎么能说是"真正的马克思主义"呢？在这个意义上，邓小平深化了真理标准问题的理论意义，他说："我们总结了几十年搞社会主义的

① 《〈谷牧回忆录〉选摘：第一次出国的三点突出印象》，《北京日报》2009年11月10日。
② 傅高义：《邓小平时代》，冯克利译，北京：生活·读书·新知三联书店，2013年，第220页。
③ 李向前、韩刚：《新发现邓小平与胡耀邦的三次谈话记录》，《百年潮》1999年第3期。

经验。社会主义是什么，马克思主义是什么，过去我们并没有完全搞清楚。"①就是说，自以为"真正的马克思主义"是不行的，一切要经受实践的检验。

如果说，1978年之前的"文革"状态以实践形式验证了"两个凡是"的错误，那么，改革开放以来所取得的成就则继续以实践形式验证中国特色社会主义道路的正确性。1984年10月，邓小平会见外国客人时指出："我们取得的成就，如果有一点经验的话，那就是这几年来重申了毛泽东同志提倡的实事求是的原则。中国革命的成功，是毛泽东同志把马克思列宁主义同中国的实际相结合，走自己的路。现在中国搞建设，也要把马克思列宁主义同中国的实际相结合，走自己的路。六年来（引注：指1978年党的十一届三中全会以来），中国农村就是根据这样的原则，走自己的路，取得成功的。最近通过的以城市为重点的改革的决定，也是把马克思列宁主义的基本原理同中国实际相结合，走自己的路。这是我们吃了苦头总结出来的经验。"②邓小平说此话时，还只有六年的成就去证实，时间显然还不够。现在四十多年过去了，中国奇迹般崛起，什么是发展社会主义的真理，谁是真正的马克思主义，都已经在实践中得到充分的证明。

---

① 《邓小平文选》第3卷，北京：人民出版社，1993年，第137页。
② 《邓小平年谱（1975—1997）》（下），北京：中央文献出版社，2004年，第1010页。

在实践中不断成熟的中国马克思主义法学

沈国明（上海交通大学凯原法学院讲席教授）

中国共产党成立至今的 100 年，是风云激荡的 100 年，是探索民族复兴之路的 100 年。经过长期的艰难探索，特别是经过对 1949 年之后在法治问题上所犯错误的深刻反思，吸取"文革"的深刻教训，在治国理政方式上，中国共产党选定了法治，坚持走中国特色社会主义法治道路。法学在中国特色社会主义法治道路形成的过程中，发挥了巨大作用，同时自身也得到了复兴和发展，形成了当代中国马克思主义法学，并进一步助推全面依法治国，开启了建设法治国家、法治政府、法治社会的新征程，全面向法治中国的目标迈进。

在这样一个历史节点，回顾历史、展望未来，有助于提高全面依法治国、走社会主义法治道路的自觉性，对于中国马克思主义法学的学科体系、学术体系和话语体系建设十分重要。

革命实践中产生了中国马克思主义法学

作为哲学社会科学的重要组成部分，法学是人们认识世界、改造世界的重要工具，是推动历史发展和社会进步的重要力量，反映了一个民族的思维能力、精神品格、文明素质，也是国家综合实力特别是软实力的重要组成部分。

20世纪初，中国知识分子曾经热切憧憬西方学术、思想、文化、制度与发展模式，可是，当中国人以西方为师时，资本主义的各种内在矛盾已经逐渐暴露，各国都有社会主义运动兴起，对资本主义开展了广泛而激烈的批判。马克思主义的普及和发展，不仅带来了一场普遍的思想解放运动，也带来了对传统法学的改造。中国传统法学向近代法学转型是在20世纪初。自春秋战国时期算起，中国封建法制延续了两千年。1840年鸦片战争后，中国面临"数千年未有之变局"，清朝统治者面临内忧外患的局面，危机深重。在经历了甲午战争惨败之后，先进知识分子纷纷主张通过变法，彻底改变中国被动挨打的局面。光绪皇帝被维新派说服后，颁布了一系列变法的诏令，推行"新政"，其中即包括法制改革。维新变法运动试图摆脱传统封建法制的模式，推动中国法制近代化。可是，由于顽固派的打压，这场自上而下的维新变法运动仅持续了103天便夭折了，转型并未成功。

为救亡图存，一些有识之士做了许多努力。其中，很重要的是翻译近代外国的法律与法学著作，从中吸取经验和营养，以期实现从封建法制向近代法制的转型。19世纪60年代成立的"京师同文馆"翻译了《公法会通》《公法便览》《公法千章》等外国法律和法学著作。[①]1860年，在《北京条约》签订的大背景下，国人开始认识到，在逐步融入世界的过程中，一定的国际法知识是十分必要的。同时，外国人也意识到中国需要

---

① 张晋藩：《中国法律的传统与近代转型》，北京：法律出版社，1997年，第359页。

国际法。由此，美国外交官惠顿所撰的《万国公法》经由美国传教士丁韪良翻译传入我国，并在 1864 年由京师同文馆刊行。[①]

20 世纪初，清廷翻译外国法律和法学著作的规模和数量大增，自 1904 年 4 月"修订法律馆"开馆以后，以沈家本和伍廷芳为首，在几年里翻译了十几个国家的几十种法律和法学著作。清廷还向国外派遣考察团和留学生学习当地的政治和法律，1905—1911 年派往欧美的留学生有 140 余人，派往日本留学的有 8000 余人，其中半数以上留学生学习法律、政治和军警一类的专业。[②] 当时，清廷还邀请国外的法学家来中国工作，直接把西方的法学知识带到中国。西方法律和法学著作进入中国，为中国近代法制的建立提供了参照系，也为中国提供了改造社会的基本工具，事实上也成为了介绍和引进马克思主义法学理论的过渡和中介。

陈望道翻译的《共产党宣言》产生了深远的影响。一批知识分子在追求西方模式和道路的幻想破灭之后，被马克思批判资本主义，建立无产阶级专政的理论深深吸引。他们中的先进分子在这个过程中，逐渐将马克思主义作为自己的信仰，成为马克思主义者。20 世纪初发生的新文化运动，是一次伟大的思想解放运动，为马克思主义在中国的传播开辟了道路。中国共产党早期领导人陈独秀、李大钊、蔡和森、瞿秋白等人，努力以马克思主义法律观为理论工具，考察近代中国社会及其法律现

---

① 徐中约：《中国进入国际大家庭：1858—1880 年间的外交》，屈文生译，北京：商务印书馆，2018 年。

② 沈国明、王立民主编：《二十世纪中国社会科学：法学卷》，上海：上海人民出版社，2005 年，第 5 页。

状，为马克思主义法学在中国的传播与发展打下了基础。[①]

陈独秀在《谈政治》一文中指出："若不经过阶级战争，若不经过劳动阶级占领权力阶级的时代，德谟克拉西（民主）必然永远是资产阶级的专有物，也就是资产阶级永远把持政权抵制劳动阶级的利器。"[②]"只有被压迫的生产的劳动阶级自己造成新的强力，自己站在国家地位，利用政治、法律等机关，把那压迫的资产阶级完全征服，然后才可望将财产私有，工银劳动制度废去，将过于不平等的经济状况废去。"[③]李大钊在《我的马克思主义观》一文中，首次阐明马克思主义法律观，他指出，经济现象决定法律现象，经济要件是人类历史上唯一的物质要件；而作为人类综合意志中最直接表示的法律只能受经济现象的影响，而不能决定经济现象。比如，资产阶级革命后，法国修改旧商法，废商人法主义而立商行为主义，20世纪初期英国严禁托拉斯法被宣告无效等，均证明了法律在经济现象面前的无能为力。中国共产党的早期领导人都表明了否定资产阶级法律的态度，指出了无产阶级专政的重要性。

法治，是中国人百年来的梦想。无数仁人志士一代接一代期盼中国摆脱积弱积贫的状态，寻求中国民主法治文明富强之路，跻身世界先进国家之列。对此，有主张移植西方民主法制的，有主张对中国复古或在传统礼法上加以革新改良的。事实上，中国是一个东方大国，与西方国家国情差异很大，移植西方制度的各种尝试都不成功。同时，面对内忧

---

① 公丕祥、龚廷泰主编：《马克思主义法律思想通史》第四卷，南京：南京师范大学出版社，2015年，第5页。

② 陈独秀：《独秀文存》第一卷，合肥：安徽人民出版社，1987年，第370页。

③ 同上书，第365页。

外患，旧制也不堪一击，已经风雨飘摇，完全没有得以维持的社会基础和条件。

随着 19 世纪末 20 世纪初马克思主义思想传入中国，马克思主义法学思想也随之得到传播。1931 年始，中国共产党将马克思主义法学理论作为新民主主义革命时期法制建设的指导思想，马克思主义法学的中国化进程得以进一步推进。这一时期，中国共产党的领导人尤其关注立法和司法工作。如董必武认为，立法工作很重要，新政权的建立，离不开法律、制度的创建。① 这一时期，中国共产党人孜孜以求、不懈努力，阐发真知灼见，在探寻建设未来新型国家与社会的道路过程中，分析和把握中国社会现状，将马克思主义的基本原理与中国革命的具体实际相结合，形成了毛泽东思想。以毛泽东为代表的中国共产党人，在长时间艰苦卓绝的武装斗争中，运用马克思主义法律观，在革命根据地进行政权建设，摒弃国民党制定的法统，并对其进行了严厉的批判，从中国新民主主义革命的实际出发建设革命法制，确立了一系列重要的法律原则和制度。

第二次国内革命战争时期，毛泽东主张建立工人与农民的民主专政，并建立与之相适应的苏维埃代表大会制度，以保障工人、农民、红军战士及广大劳动群众的民主自由权利。在土地法方面，他主张废除封建土地所有制，但反对没收一切土地的"左"倾错误，认为应以没收公共土地及地主阶级土地为限。与之相适应，毛泽东主张建立农民土地所有制。抗日战争时期，政府的组织形式是民主集中制，要求民主革命时期的工农民主专政和苏维埃代表大会制逐步过渡为各革命阶级联合专政和民主集

---

① 董必武：《董必武政治法律文集》，北京：法律出版社，1986 年。

中制。第二次国内革命战争时期、抗日战争时期、解放战争时期，党和各根据地政府颁布了大量法律、法令、训令、指示、条例、章程，以及各根据地立法和司法机关关于制定、执行和解释法律的报告、说明和工作总结。

随着革命斗争的深入，以及对国情认识的深化，中国共产党逐步更新和完善自己的理论，形成了符合中国革命特点的人民民主专政理论，初步形成了中国化的马克思主义法学理论，这代表了法律科学的发展方向。毛泽东的《新民主主义论》阐明了新民主主义革命的路线和纲领，提出了新民主主义革命的任务、政治纲领、经济纲领、文化纲领，使全党对革命的性质、内容、领导权和政权建设以及发展前途有了一个明确而完整地认识，推动了中国革命的胜利进程。

将苏联模式绝对化导致法治进程曲折

新中国不能接受和延续国民党建立的法制系统，中国共产党人根据革命战争年代的经验，认为中国社会主义法制不可能在旧法制的基础上建立，而必须运用革命的暴力手段打碎旧的国家机器，废除国民党反动政府的法统。于是，1949 年 2 月，中共中央发布《关于废除国民党的〈六法全书〉与确定解放区的司法原则的指示》，明确"法律和国家一样，只是保护一定统治阶级利益的工具"，"国民党全部法律只能是保护地主与买办官僚资产阶级反动统治的工具，是镇压与束缚广大人民群众的武器"。"国民党的六法全书应该废除。人民司法工作，不能再以国民党的六法全书为依据，而应该以人民的新法律作依据。在人民新的法律还没有系统地发布以前，应该以共产党的政策以及人民政府与人民解放军已发布的各种纲领、法律、条例、决议作依据。"

对待国民党旧法统的态度，表明了中国共产党建立新民主主义国家的鲜明立场，也宣告了新中国政权建设、法治发展的方向。所谓法治，就内涵而言，既要有良法，即所制定的规则须反映广大人民群众的利益和意志，体现民主性和科学性，使全社会的行为均有规则可依，又要使法律等规则得到贯彻实施。行政机关既要服务经济社会发展，又要做到全面依法履行职责，加强对经济社会的监督管理；所有纠纷均应在法治框架下解决，实现公正司法、提升司法公信力；法的制定与实施应当公开透明，使人们的行为具有可预期性，减少社会矛盾和交易成本；无论是公权力机关还是广大人民群众，都应知法、尊法、守法。然而，新中国成立之初，中国共产党作为执政党，国家治理所面对矛盾的复杂性和综合性大大增加，根据地政权建设和社会治理的经验相对有限，因此，在强调制定"人民新的法律"的同时，沿袭并倚重群众运动是很自然的。

新中国是在打碎国民党旧法统基础上开始法制建设的。在新中国成立初期尚来不及制定宪法以及进行系统的立法，当时法制建设的目标是"有法可依，有法必依，执法必严"。为实现"有法可依"，新中国进行了很多探索。1949年9月29日制定的《中国人民政治协商会议共同纲领》，承担起了临时宪法的角色，一俟条件成熟，则需着手制定宪法。1952年11月，中共中央作出决定，立即着手准备召开全国人民代表大会，制定宪法。党中央对宪法的制定高度重视，为起草宪法确定的基本方针是"以事实为根据，不能凭空臆造"。[1] 于是，毛泽东亲自挂帅，在认真调查

---

[1] 中共中央文献研究室编：《毛泽东传》上，北京：中央文献出版社，2004年，第320页。

研究的基础上，结合国情，汲取各国经验，并发动全民讨论，于1954年制定了新中国第一部宪法。这部宪法虽然也受苏联影响，但是总体上与中国国情相符，所以20多年后重新修订的1982年宪法，仍沿用了1954年宪法的很多内容。

除了宪法之外，所有其他的法律也都要制定。在立法思路上，与当时"一边倒"的外交政策相适应，法学领域系统地向苏联学习，基本上按照苏联模式建设马克思主义法学。在法律思想上，当时采纳的是以维辛斯基为代表的苏联法学家提出的关于法律的基本概念和理论以及研究范式，强调法律是统治阶级的意志，由国家强制力保证其实施。这个观点已经被当时的苏联法学界放弃，但持续影响了我国法学界很长时间。不仅在法律思想层面，在宪法、土地法、婚姻法、刑法等实体法律制度层面，我国也深受苏联影响。

在法学教育上，新中国对旧大学的法律系科进行了调整，创办了几所政法院系。1953年教育部推出统一的法学课程，规定法学院系开设的课程是：苏联国家与法权史、苏联国家法、苏联刑法、土地法与集体农庄法、人民民主国家法、中国与苏联法院组织法、中国与苏联民事诉讼法、中国与苏联劳动法、中国与苏联行政法、中国与苏联财政法。新中国的整套教材和课程设计均照搬苏联的模式，甚至大学、研究所、教研室的设置和教学计划、授课方式，也采取苏联模式。除了聘请苏联法学专家传授苏联法学之外，新中国还向苏联派遣法律专业的留学生，翻译出版了一批苏联法学教材，到1956年，翻译出版的苏联法学教材达115种。[①]

① 沈国明、王立民主编：《二十世纪中国社会科学：法学卷》，上海：上海人民出版社，2005年，第39页。

学习和引进苏联的法学对中国产生了深远的影响，我国按照苏联的模板，建立起了行政系统、司法系统、检察监察系统。在法学方面，形成了与《联共（布）党史》精神相一致、有浓重斯大林色彩的法学理论，这套理论与当时国家的主要任务有一定契合度。但是，这套理论的缺陷也很明显：由于过于强调法是统治阶级的意志，过于强调法的专政功能，使法律成为在党内和人民中间开展阶级斗争的重要工具；由于对价值规律、商品经济的认识不切合实际，在法律上根本否定私法的存在，更不用说私法对于调整各种财产关系的作用，这严重影响新中国成立初期社会主义初级阶段的经济发展；由于与客观现实脱节，也较少顾及传统历史文化对法律实施的影响，法律的功能和作用很大程度上被扭曲，一些规范未能实施到位。一方面，过于强调苏联法学的模板和榜样作用；另一方面，以美国为首的主要资本主义国家对我国持敌对态度，实行外交封锁，使得新中国对外交往相对较少，没有其他国家的经验和法律制度可借鉴。这种状况导致我们自觉不自觉地受到苏联理论和学说的禁锢，在法治建设上出现了偏差。

1956 年党的八大提出："国内主要矛盾已经不再是工人阶级和资产阶级的矛盾，而是人民对于经济文化迅速发展的需要同当前经济文化不能满足人民需要的状况之间的矛盾。"因此，党的八大着重提出了要发扬党内民主、人民民主和加强法制的任务。加上当时又有"百花齐放，百家争鸣"方针的提出，这也激发了法学界理论研究的热情。法学界围绕法的阶级性、继承性、法律面前人人平等、人治与法治、政策与法律关系等问题，以及关于"无罪推定""罪刑相称""反革命罪"认定等问题，展开了热烈讨论，刑事诉讼法学、民法学、婚姻法学、劳动法学等学科也有很

　　　　　　　　　　　　　学术中的中国

多探讨，学术争鸣的气氛浓郁。照此种态势发展，中国马克思主义法学的理论化、系统化进程应该会有较大进展，"有法可依"的局面也可能很快到来。

但是，历史从来不是直线发展的，我国法治发展的进程经历了曲折与反复。党的八大以后不久，1957年反右运动兴起并被扩大化，学术争论被作为政治问题，百家争鸣中出现的许多正确意见和观点，如法的继承性、犯罪构成、无罪推定等观点，被当成右派言论而受到批判，甚至1954年宪法规定的"法律面前人人平等""人民法院独立审判"等成了法学研究的禁区。这样的批判伤害了不少专家学者，法学界陷入沉寂。一些重要法典的制定工作陷入停顿，"有法可依"的目标尚未实现，仅有的一些法律也被置于一边，处于弃用状态。政法部门受到冲击，法制工作走下坡路，群众运动型的治理模式成为社会治理的常态，社会陷入了非法理型状态。虽然1960年中央试图纠正"左"倾错误，但是，1962年党的八届十中全会强调"千万不要忘记阶级斗争"，紧接着1964年开展"四清"运动，使"左"倾错误未能及时得到纠正。当时的学术界已经很少争鸣，这种状况实际上为"文革"准备和积累了社会条件。1966年"文革"爆发，"文革"期间，法学作为与政治关系很紧密的专业，首当其冲，遭受了沉重打击，不少法律院系被撤销，如北京政法学院、西南政法学院、华东政法学院等。"文革"期间的法学教育基本中断，只有北大、吉大等还保留有法律系。① 因此，大批法学专业人员离开原来的专业，有的转行，有的到工厂企业从事一线生产。中国法治发展的道路经历了曲折。

---

① 徐显明等：《改革开放四十年的中国法学教育》，《中国法律评论》2018年第3期。

在"左"倾错误逐渐发展的过程中,当时中国也有很先进的法学思想提出。其中,董必武法治思想是很典型的。董必武是我国法制建设的先驱者和重要奠基人。他根据马克思主义关于国家和法的学说,结合我国法制建设的具体实践,提出了许多独创性的见解。他提倡"依法办事",指出国家应当由搞运动向按法律办事的方向进行转变。[①] 他提出,在国家的属性上,必须挑明人民民主专政中各阶级之间的相互关系,即中国新民主主义政权的本质是工人阶级领导的、以工农联盟为基础的四个阶级的联盟。在国家政体上,应采取以民主集中制为原则的人民代表大会制,而不能是西方资产阶级的三权分立制。因为只有人民代表大会才真正代表无产阶级与广大劳动人民的意志和利益,才能符合社会主义的要求。在司法领域,他提出了"有法必依"这一重要的法律命题。他指出:"凡属已有明文规定的,必须确切地执行,按照规定办事;尤其是一切司法机关,更应该严格地遵守,不许有任何违反。坚决反对一切随便不按规定办事的违法行为。对于那些故意违反规定的人,不管他现在地位多高,过去功劳多大,必须一律追究法律责任。对于那些不知道法律的人,不仅要教育他懂法律,还要教育他遵守法律。依法办事就是清除不重视和不遵守国家法制现象的主要方法之一。"[②] 董必武法治思想与党的八大确定的路线、方针高度一致,可惜没有成为当时的法制领域的主导思想。

---

① 《遵从马列无不胜　深信前途会伐柯　追忆中国法治建设先驱者和奠基人董必武》,《法治日报》2021 年 4 月 30 日。

② 华友根、倪正茂:《中国近代法律思想史》下,上海:上海社会科学院出版社,1993 年,第 311—316 页。

"文革"对社会各领域都造成了许多影响,对法学领域影响尤甚,在这期间,几乎没有留下有价值的法学和法律文献,法学专业本科与研究生停止招生,法学研究机构停止工作,法学会停止活动,法学书籍停止出版,一些有成就的法学专家被打成"反动学术权威""走资派",中青年法学工作者专业荒疏,许多书籍资料流失。①

思想解放与中国马克思主义法学的逐步成型

1976 年党中央一举粉碎"四人帮",结束了长达 10 年的"文革",法治建设迎来了希望。1978 年 5 月 1 日,《光明日报》发表特约评论员的文章《实践是检验真理的唯一标准》,由此展开了一场关于"真理标准问题"的大讨论,这场讨论冲破了"两个凡是"的思想禁锢,打碎了思想僵化、教条主义的枷锁,推动了全国性的思想解放运动,整个哲学社会科学界呈现出蓬勃发展的势头。"真理标准问题"的讨论成为改革开放历程的先导,为新时期法治建设奠定了思想基础,有力地推动了法学的恢复和重建。

1978 年,党的十一届三中全会召开,标志着我们党和国家进入了一个崭新的历史时期。在解放思想、实事求是思想路线的指引下,党的十一届三中全会确定了以经济建设为中心的基本路线,提出发扬社会主义民主,加强社会主义法制的任务,法学得以恢复和重建,进入了繁荣和发展的时期。各地的政法院系迅速恢复和发展,法学研究研究机构也逐

---

① 沈国明、王立民主编:《二十世纪中国社会科学:法学卷》,上海:上海人民出版社,2005 年,第 48 页。

步建立和健全，大批法学专业人员陆续归队，法学研究的力量显著增强。因为一批有着执着追求的法学工作者，在法治发展受挫的 20 多年里，耐得住寂寞，潜心治学，使法学恢复重建时，仍保持了一定的学术水准。

20 世纪 50 年代，我国法学采用苏联模式，同时，由于西方主要资本主义国家对我国实行封锁和打压，这双重因素使得我们对西方的法律制度和法学采取抵制和批判的态度。国家实行改革开放以后，在经济上与西方国家交往日益密切，而且，整个国际大环境与此前也不相同，国家间交往趋于正常，法律交流成为现实需要，中外法学工作者交往大大增多，法学界为介绍西方现代法律制度和法学状况做了很多努力。20 世纪 70 年代末，中国社会科学院法学所创办《法学译丛》，介绍了很多国外法学知识。20 世纪 80 年代初，上海社会科学院法学研究所编译出版了《国外法学知识译丛》（12 册）、《各国宪政制度和民商法要览》（4 卷），系统介绍了主要资本主义国家的法律制度，这些都为法学研究和教学提供了参照系，在思想解放、拓宽国人视野方面发挥了积极作用。1982 年，中国法学会重建，学术活动日益增多，通过解放思想，有利于法学工作者进行探索和研究的环境逐渐形成，对法的本质属性、民主与法治、法律与政策、法律的继承性、法律面前人人平等等问题进行的持续讨论，极大地推动了法学的繁荣和发展。

中国共产党人在实践中不断汲取经验教训，特别是汲取"文革"期间的教训，40 多年来，不断丰富法治理论、法治思想和法治体系，取得了巨大的成就。民主法治建设的进步常常是以法律思想和法学理论的发展、进步和突破为先导的。改革开放以来，很多马克思主义和非马克思主义的法学著作翻译出版，法律思想纷呈，我国法学界以建设中国特色

　　　　　　　　　　　　　　学术中的中国

社会主义法治体系为目标，对各种思想和学说认真研判，通过消化、吸收、扬弃，丰富了中国马克思主义法学。中国马克思主义法学理论日渐成熟，佳作迭出，对法治建设实践起到指导作用，也武装了广大法学工作者，教育影响了青年人。

在法学恢复和重建阶段，邓小平对一些关键性的问题有很多精辟的论述。1980年，邓小平在回答意大利记者法拉奇的问题"如何避免'文化大革命'那样的错误"时说："这要从制度方面解决问题。""要认真建立社会主义民主制度和社会主义法制。只有这样，才能解决问题。"他在《党和国家领导制度的改革》讲话中指出："制度好可以使坏人无法任意横行，制度不好可以使好人无法充分做好事，甚至会走向反面。""不是说个人没有责任，而是说领导制度、组织制度问题更带有根本性、全局性、稳定性和长期性。""还是要靠法制，搞法制靠得住些。""必须使民主制度化、法律化，使这种制度和法律不因领导人的改变而改变，不因领导人的看法和注意力的改变而改变。"这些重要论述闪耀着光辉的法治思想，从国家治理的高度阐明了法治的重要性和作用，表达了我们党作为执政党实施法治的决心。1986年，邓小平提出了关于社会主义现代化建设和法制相互关系的著名论断："搞四个现代化一定要有两手，只有一手是不行的。所谓两手，即一手抓建设，一手抓法制。"针对长期存在的特权思想和现象，邓小平指出："克服特权现象，要解决思想问题，也要解决制度问题。公民在法律和制度面前人人平等，党员在党章和党纪面前人人平等。人人有依法规定的平等权利和义务，谁也不能占便宜，谁也不能犯法，任何人犯了法都不能逍遥法外。"为提高全社会法治观念，邓小平指出："加强法制重要的是进行教育，根本问题是教育人。"在邓小平理论指引下，我国的立法进程加快，到 20 世纪 90 年代，社会主义法律体系已基本形成，执法、司法方面也有了很大进步，法律已经成为经济社会运行的重要规则，走进了人们日常生活。

20 世纪 90 年代，法律体系明确以社会主义市场经济为导向，促进了法治的进一步发展。20 世纪 90 年代初，中国国内政治环境不稳定，国际风云变幻，改革开放和社会主义现代化建设事业面临严峻考验。在这样的重大历史关头，1992 年邓小平的南方谈话坚持十一届三中全会以来的理论和路线，明确改革的目标是为建设社会主义市场经济服务，深刻回答了长期束缚人们思想的许多重大认识问题。这是把改革开放和社会主义现代化建设事业推进到新阶段的又一次思想解放运动。

明确以建设社会主义市场经济为改革的目标，就是摒弃"计划就是法律"的理念，尊重经济自身发展规律。法律成为国家对市场经济实行宏观调控的基本杠杆，也是规范和调控微观经济行为的基本工具。为此，法学界加快了观念改革和理论更新的步伐，不再着眼于对以计划经济为价值取向的法律体系进行"小修小补"，而是以确立社会主义市场经济体制为目标开始重构法律体系，期望制定与市场经济体制相适应的法律体系，为社会设定正常运行的基本规则，让各种社会主体在法律的范围内充分享有自主权，最大限度地发挥积极性、发展生产力。

改革开放以来，法学界解放思想，以理论研究的形式参与到国家经济社会建设和发展的各个领域，在制度供给和制度建设方面，积极回应国家发展需要。比如，在推进改革、激发市场主体活力层面，实现所有权与经营权、所有权与使用权分离；在培育土地、劳动力、技术、资本、信息等要素市场方面，充分发挥市场在配置资源中的决定性作用；在促

学术中的中国

进依法执政、依法行政、严格执法、公正司法等方面，提供了有很强可执行性的依据和破解难题的思路、方案、政策和法律。

1997年，党的十五大提出了"依法治国，建设社会主义法治国家"的治国方略，明确依法治国就是"广大人民群众在党的领导下，依照宪法和法律规定，通过各种途径和形式管理国家事务，管理经济文化事业，管理社会事务，保证国家各项工作都依法进行，逐步实现社会主义民主的制度化、规范化、程序化，使这种制度和法律不以领导人的改变而改变，不因领导人的看法和注意力的改变而改变"。在立法领域，党的十五大提出了到2010年建成中国特色社会主义法律体系的明确目标。此后，便抓紧开展立法工作，经过十余年的努力，按照时间节点，至2010年，中国特色社会主义法律体系如期形成，其标志是宪法及相关法、民商法、行政法、经济法、社会法、刑法、诉讼与非诉讼程序法这7个法律部门的支架型法律都已齐全，"无法可依"的局面终结。

由于改革发展中遇到的新问题很多，而且我国经济社会发展很快，不断涌现新的立法需求，已经制定的法律生命周期也相对较短。破解发展中的难题，加快立法进度，满足社会对法律的需求，都需要解放思想，创新工作方法。于是，有了将同类问题以作出"决定"的方式予以"打包"解决的做法，也有通过"立法解释"快速处理的方法等，这可以说是国家在立法层面进行的制度供给侧改革。

进一步解放思想，推动了新时代法治体系建设与发展

党的十五大首次把依法治国确立为党领导人民治理国家的基本方

略,是国家治理的一场深刻革命,是社会主义现代化建设的有力保障。此后,党的十八大把法治确定为治国理政的基本方式,一些过去普遍感到棘手的问题由此得到了解决。其中,重要经验是重视法治,创新治理方式和手段。比如,腐败曾经在一个阶段蔓延,似乎到了积重难返的地步。党的十八大以后,中央创新反腐的方式方法,采取一系列有效措施,改变了过去有制度但得不到有效执行的状况,反腐取得了预期效果,受到广泛好评,党风和社会风气随之好转。又如,目前正在开展的政法系统教育整顿,也是采用新方法,其中学习和倒查问题的做法很有成效。

进入新时代,法治建设要完成法治改革与建设的目标,必须坚持解放思想。目前,相对容易改革的都已经成功,需要改革的都是难啃的"硬骨头""老大难"问题。进行改革,一定是既有的规则或办法失灵了,需要建立新的规则或者寻找新的办法,也就是说,改革是经济社会对法学和法治提出了新的需求。要解决这些问题,不解放思想,没有创新性的思维和办法是不行的。

2014年,党的十八届四中全会通过了《中共中央关于全面推进依法治国若干重大问题的决定》(以下简称《决定》),确认了"法治中国"的概念,强调依法治国、依法执政、依法行政共同推进,法治国家、法治政府、法治社会一体建设。《决定》提出了包括完备的法治规范体系、高效的法治实施体系、严密的法治监督体系、有力的法治保障体系、完善的党内法规体系在内的"法治体系"。并且,明确提出了近190项具体改革事项和工作任务。与此同时,《决定》指出,要将法律变得与平常百姓生活更加贴近,使全社会普遍尊重法律,并日益理解法治的价值;遵守法律,充分尊重他人权利;用好法律,尽力维护个人权益和公共利益,让法律成为在生活中想得到、用得上、离不开的基本规范。

立法是一种创造性思维活动，面对经济社会发展、改革开放提出的新问题，为解决改革与法律规范供给之间的矛盾，全国人大常委会以作出相关"决定"的创新之举，即在规定改革事项与范围内允许突破某些法律。① 这种方法辩证地而不是形而上学地看待法律的稳定性，与时俱进地而不是僵化地看待法律本身，既满足了改革之需，也符合经济社会发展规律和法律发展规律。

在新时代，法治要能够适应经济社会发展的需要，仍需要解放思想。2017 年，党的十九大报告提出党在新时代坚持和发展中国特色社会主义的十四个基本方略。其中，"坚持全面依法治国"既是基本方略之一，又是实施其他十三个基本方略的支撑和保障。2020 年 5 月《中华人民共和国民法典》颁布，标志着我国的立法进入了法典化阶段。目前，法律体系的价值取向是与市场经济相适应的，但是，很多具体规定又未必符合市场经济的要求，需要改革，因此，实践中势必面对守法与改革这对矛盾，既要维护法治权威，也不能在改革上懈怠。习近平总书记提出"在法律的框架下改革"的要求，为破解这对矛盾指明了方向。改革初期，往往是"先野蛮生长，然后再加以规范"，一是因为当时法律不健全，很多时候无法可依；二是因为改革方向和路径不清晰，需要在实践中探索；三是利益格局没有现在这么复杂，全社会法治意识也普遍不强。现在这些情况发生了根本改变，"在法律的框架下改革"，是经济发展、利益调

---

① 2013 年 8 月 30 日全国人大常委会通过《关于授权国务院在中国（上海）自由贸易试验区暂时调整有关法律规定的行政审批的决定》，是在法律的框架内改革的经典案例。

整和社会稳定的现实需要，而且在主客观两方面都具备了一定的社会条件——中国特色社会主义法治体系已经形成，全社会法治意识普遍增强。我们有理由相信，更多的改革会在法律的框架下进行，法律也会在改革的实践中进一步完善。

习近平法治思想的提出，集中体现了我们党在法治领域的理论创新、制度创新、实践创新。习近平法治思想是中国特色社会主义法治实践的科学总结，也是全面依法治国的根本遵循和行动指南。习近平法治思想包含了一系列新理念、新思想、新战略，阐明了法治的基本原理、中国特色社会主义法治基本理论、全面依法治国等基本观点，明确了全面依法治国的政治方向、重要地位、工作布局、重大任务、重大关系、重要保障。从事法学研究，必须认真学习贯彻习近平法治思想，深入社会实际，坚持理论与实践相结合，坚持问题导向，服务实践。

习近平法治思想强调坚持党对全面依法治国的领导；坚持以人民为中心；坚持中国特色社会主义法治道路；坚持依宪治国、依宪执政；坚持在法治轨道上推进国家治理体系和治理能力现代化；坚持建设中国特色社会主义法治体系；坚持依法治国、依法执政、依法行政共同推进，法治国家、法治政府、法治社会一体建设；坚持全面推进科学立法、严格执法、公正司法、全民守法；坚持统筹推进国内法治和涉外法治；坚持建设德才兼备的高素质法治工作队伍；坚持抓住领导干部这个"关键少数"。习近平法治思想是我国法治建设的指南，将进一步深入推进法学理论建设和发展，推动法学着眼现实、服务国家发展，直接为经济社会发展提供理论支撑和制度依据，并将进一步加快中国特色社会主义法治体系建设的步伐。

梳理建党百年中国马克思主义法学发展的历史脉络可以看到，法学研究新的历史时期正在到来。主要表现有三：首先，习近平法治思想的提出，说明中国化的马克思主义法学已经理论化、系统化、体系化，形成了学科体系。其次，各部门法的相关理论引领和支撑了经济社会改革与发展的各项政策、举措以及相关法律制度。最后，法学在国际交往中，由过去的"仰视对方"进步到"平视对方"，从"单向学习"，进步到"双向交流"，不再是单纯引进国外学说，也有中国经验可以分享。

当然，在看到成绩的同时，也要看到法治建设中的短板，尤其在法治的新兴领域和涉外领域，法学界需要花大力气加强研究，应对现实的挑战，满足实践的需求。传统法治领域也需要与时俱进，增强创新思维，用新思想、新理念完善既有法律制度和各项规则，在实践中丰富和完善法学理论。在纷繁复杂的国际形势下，为推动经济与社会持续稳定发展，法学界应进一步以科学的态度实事求是地总结历史经验，研究评价国外法学成果，借鉴和吸收各种积极因素，在实践中繁荣和发展中国马克思主义法学，并以此为指导，健全和完善中国特色社会主义法治体系，进而实现法治中国的目标。

生命历程、问题意识与学术实践

——以知青一代社会学家为例

高玉炜（南京大学社会学系博士生）

周晓虹（南京大学人文社会科学资深教授，教育部"长江学者"特聘教授）

在近代以来中国人文社会科学发展的百年历程中，社会学学科的发展与中国现代化道路一样，既充满生机，又命运多舛。一方面，中国社会学的萌生本身就是这个文明古国走向现代化的表征之一，在1949年前和1979年后，这一学科都因急速的社会变迁获得了勃兴的动力；另一方面，正是因为这一学科天生的激进与保守的双重性质，社会学在1949年前不被看好，1949年后同样不受待见。在1949年革命胜利后的近30年间，原本总体上与中国革命勠力同心的社会学，① 便因"这一学科的固有

---

① 社会学及社会学家与中国革命的亲缘关系，不仅表现在1923年秋，在国共合作基础上建立起来的上海大学就设立了社会学系，并由共产党人瞿秋白担任首任系主任，其后的第二、三任系主任也分别是中国共产党的早期领导人施存统、彭述之，并以学习马克思主义的基本理论为主，着力于劳动问题、农民问题、妇女问题的研究；而且表现在20世纪40年代末共产党与国民党的冲突中，如费孝通对叶启政所说，社会学家们在政治立场上大抵还都"同情共产党"，甚至毫不犹豫地站在前者一边，以至于1949年初最早去西柏坡会见毛泽东等中共五大书记、参与新政协筹备的四位北平知识界代表中，有三位就是社会学家，即费孝通、雷洁琼和严景耀。参见叶启政：《台湾社会学的知识—权力游戏》，《政治大学学报》2003年第35期。

性格与那一时代的社会性质之间的内在冲突",①而被取消达 30 年之久。

改革开放后,有鉴于中国社会快速推进现代化进程的需要,社会学得以恢复和重建,并在此后获得了前所未有的发展。从本文的主题来说,在这翻天覆地的 40 多年里,伴随这场现代转型成长起来并且参与其间的社会学家们,无论是他们的生命历程,还是问题意识或学术实践,都深受改革开放伟大进程的影响,并最终深嵌到这一伟大进程之中。

学者与学科:生命史与学术史的互嵌

从近代以来越来越制度化的学术发展历程来看,学者与学科一直处在一种互为傍依的关系之中:一方面,学者因学科而生,比如,若没有社会学或历史学,尽管不会影响人们对社会或历史的兴趣,但也不会有以此谋生的社会学家或历史学家;另一方面,正是因为有了一代代以社会或历史研究为志业的学者,社会学或历史学才得以不断发展,并实现相应的知识生产及应用实践。

书写某一学科的发展历史时,人们常常会关注学科的起源、概念的演进、理论的建构乃至其所产生的学术及社会影响,但往往会忽视学者的个人生涯尤其是由时代锻造的个人生命史在学科发展中的隐性含义。从相近学科的角度来看,在以往有关社会学或人类学学科历史的讨论中,不同学者或从自己的兴趣出发,或依建构理论体系的需要,再或因手中资料的限制,常常以不同的途径作为自己的叙述基础。英格尔斯

---

① 周晓虹:《性格就是命运——早期中国社会学的历史诠释》(代序),载陆远:《传承与断裂——剧变中的中国社会学与社会学家》,北京:商务印书馆,2019 年,第 i—xiii 页。

曾将这类研究归纳为三大类:(1)历史的途径,即我们力求通过对经典的社会学著作的研究,去发现作为一门知识学科的社会学的传统关注点和兴趣是什么。简言之,我们会问,"大师们说了什么"?(2)经验的途径,即通过研究当代的社会学著作去发现这门学科最关心什么主题。换言之,"当代的社会学家们在干什么"?(3)分析的途径,即我们可以据此任意地划分或界定某些大的主题,并将此置于不同的学科领域之中。这种途径实际上是问,"理性的建议是什么"? [1] 杰瑞·萨基则认为,从上述三种角度或途径出发,社会学史研究者其实可以获得三种类型的社会学史:"首先,社会学史家可以去追溯我们研究的社会学这门学科的认知活动的发展过程。……其次,社会学史家可以研究社会学问题的发展过程,而不必去计较那些研究者。……再次,社会学史家可以关注有关调查社会事实的科学方法的发展过程。" [2]

值得注意的是,尽管英格尔斯和萨基都聪敏地意识到,无论是哪种类型的社会学史,都会使我们在获得某一向度上的纵深感的同时,失去对其他向度的深入洞悉,但他们最终没有摆脱此种"跷跷板"式的祸福"宿命"。换言之,当他们作出迄今仍然令后辈学者称颂的学科叙述时,从今天的角度来看,都忽视了为社会学知识增量作出贡献的一个个具体研究者的生命历程。在他们的分析中,很少述及社会学家的家庭背景、教育经历、职业生涯、所处社会结构及其变迁过程,甚至也很少述

---

[1] A. Inkeles, *What is Sociology*: *An Introduction to the Discipline and Profession*, New Jersey: Prentice-Hall, Inc., 1964, p.2.

[2] J. Szacki, *History of Sociological Thought*, Westport, Connecticut: Greenwood Press, 1979, pp.xv—xvii.

及研究者本人的心路历程，对他们的知识构成及学术贡献的影响。从这样的意义上说，就能够理解刘易斯·科塞的以社会学家个人生命史为叙述轴心的《社会学思想名家》，为何会赢得包括罗伯特·默顿在内的学术共同体的称颂："通过考察他们各自的生活方式，以及他们生活与工作期间的环境对他们的思想特质和内容的影响，刘易斯·科塞教授替大师们完成了他们自己的未竟之事，'帮助我们赢得并占有了社会学思想的遗产'。"[1]

其实，与单纯的学术发展史相比，学者的生命史常常恰到好处地填补了一门学科的宏观叙事中的"历史缝隙"，因此自20世纪60年代以来，以人物及其个人生命史为中心的叙事方式，日渐成为学科史研究中较为流行的书写方式。杨清媚曾以人类学为例，仔细梳理过西方学界在学者与学科之间所做的更为复杂的互嵌关系的探讨。其中，有这样几个重要的标志性事件：1973年，亚当·库伯（Adam Kuper）在《人类学与人类学家》中，分别描述了社会人类学家马林诺夫斯基、拉德克里夫·布朗、艾德蒙·利奇，以及列维-斯特劳斯等人的活动与学术观点，讨论了英国社会人类学理论范式的更迭，以及学科与帝国殖民历史的关系。[2] 再比如，为中国社会学界所熟悉的戴维·阿古什（David Arkush）的《费孝通传》（1976），是侧重人物描写的社会学史的典范性作品，作者借由对费孝通个人生命史的讲述，串联起了到20世纪50年代初戛然而止的中国

① Lewis A. Coser, *Masters of Sociological Thought*, *Ideas in Historical and Social Context*, Second Edition, Jaipur and New Delhi: Rawat Publications, 2001, p.viii.
② Adam Kuper, *Anthropology and Anthropologist*: *The Modern British School*, London: Routledge, 1983.

社会学。①

　　值得关注的是，杨清媚意识到，要将这"历史缝隙"填补得天衣无缝并非易事。比如，在顾定国（Gregery E. Guldin）对梁钊韬的研究中，其所获得的访谈资料不可谓不丰富，但其分析之所以"不太成功"，是因为这些涉及个人生活史的资料都被"整合为一系列学术机构的历史、其周期性的消失，以及领导人物的命运，而不是用这些资料来进行知识的探求"。②相比之下，在杨清媚眼中，乔治·斯托金（George Stocking）早年对博厄斯（Franz Boas）的研究提出"多重情境化"（Multiple contextualization）的原则就颇有深意。斯托金揭示出，当学者置身于一个复杂的关系网络里，他们的创作会受到政治、权力的制约，因而民族志知识生产并不是一种客观描绘，而是多重情境互动下，研究者与研究对象以及政治权力的共同创作。尽管为避免单纯决定论的泥淖，杨清媚借助了格尔茨（Clifford Geertz）的解释人类学方法，希望能够径直通达作品或分析费孝通的书写，但她还是意识到格尔茨"没有继续追问人类学家的思想和心态是从何而来的"，③终究是一个缺憾。

　　几乎怀着同样的想法，我们在 2019 年即中国社会学重建 40 周年的重要时间节点上，开启了对 40 位社会学家的口述史访谈，以期从学者们

① R. David Arkush, *Fei Xiaotong and Sociology in Revolutionary China*, Cambridge, MA: Harvard University Asia Center, 1982. 转引自戴维·阿古什：《费孝通传》，董天明译，北京：时事出版社，1985 年。

② 这段引文其实借自英国人类学家王斯福（Stephan Feuchtwang）对顾定国的评论，参见杨清媚：《最后的绅士——以费孝通为个人案例的人类学史研究》，北京：世界图书出版公司，2010 年，第 20 页。

③ 同上书，第 23 页。

的生命历程及交织其间的社会与文化背景中，追溯他们后来的问题意识与学术实践的形成。这40位社会学家总体上可以分为三类：第一类涉及直接支持并参与了中国社会学重建的"境外兵团"的5位教授，包括金耀基、李沛良、林南、杨中芳和叶启政；第二类包括30位中国大陆社会学家，除少数外，基本上是在1977—1980年间考上大学的，有些还在改革开放后出国或出境留学；第三类5位学者大学前后的经历与第二类学者大体相同，不同的是他们后来都出国留学，并在美国获得了教职，其后几十年间以各种方式参与了中国社会学的重建。[①]

除了第一类在中国港台地区长大的5位学者，在第二类和第三类35位学者中，年长的苏驼、沙莲香和苏国勋毕业于"文革"前的大学，1978—1980年大学重新招考时，翟学伟、包智明、胡荣、邱泽奇和张文宏恰逢应届高中毕业，余下27位学者中，无论是"文革"中上大学的李友梅、马戎，还是"文革"后上大学的另外25人，有19人中学毕业后都曾是下乡或回乡知青，占27位被访者的68%。[②]此外则是3位工人（李路路、谢立中、赵鼎新）、2位军人（张静和当时属于准军事编制的消防队员李培林）、2位中小学教师（雷洪、周敏）和1位待业青年（谢宇）。考虑到"上山下乡"曾是20世纪40年代末到50年代末出生的青年一代的主要职业选择，即使没有下乡的人也都有下乡的兄姐（如谢宇）或做好了下乡的准备（如翟学伟）；再或者那些出身农民家庭或基层干部家庭的人

---

① 参见周晓虹主编：《重建中国社会学——40位社会学家口述实录》，北京：商务印书馆，2021年。

② 19人包括了进校后的头两年（1974—1975年）实际上是在地处崇明农场的复旦干校种田，1976—1977年才回复旦读书，并因此也算有"准知青"经历的李友梅。

（如包智明、胡荣、邱泽奇和张文宏），不仅熟悉农村生活，而且如果大学再晚几年开考也基本都会下乡或回乡务农，因此将这一代社会学家总体上称为"知青社会学家"是相对恰当的。[①] 他们共同的特点是，不仅因为"文革"的爆发耽误了继续受教育的时机，而且一般都对包括农村在内的中国基层社会有着广泛的了解。

在社会学研究中，美国学者埃尔德在曼海姆、托马斯和米尔斯的基础上，通过《大萧条中的孩子们》（1974）揭示了社会变动对个人生命历程的影响。他注意到"个体的生命历程嵌入了历史的时间和他们在生命岁月中所经历的事件之中，同时也被这些时间和事件所塑造着"，[②] 而且尤为重要的是，这一系列的生活转变或生命事件对某个个体发展的影响，还取决于它们具体在什么时间发生于这个人的生活中。由此，有关生命历程的研究就凸显出两个重要的分析性概念：其一，转折（transition），即由某些重要的生活事件所造成的人生转折，如 1968 年前后因"文革"的爆发而导致学人原有的就学或就业道路中断，包括我们这里述及的 19 位社会学家在内的 1700 万左右的"知青"上山下乡，他们后来在农村这个"广阔天地"度过了或长或短的艰难岁月；更重要的是，

---

① "知青社会学家"的称谓，可参见应星：《且看今日学界"新父"之朽败》，《文化纵横》2009 年第 4 期；项飚：《中国社会科学"知青时代"的终结》，《文化纵横》2015 年第 6 期。如果说应星的创始称谓流露出后辈学人对占据学术体制主流地位的知青一代的批评甚至愤懑，那么项飚则不认为现今学界的蜕变是知青群体的道德蜕变的结果，他希望关注的是知青群体的学术实践的一对内在矛盾：其一，一方面他们擅长非规范的研究方式，但另一方面他们又一心要促进学术的规范化。其二，一方面他们"拥有其他学者所难以企及的丰富生命体验"，另一方面他们又致力于将多样的经验处理成为理论服务的材料，这一矛盾使他们颇受掣肘。

② 埃尔德：《大萧条的孩子们》，田禾、马春华译，南京：译林出版社，2002 年，第 426 页。

1977 年后他们陆续参加了"文革"结束后最早的几届"高考"，并因此有了完全不同的人生道路。其二，轨迹（trajectory），即由此带来的对其后人生的持续影响——生命过程的研究者们都确信，个人在以往的生活中积累的资源或不利因素会对其未来的生活进程产生影响。[1] 同样，在我们的案例中很快能够看到，正是"下乡"和"高考"这两个剧烈的转折及其发生的时间和与之伴随的事件，对知青社会学家的人生轨迹产生了持续的影响甚至是重新定向。

生命历程与知识行动者的社会结构

由于知青一代的社会学家早年成长所处的时代，个人命运极大地依附于国家的政治导向，因此在其生命历程中某些具有转折意义的时间节点具有高度的一致性，这些时间节点除了上述"上山下乡"和"高考"外，还包括 20 世纪 80 年代以来国家的大规模公派留学，以及 1979 年后社会学的学科重建。从对几十位社会学家的口述史访谈进行的横向交叉印证可以发现，这些时间节点既是宏观社会历史中的重要转折，同时也对个体生命史具有重要的影响。在社会学家们的讲述中，其生命史的时间相对重叠，由此锚定了一个时空的叙事核心，从个体访谈出发，形成了多条叙事轴线，因为叙事的时空核心保持不变，在轴线之间就形成了多重交叉，而在这些交叉的部分就呈现出丰富立体的叙事效果。

---

[1]　Martin Ehlert, *The Impact of Losing Your Job: Unemployment and Influences from Market, Family, and State on Economic Well-Being in the US and Germany*, Amsterdam: Amsterdam University Press, 2016, p.35.

（一）上山下乡：知青社会学家认知社会的起点

米尔斯在论及社会学想象力这样一种"心智品质"（The Quality of Mind）时曾强调，"如果不能回溯到个人生涯（biography）和历史及这两者在某一社会中的盘根错节之中，任何社会研究都不能完成其智慧之旅"。[①] 显然，社会学想象力的真正精髓就在于，如何将社会学家对社会及其运行过程的思考放到他们所实践的历史进程中去。知识分子与其他社会个体的不同之处就在于，他能够把自己的世界观建立在对整个社会总体性认识的基础之上。这种超越个体经验限制的心智能力可以概括为两种：（1）将现在与过去相关联。对于社会学家来说，"历史视角可以让我们充分把握人类社会的历史变异，明了社会结构的变化幅度和限度，以达到经验的充分性"。[②] 换言之，社会学家往往是通过将当下放在历史变迁的脉络下进行考察，从而对正在发生的现实进行把握。（2）将个体处境与社会发展相关联。无论是个体的生活，还是社会的历史，唯有将它们联系起来之时，才能真正地理解它们。正是这种联系，才能赋予学者们米尔斯所言的将"个人困扰"（personal trouble）转化为"公共议题"（public issue）的能力。显然，有鉴于"某个议题往往关涉制度安排中的某种危机"，[③] 对于包括社会学家在内的学者来说，能够把个体的幸与不幸归结为历史的变迁和制度或结构的矛盾，意识到自身的生活处境与历史进程之间错综复杂的关联，对于其学术生涯来说，自然会是一种至关重要同时也十分稀缺的品质。

[①]　Wright Mills, *The Sociological Imagination*, New York: Oxford University Press, 1959, p.6.

[②]　成伯清：《时间、叙事与想象——将历史维度带回社会学》，《江海学刊》2015年第5期。

[③]　Wright Mills, *The Sociological Imagination*, New York: Oxford University Press, 1959, p.9.

从 1968 年大规模的"上山下乡"运动开始，到 1976 年"文革"结束，1977 年恢复高考，1978 年"上山下乡"运动停止，在历时 10 年的时间里，涉世未深的知青一代社会学家被裹挟进时代的洪流里，过早地体会到社会的真实和残酷，同时也极大地刺激了他们对自身际遇和社会的思考：[①]

> 如果说高中的那次调查让我看到，实际情况与我们所接受的宣传教育存在矛盾之处，那么在我进入农村、与许多农民有直接接触之后，就更容易发现当时的理论很难解释现实中的一些具体问题。（关信平口述，第 224 页）
>
> 下乡的这一两年，对我人生发生最大影响的，是让我真正感受到了社会的复杂性，……（那年修水库）"地富反坏右，春节不放假，继续接受劳动改造"。……（贫下中农收工了）站在工地上的那些"地富反坏分子"原地不动，眼神里露出的幽怨和绝望，让我迄今难以忘记。正是从那一刻起，我对当年那一场场轰轰烈烈的"革命"萌生了最初的疑问。（周晓虹口述，第 933 页）

在我们的访谈当中，谈及"知青岁月"，社会学家们往往会把下乡劳动的经历视为对其后来经常从事的田野调查的"启蒙"，它使得这一代社会学家大都能够较为顺利地深入城乡社会的现实情境，进入被研究者的生活世界，获得一种跨越阶层身份的"他者化"（othering）体验：

---

① 为简约起见，本文所有引自《重建中国社会学——40 位社会学家口述实录》一书的引文都仅标明叙事人和出处页码。

我觉得最大的帮助还不是这些具体事情，而是下乡经历给我的生活带来了一种底色，不管后来有什么其他经历，和村里的乡亲和农村干部聊起来，总觉得心灵是相通的。不是简单地说知道农村的事情，而是聊起来觉得自己就是他们中的一员，没有陌生感。（周雪光口述，第 1127 页）

　　对于知青一代的社会学家来说，他们的社会学想象力几近与生俱来。具体说来，他们将个体境遇与社会历史变迁相联系的能力，不是在专业化的学术训练中获得的技能，而是在个人成长生涯中形成的思想"胎记"，这种能力也成为他们独立思考或认知社会的起点。

（二）南开大学社会学系：知青社会学家的熔炉和表征

　　刘易斯·科塞曾指出，知识分子社会作用的发挥有赖于两个必要的社会条件：一是有足够数量且认同其思想的阅听人，二是建立起同行间的交流网络。[①] 对于后一项条件，柯林斯进一步提出，学术思想是在知识分子面对面互动的学术网络中建构出来的。这里的学术网络既可以理解为学派（school），也可以理解为学术共同体（community）。

　　按柯林斯所说，这种学术网络可以分为三种：（1）从最广泛的意义上说，学派或学术共同体意味着个体成员有相似的思维模式，但不一定存在事实上的社会组织。（2）个人关系链。其中最重要的就是师生间的上下关系，以及同侪间的水平联系。（3）事实上的学术组织。有系统

---

① 刘易斯·科塞：《理念人：一项社会学的考察》，郭方等译，北京：中央编译出版社，2004 年，第 3—4 页。

性的教学和科研传承体系，即费孝通先生在社会学重建初期所说的"五脏六腑"之"五脏"，[1]从而保证某一知识范式、传统和声望能够代际传递下去，反过来这种机制性的代际传递又维系着组织内的社会认同。[2]

对于知青社会学家来说，在南开大学社会学系的求学经历，是许多人回忆往事时不得不谈的集体记忆，这也是他们生命历程中处于十字路口的重要节点或地标。从1981年招收以七七级四年级学生为主的第一届社会学专业班学员开始，先后有数百位不同专业的学生曾在南开大学社会学系学习，在我们访谈的40位社会学家中，从最早参与南开专业班授课的林南教授、南开大学社会学系创系主任苏驼教授，到参加南开专业班学习或攻读硕士学位的人，总数15位之多，比例达到38%以上。除了具有这一共同经历的人覆盖面之广泛，更为重要的是南开社会学专业班和其后几年连续开办的研究生班成了许多人社会学生涯的起点，从此走出的学者要么出国深造，要么在国内各院校担任院系要职，以至于在相当长时间里，南开大学社会学系在学术圈内享有社会学重建之"黄埔军校"的盛誉。

社会学重建以来最早设立的南开大学社会学系，通过延聘中外学者、开办社会学专业班及研究生班，成为一大批社会学人才的熔炉；更为重要的是，这一学术圈子的形成不但维系了社会学家们的社会关系及学缘纽带，而且在个人成就的不断加持下，这一圈子被赋予了更多的社

---

[1] 在社会学重建初期，费孝通形象地说需要"五脏六腑"：五脏，指五种学术机构，即社会学系、研究所、学会、图书资料中心、出版物；六腑，则指六门基本课程：社会学概论、社会调查研究方法、社会心理学、城乡社会学、社会人类学和国外社会学说。

[2] R.柯林斯：《哲学的社会学——一种全球的学术变迁理论》上，吴琼等译，北京：新华出版社，2004年，第68—69页。

会声望，甚至在相当长时间里在某种程度上还成了学科的表征，这反过来又进一步强化了他们的集体认同：

> 2016 年，我们南开这一级的同班同学做了一次相逢 30 周年纪念会，召集人号召大家都回母校看看……我即席表达的一个基本观点是：我们非常感恩南开大学，因为它彻底改变了我们的命运。具体来说，这个感恩不简单是说母校培养了我们，而是说社会学系当年真的是不拘一格降人才。（翟学伟口述，第 830 页）

> 我们宿舍常常熄了灯还开卧谈会，为"涂尔干"还是"杜尔凯姆"激辩过，[①] 讨论过当时很前卫的《译林》刊载的国外小说。同宿舍的舍友李友梅现任中国社会学会会长，阮丹青现任香港浸会大学社会学教授。我们的友谊延绵了几十年。（彭华民口述，第 535 页）

从这些在南开受教过的社会学家们的口述中能够获知，除却同学之间的友谊和联系，最具认知一致性的还包括对当年那些任教南开、享誉中外的学者的认同，许多人都把费孝通、彼得·布劳（Peter M. Blau）、林南和富永健视为对自己影响最大的几位老师（宋林飞口述，第 654 页；张文宏口述，第 911 页）。他们后来不仅与自己的同侪，还和这些老师保持了或长或短的联系，由此结成的社会纽带更是成了知青社会学家们学术生涯早期个人关系链的重要组成部分，这对学术共同体的塑造和强化

---

① 涂尔干（Émile Durkheim），又译杜尔克姆或迪尔凯姆。法国社会学家，社会学年鉴学派创始人。著有《社会分工论》（1893 年）、《社会学方法的准则》（1895 年）、《自杀论》（1897 年）及《宗教生活的基本形式》（1912 年）等。

同样具有相当大的作用。

（三）出国与海归：知青社会学家的文化自觉与学术赋权

改革开放以来，中国社会掀起了出国留学的浪潮。在以国家公派留学生为主体的前提下，1980年之后国家开始允许自费出国留学，这大大激发了公众留学的积极性，使出国留学的范围由精英阶层扩大到普通阶层。而对于知青社会学家们来说，20世纪80年代初是他们集中接受高等教育的阶段，同时他们也是出国留学的第一批受益者。在我们所访谈的社会学家中，除了境外的5人拥有境外的博士学位外，其他本土成长起来的35人自1982年起也大多拥有了出国（境）留学或访学的经历。

按照知识社会学的观点，改革开放与知识分子之间的关系，体现出知识与社会双重建构的特征，而这一特征在知青社会学家中间表现得尤为明显。在时间向度上，改革开放后急剧的社会变迁在一定程度上瓦解了知青社会学家早年本土生活经历的合理化认知，即产生了布莱希特所说的"间离效果"（Verfremdung Effekt），对本土经验的陌生化使得研究者得以抽身反观自照，"并由此形成对本土文化的文化自觉"。[①] 而在空间向度上，知青社会学家与异文化的接触以及对规范的现代社会科学训练的"补课"，则实现了一种他者化。他们的出国经历与后来者的不同在于：一方面当时中国的现代化正在起步阶段，与西方的差距仍然十分巨大；另一方面因改革开放带来的社会变迁迅疾，这对那些20世纪八九十年代出访国外的社会学家来说，观感上的文化冲击恐怕是后来者难以体

---

① 周晓虹：《江村调查：文化自觉与社会科学的中国化》，《社会学研究》2017年第1期。

会的，以至于1983年去美国留学、现在美国任教的谢宇会说：当时"我觉得太新鲜了，从飞机落地到抵达威斯康辛，真的什么都是新奇的"（谢宇口述，1023页）。

时间带来的社会变迁，再加上空间上的不在场，在双重叠加的意义上放大了这种间离效果，使他们回国后产生了一种既熟悉又陌生、既认同又批判的复杂心理，从而极大地刺激了他们在现代背景下对本土制度与文化的反思：

> 我认为跨文化经历提供的一个好处，……就是可以跳出具体的场景来看事情。……这不是说在国外待足够长的时间，人们的看法认识就一定是对的，但它是独特的，是放在不同的参照框架之下的。我们总是带着一个角度来看事情的。长期生活在一个环境中，就会对许多现象习以为常，不以为然。借助一个比较的视角，就可以提出新的问题来。（周雪光口述，第1129页）

考虑到20世纪80年代出国潮背后国家的战略考量和大学管理者的谋划布局可以发现，这一时期归国的留学生，除了带有国内训练所不能及的文化资本以外，还被赋予了相当程度的社会资本，派遣留学生待其毕业后回国参与学科建设，这本身就是改革开放后中国社会科学恢复重建这一规划设计中的重要组成部分。那时候，许多高校的领导者，比如复旦大学校长谢希德和上海大学校长钱伟长，在外派人员出国留学和任用回国留学人员方面都十分积极：谢希德在开会时说，"复旦将来要走在全国的前面，要靠我们现在派出一大批人出国学习，将来他们学成回来把复旦带动起来"（周雪光口述，第1120页）；而钱伟长在破格启用留学归来的李友梅担任院系领导时，甚至和希望她多做研究的老朋友费孝通发生了争执，钱伟长认为，"先建学科队伍更重要，如果没有队伍，社会研究则不可持续，李友梅必须要把这个系先建起来，把队伍建起来"（李友梅口述，第401页）。

正是在这样的背景下，中国与西方高等教育的差距，以及社会科学重建的紧迫性，使这些学成归来的留学生获得了十分巨大的比较优势，在他们后来真正参与到学科建设时便转化为丰厚的制度性资源，不但在常规的学术职称晋升体系中所需要的漫长周期被大大缩短，而且和"70后"一代相比，知青社会学家往往提前多年进入大学或院系的主要领导岗位。在这其中显而易见的是，他们的海外留学经历要比后来者具有更加显著的赋权效应。

双重变奏：知识分子的问题意识及其内在张力

在同一历史条件下，相似的社会与文化环境，促成了知青社会学家们较为相似的心理认知，尤其像"恢复高考"和出国留学这类具有共同经历的事件，使得他们在叙述中形成了一种命运共同体般的集体记忆，而在大历史中个体的具体际遇和选择又各有不同，在同与不同之间，知青社会学家们走上了各自的人生和学术道路。从宏观的历史相似性和具体的人生特殊性出发，我们能够在一定程度上体悟和理解其学术立场的出发点，而他们特殊的人生经历就成为其问题意识的直接来源。

无论是社会学抑或人类学，最初的问题意识都来源于19世纪后期因资本主义的发展而导致的传统与现代的二元断裂。正是工业文明的发展，向人类提出了重新理解与传统社会迥然不同的全新社会形态的需要。而将这一问题意识置于 20 世纪中国社会的历史语境下，则产生了新的议题。对这一议题的理解，也必须放在传统中国与现代西方相互碰撞的历史背景之下。和知青一代相比，五四一代的知识分子在某种意义上有着相似的社会文化环境，这两代人都处于西方思想冲击下社会面临极大不确定性的变革和转型时期，虽然在具体的历史情境和问题意识上存在巨大差异，但两代人的学术实践活动又体现了相对一贯的思考和行动方式。一方面，转型迫使一些知识分子急于通过知识贡献的方式介入现实，并关注外来的知识体系与中国现实的契合性问题；另一方面，另一些知识分子则认为学术研究自有其发展规律和独立性，不应也不需要为改造现实社会而逾越治学这一学者的本职。如果我们对比五四一代和知青一代知识分子的问题意识，就能够发现两者既有历史情境之异，也有内在张力之同。

（一）治学与论政：五四一代知识分子的问题意识

按照李泽厚的说法，从五四一代的知识分子开始，"启蒙与救亡的双重变奏"就成了中国思想界的两种主要的问题意识。一方面，知识分子意图通过西方学术思想的引入以开启民智，达到改造国民性的目的；另一方面，面对中华民族的风雨飘摇，救亡图存的现实压力，又使知识分子"把注意和力量大都集中投放在当前急迫的社会政治问题的研究讨论和实践活动中"。① 这两种问题意识并行不悖、波诡云谲，最终成为互为

---

① 李泽厚:《中国现代思想史论》,北京:生活·读书·新知三联书店,2008 年,第 7 页。

颉颃的一对拱顶石:"一种是对纯学术的追求与通过思想和学术来为中国政治奠定非政治的基础的追求之间的张力,另一种是通过'新学术'来挽救国运与通过'新主义'来改造社会之间的张力。"[1] 最终这对张力相互作用,汇聚成"学问"与"主义"间的长期抵牾,也最终酿成了中国现代思想界的分裂。"当时对于年青人来说,'亡国'是一个很具体的威胁。大家都懂得要'救亡','亡国奴'做不得!""我是个知识分子,也是一个知识分子家庭里面出来的人,特别是经过五四运动,相信科学救国。我们希望的是从了解中国的问题上面,能够找出一条路来。"[2]

在当时的社会学界,"学问"与"主义"这一张力最有代表性的案例,恐怕当属顾颉刚和费孝通等人关于中华民族的争论。1939 年,抗日战争正处在极端困苦的阶段,中国不仅要抵抗日军的正面攻势,还要面对日本的东洋史学家们"以种族解构中国"的文化侵略。对于嗅觉敏锐的知识分子来说,现实政治的危局使其不得不在学术上加以回应。顾颉刚在 1939 年 2 月 13 日发表的《中华民族是一个》,[3] 认为把中国人分为所谓"汉、满、蒙、回、藏"五大民族是"中国人自己作茧自缚",只会让中国人内部心生隔阂,为帝国主义分化中国提供便利,因此主张用"中华民族"取代"五大民族"的说法,进而团结全国人民反击外来侵略,维护政治统一。而费孝通则从社会人类学的角度对顾颉刚提出了质疑,从民族和国家的概念出发,认为中国是一个多民族国家,进而指出"同一民族

① 王汎森:《"主义"与"学问":20 世纪 20 年代中国思想界的分裂》,载许纪霖编:《启蒙的遗产与反思》,南京:江苏人民出版社,2009 年,第 221—225 页。
② 费孝通:《我对中国农民生活的认识过程》,《费孝通文集》第 15 卷,北京:群言出版社,1999 年,第 8 页。
③ 顾颉刚:《中华民族是一个》,《益世报》1939 年 2 月 13 日,《边疆周刊》第 9 期。

并不必然导致同一国家",因此,"某政治的统一者在文化、语言、体质求混一,即使不是不着要点,徒劳无功,也是有一些迂阔的嫌疑"。① 傅斯年对费孝通的观点十分不满,并将矛头对准其导师吴文藻,最后整个事件以傅斯年致函中英庚款董事会,将吴文藻调离该会而告终。在这段公案之外,值得一提的是,到了晚年,费孝通尽管依旧认为"国家和民族是两个不同的又有联系的概念",但考虑到"现实的政治争论",遂提出了为人称颂的"中华民族的多元一体格局"理论。②

其实,熟悉中国现代学术史的研究者都不难理解,在当时秉持学术价值中立和为现实政治进行价值选择之间的矛盾并不鲜见。比如,在傅斯年建立史语所时,曾坚决主张"纯粹学术,学用分离",在《历史语言研究所工作之旨趣》(1928)中,他提出"近代的历史学只是史料学",强调研究的客观主义立场。但九一八事变之后,傅斯年就放弃了客观主义史学的立场,转而倡导经世致用的史学观,并通过《东北史纲》《中国民族革命史稿》等著作,与日本史学家进行论战。③ 这种学术与政治的交集,集中体现了学者个体的学术主张和时代需求之间的纠葛,在前述启蒙与救亡的双重背景下,人们自然会关注那些"反映出史家求真与致用的双重情怀如何展现,学术追求和现实政治如何协调,专业研究和大众普及的关系如何处理等带有普遍意义的命题"。④

---

① 费孝通:《关于民族问题的讨论》,《益世报》1939 年 5 月 1 日,《边疆周刊》第 19 期。
② 费孝通:《中华民族的多元一体格局》,载方李莉编:《全球化与文化自觉——费孝通晚年文选》,北京:外语教学与研究出版社,2013 年,第 85—121 页。
③ 高贤栋:《九一八事变后傅斯年的经世致用史观》,《民国研究》2019 年第 2 期。
④ 李帆:《求真与致用的两全和两难——以顾颉刚、傅斯年等民国史家的选择为例》,《近代史研究》2018 年第 3 期。

（二）反思与超越：知青一代知识分子的问题意识

对于知青一代学人来说，治学与为政的矛盾仍然是其挥之不去的价值困境，尽管经历不同，但他们的问题意识都带有新的时代特征。这一困境首先表现为知青一代学人对其早年成长历程的复杂态度。一方面，知青或"上山下乡"的经历是他们学术创造力和灵感的源泉，他们的问题意识、经验直觉、社会阅历都拜这一经历所赐；另一方面，自1978年改革开放之后，社会迅疾变迁，尤其是与外部世界的接轨，使单纯沉湎于过去的苦难成了一种不合时宜的"叙事"。对社会学家来说，要在学术上重启与世界的对话，就需要超越原来的"历史—反思"路径，在学术共识的基础上通过更加规范的研究产生更大的国际影响力。

然而，无论对过去的经验采取何种策略，都难以摆脱这一经验的影响，当这经验或"每一代的集体记忆"源自"他们相对年轻时代的生活经历"时更是如此。[1] 卡尔·波兰尼用"支援意识"（subsidiary awareness）的概念来说明，研究者在提出问题时，就已经意会到了找寻答案的方式和路径，而这种未可言明的知识（tacit knowledge）则是他们在生命历程中潜移默化所获得的。[2] 比如，在我们的访谈中，有些社会学家致力于社会与政治运动的研究，其灵感和驱动力就来源于20世纪70年代所经历的此起彼伏的社会运动（赵鼎新口述，第1060页）；而另一些学者专注于劳工研究、农村社区和经济制度的研究，则与他们早年的插队经历

---

[1] Lewis A. Coser, "Introduction: Maurice Halbwachs 1877—1945, in Maurice Halbwachs," *On Collective Memory*, Chicago: Chicago University Press, 1992, pp.29—30.

[2] 参见林毓生：《中国传统的创造性转化》，北京：生活·读书·新知三联书店，1988年，第29—30页。

不无关系:"我到现在还记得生产队长对我说的话。'他说你回北京了,哪天遛弯时万一碰到毛主席,你千万替我问问他老人家,为啥老农民一辈子种地,一辈子吃不饱?'这话我记了一辈子"(沈原口述,第 630 页)。由此能够想象,在当时对"文革"的体验及其反思自然会成为问题意识的直接来源,而"文革"结束后,中国社会该向哪里去,同样也是 20 世纪 80 年代人们普遍的内心追问,许多人接触社会学,最早也是希望借此寻找中国未来的发展道路:

> 我们班很多同学对社会学感兴趣,有的关心中国的大问题,有的关心具体的社会问题。总之,大家的想法虽不同,但也形成了关心社会学的小气候。比如我们班的党支部书记,关心的是中国往哪里去;我的上铺是校学生会副主席,也天天学社会学。(王思斌口述,第 738 页)

然而,在与西方社会直接接触以后,很多人对于学术研究的目的和意义的看法发生了改变,"学以致用"不再是社会学研究的唯一目标。相反,对于社会学这样的基础理论学科,采用规范的科学方法,建立严谨的理论模型,从而更好地认识社会现象,才被认为是研究者的本职工作。这对普遍拥有强烈社会关怀的知青社会学家来说,无疑是一种观念上的挑战。

> 我在国内是带着学以致用的潜在想法从哲学转到社会学的。当时觉得,社会学知识能改造社会。我也是带着这样一个想法出国留学的。出国一接触,令我大吃一惊:美国社会学的学科定位是基础社会科学,叫 Fundamental Social Science。其根本任务是解释社会

现象，建立理论认知，而非解决社会问题，提出治理方案。改变世界是国家的事、公民的事、政治家的事，不是学者的本职工作。所以我刚到美国做研究生时就受到了非常大的冲击。（边燕杰口述，第1001—1002 页）

幸运的是，和五四一代不同，知青一代知识分子在面对学术和政治的矛盾时，能够采取相对超然和独立的态度。客观上讲，这有赖于改革开放后相对稳定的政局以及相对宽松的国内、国际社会环境；而在主观上，这也是知识界主动选择的结果。一如甘阳在考察 20 世纪 80 年代整个社会的文化意识时指出的那样："对'文革'及其历史根源的批判反省如果仍然仅仅只停留在社会政治批判的层次上，那么这种批判本身就仍然是一种非批判的意识，因为它实际上仍落入旧的藩篱之中而不得其出。根本的问题乃是要彻底打破泛政治化大一统本身，文化领域普遍出现的'非政治化'倾向，'纯文学''纯艺术'的倾向，实际上都是这种意识使然。"[1] 在这种文化氛围之下，自 20 世纪 90 年代起，整个社会科学都在从"漫谈文化"转向"规范学术"，普遍选择了学术上的"价值中立"的策略，既是为了在整个社会对外开放的背景下实现与世界的接轨，也是为了甩掉历史包袱，与现实政治保持一定距离，而把眼光聚焦在对西方特别是以美国为代表的学科体系的吸纳和批判之上。与之对应，随着国家治理方式的现代化，包括社会科学基金评审在内的一系列制度相继确立，国家及学术管理机构通过利益激励的方式，将学术界纳入体制管理之中，

---

[1] 甘阳：《八十年代文化意识》，上海：上海人民出版社，2006 年，第 6 页。

这也在一定程度上加速了知识分子的分化。如甘阳所言，20 世纪 80 年代以批判为己任的"文化人"逐渐实现了向"专家""学者""经济人"的职业身份转变，这也是李泽厚提出的"思想淡出、学术凸显"背后的根本动因。

场域决定观念：知青社会学家的学术实践

理解知青一代社会学家的问题意识，仅仅从不同学者的观点出发进行梳理是不够的，还要考察场域对观念的影响。一个人的基本学术观点离不开他从事的研究场域，这样一种场域要求知识行动者按照一定的规范进行思考和行动。按照布迪厄的观点，"某个知识分子，某位艺术家，他们之所以以如此这般的方式存在，仅仅是因为有一个知识分子场域或艺术场域存在"。换言之，宏观社会结构对行动者的影响不是直接性的，而是将场域作为关键性的中介机制，以场域特有的网络构型和力量形塑惯习，从而对个人施加影响。"正是我们对这些行动者置身并形成于其中的场域本身的知识，使我们能够更好地把握他们特立独行的根源，把握他们的观点或（在一个场域中的）位置的根源。……他们对世界（以及场域本身）的特有观念，正是从这种观点或位置中构建出来的。"[①]也就是说，所有观念都与观念据以产生的社会历史条件相联系，因而也受到这些条件的影响。所有的思考活动都受社会存在决定，或者至少是相互决定的。观念定位于社会过程之中，而知识社会学的任务就

① 布迪厄、华康德：《反思社会学导引》，李猛、李康译，北京：商务印书馆，2015 年，第 133—134 页。

246   学术中的中国

在于确定"思想立场"与"结构—历史"位置的经验相关性。[①] 回到知青社会学家这里，显然，要想理解其学术立场的基本观点，就需要考察他们的学术实践过程。

首先，学术实践的路径通常与学术的专业训练有关，而兴趣的偏向又在很大程度上受到师承关系的影响。一如我们前面的讨论，在南开大学社会学系受过训练的学者，大多受到费孝通、彼得·布劳和林南等的影响，它起码决定了后来者选择社会学或其中某个亚学科作为志业的理由，以及他们的研究兴趣和基本视角，有时这种影响甚至延续终身。再比如，谢宇在威斯康辛大学攻读博士学位时，几位对其影响较大的老师，主要研究方向都集中在社会分层、人口学、统计学和定量研究方法等领域（谢宇口述，第 1024—1025 页），这对他后来成为这一领域的佼佼者产生了重大影响。

师承关系的选择和研究兴趣的形成通常是双向的。一方面，研究者在求学过程中根据自己对某一领域的初步兴趣，从而对目标学校和学术导师进行搜寻；另一方面，师承关系的确立又会进一步强化对其研究兴趣的引导，并最终形成研究者与研究领域之间的主观亲近性。这种学术影响的传递不一定存在于制度上的师生关系中，也包括后来者对某个前辈的某种学术主张的认同，在社会学重建初期各校都缺乏学科师资时更是如此。比如，翟学伟就受到杨中芳教授有关社会心理学本土化观点的启发，由此萌生了对中国人行为模式研究的兴趣：

---

① 刘易斯·科塞：《1968 年版导言》，载兹纳涅茨基：《知识人的社会角色》，郏斌祥译，南京：译林出版社，2012 年，第 10 页。

她（杨中芳）建议，中国大陆的学者，面对改革开放的机遇，不要从倒向苏联再倒向美国，而是要通过自己的研究成果来建立社会心理学的知识体系。……由于受到结构主义的启发，我决定要在结构主义的基础上研究中国人的社会行为模式。（翟学伟口述，第835页）

　　其次，不同的研究领域在基本假设、研究方法、研究目标乃至研究范式上均有差异，这构成了一个学术场域中的基本规范，研究者的学术实践必须符合这一场域内的行动逻辑。相比较而言，在提倡科学实证主义的定量研究领域，这种逻辑比较清晰，也因此容易获得相对一致的认同：

　　一些学者认为，只有使用新的范式才能生产出让当地人产生共鸣的知识，才能建立起独立自主的学术风格，才能给社会学带来创造力和活力。我不同意这个观点。社会学作为一门学科，就必须遵循共享的、预设的有关什么是好的科学研究、什么是证据及如何研究的规范。无论中国社会有多么与众不同，中国社会学的价值仍然在于它是社会学。（谢宇口述，第1039—1040页）

　　学术研究的基本目的是什么？是贡献新的知识，这也是所谓"知识分子"的基本含义。面对创新的要求，无所谓"西方化""中国化"的问题，问题的关键是面对要研究的问题，我们的前人做过哪些研究，取得过哪些成果，我们能否在他们的基础上取得新的知识。（李路路口述，第323—324页）

相反，对于从事本土化研究的学者来说，由于在既有的、主要来自西方的学科规范里，很难找到"本土化"的位置，因此他们迫切需要在一定程度上打破社会学对于理论和应用研究划分的学科框架。在这个意义上，打破前定的学科逻辑恰恰是社会学家进行本土化研究的必要行动逻辑。而这一逻辑不仅影响到了在本土从事研究的翟学伟，使其意识到"拿着从另一种文化传统中建立起来的学科标准来衡量我们研究的对与错，错的可能就很大了"（翟学伟口述，第 837 页），而且也影响到了长期在美国任教、后来时常回国帮助西安交大发展社会学的边燕杰。从某种程度上说，后者既了解中国文化，又因身在异域而能够抽离本土而观之，这使其能够发现中国人和美国人的社会行为逻辑之不同："中国人怎么可能是弱关系更重要呢？我的城市生活经验、农村生活经验，对于我们中国人相互交往的观察，特别是亲朋好友之间人际交往的观察，都告诉我它的反命题在中国文化中是成立的。"有意思的是，这种反其道而行之的做法在美国也取得了成功，边燕杰不仅多年成为"高被引学者"，而且通过论证自己所提出的"强关系假设"，[①]证实了"中国人社会交往的内在逻辑，不是信息交流，而是人情交换"（边燕杰口述，第 1007 页）。擅长定量研究的他与擅长定性研究的翟学伟殊途而同归。

　　最后，研究者的搜寻行为和学术训练过程，为自己确定了某个研究领域，而在该研究领域内的学术实践又将基本的研究规范内化成研究者的基本信念，从而形成了对具体议题的基本立场。在我们的口述史访谈中发现，社会学范围内的一些常见争议，实际上都与学者们的学术实践

---

① Bian, Yanjie, "Bringing Strong Ties Back In: Indirect Ties, Network Bridges, and Job Searches in China," *American Sociological Review*, vol.62, no.6, 1997, pp.266—285.

活动相关，正是日常的实践最终强化了他们对具体问题的看法，以及处理这些问题时的倾向性或擅长的方法。

> 我认为，定性研究是有价值的，通过定性研究可以描述清楚事情发生的过程，获得新的启发，但做定性研究需要对研究结论的一般化和普遍化加以限制。因为社会现象是有变异性的，不能够从少量特殊的推出普遍的。而定量研究关注的是总体，总体内部本身就是充满变异性的。从这个意义上讲，定量的方法虽不完美，但却是社会科学描述变异性最为可靠的工具。（谢宇口述，第1042页）

> 我不认同他（谢宇）的观点：怎么用量化的方法得出的看法（包括证明常识的研究）就是科学的，定性研究（包括对重要问题的重要判断）就不是科学的？我不反对实证方法，并确认为它是科学的方法，但是能阐明当前重大事件和理论问题的研究也是科学的。（王思斌口述，第756—757页）

进一步，与学术实践和学术观点之间相对清晰的逻辑关系相比，一个人如何进入学术场域，或者说，以这一种而不是那一种学术领域作为自己的志业，背后的原因则常常似雾里看花。一种相对常见的解释是，一个人的学术实践路径取决于其问题意识导向，进入某种学术场域是受到志趣引领而主动选择的结果。我们从社会学家的口述访谈中发现，这种情况虽然存在，但另一种解释似乎更加常见，即学术兴趣的形成并非是一个人主动选择的结果，而是其在学术训练特别是在不同的学术场域和社会圈子中路径依赖的结果，而目的与结果之间的偶然性，在其中往

　　　　　　　　　学术中的中国

往发挥了关键性的作用。

> 我转投社会学完全就是一个巧合。我到威斯康辛之后，国家给我发了一个奖学金，那是一个香港人资助的奖学金。……这个奖学金可以报销上课的学费，包括暑假课程，这鼓励我选了很多课。其中就有一门社会学方法课，这一学我就爱上了，但这是很偶然的。（谢宇口述，第1023—1024页）

> 以社会网络作为学术生涯中最重要的一个学术兴趣，原因有三：其一是林南先生使我对社会网络有了最初的认识。……那时林南先生时常造访南开，我对于他的讲座更是场场不落。其二是通过阮丹青老师主持的社会网络研究项目，逐步加深了我对社会网络领域的理解。其三是边燕杰老师对我从事社会网络领域的研究起到了推波助澜的作用。（张文宏口述，第915页）

将生命史研究带回社会学史

近年来，我们在从事口述史研究时，曾一再申明作为再现个体生命历程的独特方式的口述历史的时空意义：从空间的角度说，正因为个体总是生活在社会之中，或者说社会结构镶嵌在个体的生命历程之中，因此口述历史或通过口述历史呈现的个体记忆就不会是单纯的个体经验的简单累加，而是社会建构的结果。从时间的角度说，作为集体记忆的表征形式之一，口述历史也受到个体在遭遇不同社会事件时的生命节点（life point）的影响。如果说前者显露出口述历史的社会本质，那么后者则体现了社会结构与个体生命历程相交织时的建构机理。

上述讨论涉及口述历史的建构及其机理,如果从本文的主题出发,那就必然会触及作为一种知识的生产活动,即社会学家的口述历史在何种程度上反映了其自我的生命史与社会历史的互嵌。显然,知识并非是一种独立的自我绵延活动,其生产过程是与其所处的外在性因素密切相连的。如图 1 所示,这些外在性因素可以大致归纳为四种,即社会历史变迁、学术思想史、学科发展史和学者生命史。其中,社会历史变迁无疑既是学术思潮形成和演变的直接动力,也决定了一个学科的走向和命运——比如社会学的中断和重建,就直接受到 1952 年包括院系调整在内的社会大势和 1978 年的改革开放这两次重要的社会转向的影响。同样,从更直接的意义上讲,社会历史变迁还是形塑一个学者生命史的基本模板,"当宏大的历史车轮在每一个个体的生命历程中驶过的时候,都会留下或深或浅的辙印,并由此埋下他或她未来人生走向的草蛇灰线",[①] 学者同样也不例外。

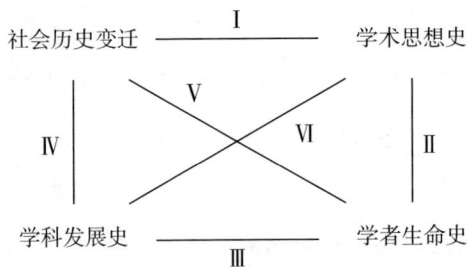

图1　影响与互嵌:知识生产的外在性因素

---

①　周晓虹:《口述史与生命历程:记忆与建构》,《南京社会科学》2019 年第 6 期。

不过，尽管影响知识生产的上述四种外在性因素相互构嵌，但总有两条相对清晰的脉络：一方面，对于特定的历史阶段来说，个体生命历程的起伏跌宕在相当程度上受到外部宏观的社会变迁所支配；另一方面，作为社会主体和知识行动者的学者参与学术及思想的论争，他们的生命历程又是决定其思考路径和问题意识的内生性根源，甚至决定了他们在学科发展和学术思想的参与行动中采取何种立场和策略。如果就前一方面来说，面对社会历史大潮的裹挟，学者多少显得局促和被动的话；那么就后一方面来说，无论他们的问题意识还是学术实践，都无处不显现出其过往的生命历程对客观现实的主动反思与学术剪裁。

在我们的讨论中已经一再强调，左右知青一代社会学家社会记忆的最重要的社会历史事件是 1968—1977 年间的"上山下乡"，以及与改革开放相交织的"恢复高考"。尤为重要的是，这些前后相继的社会历史事件因为彻底改变了这一代社会学家的人生走向，而成为他们生命历程中最重要的时间节点。在我们完成的 40 位社会学家口述史中，仔细想来与这两个事件相关的人都反复强调了这些事件对其人生的影响，它们甚至成为亲历者一生之荣辱的重要标志。就"上山下乡"而言，如果这一经历及相应的苦难对普通人来说，如刘亚秋所言，必须转化为对"共和国苦难"的担当才有意义，[①]那么这种底层社会的体验对一个以社会研究为志业的人来说则天然具有某种前置性意义，它和做工、从军一样，使这一代社会学家"理直气壮地"获得了某种职业的正当性。

同"上山下乡"一样，"恢复高考"及作为其社会背景的改革开放，

---

① 刘亚秋：《"青春无悔"：一个社会记忆的建构过程》，《社会学研究》2003 年第 2 期。

对知青社会学家个人生活史的影响同样意义深远。我们看到，这一历史事件不仅使他们进了大学、接受高等教育甚至出国深造，而且还使他们后来有机会选择以社会学为业，并在40多年中逐步成为这一重获"新生"的学科的中流砥柱。如果你想到哈布瓦赫曾说，"当我们从一个群体进入另一个群体时，就会随同我们的观点、原则和判断的改变，而改变我们的记忆"，[1] 你就会意识到，正是因为这一代社会学家跻身于"七七级"或"七八级"的行列，又投身到社会学家共同体之中，才使得他们的观点不仅比同代人更为开放，而且即使在七七级、七八级群体中，他们也是对这场绵延40年的社会变迁或急速转型持高度肯定的群体，并且也自我认定"通过各种重要的途径，知识青年已经对中国的经济转型作出了贡献"。[2]

通过以上论述，我们已经详尽地说明了"将生命史的研究带回到社会学史"的意义所在。显然，这种考量不仅能够直接洞悉社会学家的生命历程与人生感悟，特别是对一个学科的发展及学术演进的主观影响，也能够折射出客观历史进程如何通过影响学者的人生轨迹，最终实现了对知识生产的社会再造与历史制约。

---

[1] Maurice Halbwachs, *On Collective Memory*, Chicago: Chicago University Press, 1992, p.81.

[2] Zhou Xueguang & Hou Liren, "Children of the Cultural Revolution: The State and the Life Course in the People's Republic of China," *American Sociological Review*, vol.64, no.1, 1999, pp.12—36.

价值观论题在中国：发端与演进

赵修义（华东师范大学哲学系、中国现代思想文化研究所教授）

价值观论题在当代中国的发端

在当下的中国，价值观以及与此相关的一系列概念已经成为日常语言为公众所熟知，也为主流意识形态广泛采纳。然而从观念史的角度考察会发现，这只是在 20 世纪 80 年代才逐步形成的。此前，人们熟悉的"价值"概念主要是一个政治经济学的概念，在哲学和伦理学中，"价值"这个概念极少出现。在苏联翻译过来的工具书上，它被视为唯心主义的哲学范畴，所以，当时通行的哲学教科书中没有"价值"这个概念出现。

突破出现在 1980 年 5 月，《中国青年》杂志刊登了署名"潘晓"的一封题为"人生的路呵，怎么越走越窄……"的读者来信。随后，围绕这封来信提出的问题，公众展开了持续数月的大讨论。这场讨论的特点是，青年读者得以坦诚、真诚地直抒心中和疑惑，主持者与读者平等对话，并得到高层领导首肯。如 1981 年杂志社对讨论的总结所说，这场大讨论，直面"现实社会的客观矛盾，实际生活中的种种难题"，在社会中产生了极其广泛、深刻的影响。凡是经历过这个时代的人，皆印象深刻。

讨论得最热烈的是潘晓的信中提出的命题——"主观为自己，客观为他人"——是否成立。潘晓在信中提出这一问题时，使用了"自我存在的价值"这一概念，认为"只要每一个人都尽量去提高自我存在的价值，那么整个人类社会的向前发展也就成为必然了"。此说法引发强烈反响。共产主义社会是高度重视个人价值的，这是历史前进的趋势，否定了个人的价值，实际上就从根本上否定了社会的价值。"不能设想，人民对于自己的价值没有充分的认识，却能够真正地充当社会的主人，并行使自己的主人的权力。"我们应该对个人价值来一个重新认识，在政治制度、伦理关系和其他方面也实行改造，以适应生产力的发展。"我们深信，随着社会主义生产力的不断发展，旧的习惯势力的不断被清除，社会主义社会人的地位、价值，人与人之间的关系，必将……越来越射出资本主义社会不可想象的诱人光彩。"第九期柳松的文章还强调，"自我价值"这个命题，是具有时代意义的觉醒。抹杀它就是把自己放到封建专制的立场上了。当代青年已经不满足于被动地做人，不甘心被简单地当作劳动力来看待，他们要求作为一个完整的人受到尊重，作为名副其实的社会主人发挥自己的作用。它标志着中国人再次由沉睡中苏醒，标志着青年一代对高度文明、高度民主的向往。这是具有时代意义的觉醒。而这一切，正是我们党的政治路线、思想路线和组织路线所要求的。

此后的讨论把个人价值或自我价值这一问题细化为两个方面，分别就"如何提高个人价值"和"怎样才算提高了个人的价值"开辟专栏，进行讨论。一步一步把讨论引向深入，社会影响也逐渐扩大。

还有两件事情，促使这场讨论的社会影响力得以扩大。一是"人才学"的勃兴。王通讯、雷祯孝发起的"人才学"，以青年人如何成才为主题。一方面，张扬人才的重要性，突破了长期以来对"成名成家"的批评

　　　　　　　　　　　　学术中的中国

和对"普通劳动者"的提倡。肯定个人成才的合法性,在一定程度上,与对人的价值、个人的自我价值的推崇相辅相成。另一方面,"人才学"还探讨"如何成才"的问题,通过对杰出人才成长的历史经验的总结和梳理,力求归纳出人才得以成长的规律。其中最令人耳目一新的就是"自己设计自己"(简称"自我设计")的口号。敏锐的青年一代很快就接受了这一观念。这与潘晓的信的讨论中提出的"自我价值"论是一脉相通的。

二是在文化界与大学生中形成的"萨特热"。1980 年 4 月,法国哲学家、文学家萨特离世。4 月 19 日出殡,巴黎万人空巷,群众自发送葬至公墓。这一场景传到中国,掀起了一股"萨特热",这是人们不曾料到的。尽管 20 世纪 50 年代萨特曾访问北京,也有一些作品翻译出版,但影响并不大。这次却不然,"萨特"成了一个热门的话题。青年学子最关注的也就是那些与潘晓的信相关的问题。其中,萨特的"自我选择""自我价值"概念,引发的共鸣最为强烈。"我选择,我自由,我负责"被一些青年人视为信条。这使得潘晓的信中凸显的"自我价值"论述,得到了更为广泛的传播。

值得注意的是,随着讨论的深入,人们逐步把作为人生观的自我价值问题同对现实社会的认识问题联系起来,提出了主张把人的价值问题提升为社会改革的目标,即人的解放的主张。人的价值的问题开始从属于人生观范畴的自我价值或个人价值问题,向更为广泛的领域拓展。

一年之后,《中国青年》杂志在对讨论进行总结时指出:"正确认识'人的价值'——本次讨论不约而同地对此进行了讨论。"新的认识是:"社会应当重视'人的价值',集体应当重视'个人价值',个人应自觉地按照社会需要提高'自我价值'。""这种认识，来自对现实社会的痛彻感受和深刻思考。"

正如"总结"所指出，这一问题的提出也是重新认识马克思主义。"重新认识"，所指的就是从1980年下半年开始的关于人道主义与异化问题的讨论。当年8月15日，汝信在《人民日报》发表了《人道主义就是修正主义吗？》一文，揭开了讨论的序幕。此后理论界就此发表了大量文章。1982年6月23日，周扬著文提到经济异化、政治异化和思想异化。1983年1月5日，《人民日报》刊登的周扬文章，提出"要尊重人，尊重人的尊严"。讨论的高潮是1983年3月13日举行的纪念马克思逝世一百周年大会。周扬在大会作主旨报告指出："粉碎'四人帮'后人们迫切需要恢复人的尊严，提高人的价值，这是完全应该的。""总的说来，社会主义社会，最有利于人的才能的发挥；社会主义社会新型的社会关系，使每个劳动者都可以平等地受到社会尊重。"他还强调："我们要教育青年建立科学的价值观。把人的价值抽象化，用实现'人的价值'来装扮自己的极端个人主义是不足取的。应该在建设社会主义的创造性劳动中，实现人的价值，提高人的价值。"[①]这里明确肯定了"人的价值"，正式使用了"价值观"一词。

众所周知，在人道主义与异化问题上，周扬的观点引起了极大的争议。不仅会上有批评周扬的文章宣读，会后胡乔木撰写了《关于人道主义和异化问题》，对周扬的观点进行批评。胡乔木的文章（以下简称胡文），主要是提出了人道主义有两个方面的含义：一个是作为世界观和历

---

① 周扬:《周扬文集》第5卷，北京：人民出版社，1994年，第475—476页。

史观，一个是作为伦理原则和道德规范。作为世界观和历史观的人道主义，同马克思主义的历史唯物主义是根本对立的，不能抹煞这种对立。作为一项伦理原则，它是以马克思主义世界观和历史观为基础的。社会主义人道主义本质上不同于作为伦理原则的资产阶级人道主义，但两者又有一定的批判继承的关系。关键在于不能离开社会发展的具体情况，离开人在社会中的劳动，离开个人同他人、同集体、同阶级、同社会的关系，来抽象地、孤立地谈论"人的价值"。不同的时代、不同的阶级、不同的人有不同的价值观。实际上，抽象的"人的价值"观念，只是随着资本主义商品交换出现才产生的。

胡文一方面用阶级分析的方法，说明不同阶级的人有不同的价值观，这样也在否定抽象地、孤立地谈论价值观的同时，事实上肯定了"价值观"这个概念；另一方面，又将"价值观"局限于伦理和道德的领域。这就为"价值""价值观""人的价值"等概念工具留下了研究的空间。

在此基础上，胡文还强调：在社会主义社会中，在个人和社会的关系上，人的价值包括两个方面，一是社会对个人的尊重和满足；二是个人对社会的责任和贡献。需要着重指出的是，我们决不能只从社会给予个人这方面来谈"人的价值"。因为社会要能够提供实现其每个成员的"人的价值"的条件，首先就需要把它们创造出来。评价一个人的价值，不仅在于他的存在和需要是否从社会、从他人那里得到承认和满足，更重要的是他为社会、为他人尽了什么责任，作了什么贡献。从共产主义的世界观、人生观看来，人的价值首先在于为共产主义事业、为无产阶级和全人类的解放作出贡献。

胡文的这些论说表明，"人道主义和异化问题"上争论的双方有尖锐的分歧，但都已经开始认可"价值""评价""价值观"等概念工具的合法性。胡文对各种不同的价值观给出自己的分析，开启了对"价值"问题进行研究的大门，并且肯定了"评价一个人的价值"这个问题是真实的、有待回答的问题，进而提出了要以马克思主义来理解和解释人的价值的任务。胡文给出的这些结论，标志着"价值"概念已经正式被中国的舆论场接纳。

从发生的过程来看，价值大讨论的缘起似乎是偶然的，但其演进的过程既有自发的社会思潮的涌动，又有学界、政界的影响。不由想起恩格斯对历史必然性、偶然性以及历史合力的论述：

> 历史是这样创造的：最终的结果总是从许多单个的意志的相互冲突中产生出来的，而其中每一个意志，又是由许多特殊的生活条件，才成为它所成为的那样。这样就有无数互相交错的力量，有无数个力的平行四边形，由此就产生一个合力，即历史结果，而这个结果又可以看作一个作为整体的、不自觉地和不自主地起着作用的力量的产物，但是，各个人的意志……虽然都达不到自己的愿望，而是融合为一个总的平均数，一个总的合力，然而从这一事实中决不应作出结论说，这个意志等于零。相反地，每个意志都对合力有所贡献，因而是包括在这个合力里面的。①

在这些论说中可以看出，在恩格斯看来，许多思想家或者是意识形态家

---

① 《致约·布洛赫》，《马克思恩格斯选集》第4卷，北京：人民出版社，1995年，第697页。

并不都是刻意地出于某种目的来炮制某种学说或理论的。如果舆论界动不动就指责某种学说是出于某种动机而刻意制造出来的，那么会把许多问题都简单化，导致相互之间的指责频发，形成一个充满戾气的氛围。其实，正如恩格斯所说，观念史的演进是合力作用的结果，是各种不同的意志出于各自的条件从不同的方面、不同的视角在争论中呈现出来的，有其偶然性和必然性。我们只有把历史，包括观念史，当作一个由必然性和偶然性相互作用所产生的复杂过程，才不至于把复杂的历史简单化，才能避免绝对主义。

构建马克思主义哲学价值论的努力

（一）学界的反应

20 世纪 80 年代初围绕潘晓的信的讨论，在社会中产生了广泛而深远的影响。"自我价值"和"自我选择"的观念在公众中日渐流传，成为日常话语。当问起学生为什么要选择某个专业或职业岗位的时候，"可以实现自我价值"是一个常见的答案。这当然与社会的发展变化有关，最主要的是毕业分配逐渐取消，而自主择业的机会大增。

与此相对照，学界的反应却相对滞后。以较早重视价值问题的《人文杂志》为例，1985 年之前，其所刊登的文章讨论的大多是经济学的"价值"问题，如劳动价值论与剩余价值论、使用价值与交换价值等。20 世纪 80 年代中期学界才开始从哲学的视角考察价值问题，进而构建哲学价值论。这种滞后有其历史的原因。苏联哲学界在 1956 年苏共二十大之前是拒斥"价值"问题的。1956 年之后，才开始认可"价值"概念。承认事实和价值，评价和判断之间的区别是有意义的。即使在 1949 年之前，中国的哲学界对价值问题也缺乏足够的重视。当时，德国古典哲学、分析哲学、实用主义哲学等都有研究者和传播者。但对于 19 世纪下半叶在德国兴起的以新康德主义的弗莱堡学派为代表的"价值哲学"，中国学界较少关注。1934 年世界书局出版的《价值哲学》可能是最早的价值哲学汉语书了。该书的序言从人类思想演进的线索说明了为何价值哲学得以兴起。作者张东荪认为，初始人们惊叹于宇宙的变化无穷、追问宇宙的来源，于是有了本体论的争论。不休的争论又引出了对知识来源与可靠性的争议。而知识的可靠性问题又引发了知识是否"妥当"(Geltüng，又译"有意义")的问题，妥当与否属于价值问题。于是对价值论的兴趣就发生了。① 可是，作者除了介绍一些西方哲学家的学说之外，没有明确回答自己概括的那几个问题。实事求是地说，这确实反映了作者的清醒：如作者在为该书所属的"哲学丛书"所写的"缘起"中所说，"中华民族此后的生存就看能否创出一种新文化，但新文化的产生必有相当的酝酿时期。在这个时期，吸收的功夫居一半，消化的勾当亦居一半。所以，我们愿在这个过渡时期内设法使人们胃中得装有些食料。他日消化了，有所创造，便是今天的收功。"②

发人深省的是，此书介绍的那些学说，偏偏遗漏了正式提出"价值哲学"——即以价值为哲学研究的唯一对象——这一概念的德国弗莱堡学派的新康德主义者文德尔班及其后继者李凯尔特。因而对于从洛采、尼采到文德尔班这一价值哲学的演进脉络几乎一无所涉。

---

①② 张东荪:《价值哲学》，上海：世界书局，1934 年，第 3 页。

改革开放之后，书籍和人员的交流之门打开了。学界同仁翻译了许多价值哲学的代表作，如涂纪亮先生翻译的李凯尔特的《文化科学和自然科学》、罗达仁先生翻译的文德尔班的《哲学史教程》等，使得人们可以借助中译本对从洛采、尼采到新康德主义这一演进脉络，有一个整体的鸟瞰。

（二）如何用马克思主义来构建中国的价值哲学

对于中国学者来说，如何用马克思主义来构建自己的价值哲学，是必须回答的问题。初始阶段，有些论者想从马克思的文本中找出一个对"价值"范畴所作的定义，以此作为研究的出发点。有些文章认为，马克思 1879—1880 年写的手稿《评阿·瓦格纳的"政治经济学教科书"》给作为普遍哲学范畴的"价值"概念下了一个定义："'价值'这个普遍范畴是从人们对待他们需要的外界物的关系中产生的"，并且认为这就是马克思提出的一般价值观，是我们讨论价值问题的理论依据。[①] 有的文章则进一步从这一段话引申出，在马克思主义看来，价值作为一般哲学范畴的含义就是有用性的论断。然而如果细读马克思的手稿不难发现，这是一种误读。所引用的文字，其实是马克思所批判的对象——德国经济学家阿·瓦格纳所写。[②]

事实上，马克思、恩格斯对那种将经济学中的"价值"概念向其他领域渗透，用来说明人与人之间的关系，说明人生的意义，进而引申出

[①] 郑庆林：《价值问题的哲学探讨》，《哲学研究》1983 年第 8 期；马润青、陈仲华：《人的价值与两种文明的建设》，《哲学研究》1983 年第 8 期。

[②] 参见赵修义：《马克思有没有提出作为普通哲学范畴的"价值"定义？》，《社会科学家》1988 年第 1 期。

普遍的价值范畴的做法，从根本上不予赞同。恩格斯在《英国工人阶级状况》中做过透辟的分析。他说：资本主义的生产关系使资产者把赚钱、发财当作唯一目的，"一切生活关系都从能否赚钱来衡量，凡是不赚钱的都是蠢事，都不切实际，都是幻想"。"所以政治经济学这门专讲赚钱方法的科学就成了这些人所喜爱的科学。"①资产者渐渐用经济概念来说明人生、人与人的关系，其结果是："小商人的气质渗透了全部语言，一切关系都用商业术语、经济概念来表现。供应和需求（supply and demand），这就是英国人用来判断整个人生的逻辑公式。"这样，对人生的意义、个人社会地位的度量就采用了度量商品的"价值"概念。在资产者的语言中，"金钱确定人的价值：这个人值一万英镑，就是说，他拥有这样一笔钱"。②

所以，当代的马克思主义者若要将"价值"概念接纳进已有的哲学体系，必须作出新的探索。初步检索 20 世纪 80 年代之后的相关文献，所见的主要有四种研究进路：一是着重探讨如何在价值问题上坚持唯物主义，试图证明价值的客观性；二是着重从马克思主义认识论的视角，探讨认识与评价之间的关系问题；三是强调马克思的价值学说主要体现在其经济学说中，《资本论》不仅研究了政治经济学的价值问题，而且是研究一般价值论或哲学价值论的最重要的文本依据；四是着重从马克思关于人的自由的学说中提炼马克思的哲学价值论。限于篇幅，这里仅对后两种进路作一评介。

从马克思的经济学说切入这一进路，在 20 世纪 70—80 年代的东

①② 《马克思恩格斯全集》第 2 卷，北京：人民出版社，2005 年，第 565 页。

欧学界相当流行。捷克斯洛伐克学者布罗日克在《价值与评价》一书的"序"中写道："许多苏联学者（首先是图加里诺夫）早已指出，价值学的地位正是在马克思主义哲学中才得以确定的。因为马克思的《资本论》乃是一部首先论述价值的著作。"① 布罗日克认为《资本论》德文原版中使用的"价值对象性"（Wertgegenständlichkeit）这一概念，才是理解马克思哲学价值论的核心概念，但《资本论》的俄译本中，没有将这一概念与"价值"（Wert 和 Wertding）加以区分。《价值与评价》一书，围绕这一概念，展开了对认识与评价、评价的过程、价值的分类和等级、价值的功能等问题的论述。苏联学界对布罗日克的工作给予了肯定的评价，俄译本曾重印多次。中国学界沿袭这一进路，做了不少工作。

（三）构建马克思主义价值哲学的代表性成果——以冯契先生为例

冯契先生是构建马克思主义价值哲学的先行者之一，早在 1965 年就为《辞海》（未定稿版）写下了价值论的条目。冯契先生在《价值与评价》中译本序中，对苏东学界的研究进路给出了自己的分析：此书选定的角度，即从《资本论》中马克思使用的"价值对象性"这一概念来考察认识和评价的关系，由此入手构建马克思主义的价值论，是有意义的。"他所谓价值对象性，就是我们常说的'为我之物'（不论是自然的还是人造的）对社会的人具有的功能。人们通过社会实践来认识世界和改造世界，不断地化自在之物为为我之物。这个为我之物的领域虽仍然是客观的自然过程，但同时又是人的有意识的活动的产物，体现了人的需要、目的，并使人的本质力量对象化了；因此对社会的人来说，它不仅是认识对象而

---

① 弗·布罗日克：《价值与评价》，李志林、盛宗范译，上海：知识出版社，1988 年，捷文本序，第 3 页。

且是评价对象。"对此,冯契先生作了肯定评价:"阐明关于价值本性的辩证唯物主义观点。""既批评了以价值为物的自然属性的自然主义理论,也批评了以主观兴趣为价值或把价值视作柏拉图式的'意义'世界的唯心主义理论。"他同时指出,价值论可以从不同的角度加以研究,并委婉地提出,此书没有讨论人的自由问题,可能是一个缺陷。

1. 冯契先生独特的研究进路

冯契先生认为,人的自由问题在马克思主义的价值理论中,确实有十分重要的地位。马克思在《1844年经济学哲学手稿》中说过,人的劳动生产不同于动物的生产。动物的生产是片面的,不自由的。人类的生产则在本质上要求成为全面的、自由的。人能够自由地对待自己的产品,不仅使产品符合人的需要,而且在产品上打上人的印记;使人的本质力量对象化,于是在他所创造的世界中直观自身。人的劳动可以说是化"自在之物"为"为我之物"的实践活动。"这样,为我之物不仅是人的物质利益所在,而且包含有真、善、美的精神价值的要素。""正是在劳动生产的基础上,科学、道德、文艺等有价值的文化发展起来了,而实践和文化的发展又转过来培养了人的能力和德性。""文化和人的本质力量互相促进,人们在不断发展的功利和真善美的价值活动中提高了自身的价值。而一切价值(不论是人自身的还是文化的),都可以说是人的自由的本质的展现。""所以,我认为,如果我们注意从人的自由本质的历史发展的角度来研究马克思主义的价值论,那一定也是会有所建树和富有成效的。"① 在《认识世界和认识自己》一书中,冯契先生提出了关于

①　弗·布罗日克:《价值与评价》,李志林、盛宗范译,上海:知识出版社,1988年,捷文本序,第3页。

本然界、事实界、可能界和价值界的"四界"理论，从而把价值与现实世界联结起来，比较合理地界定了价值界及其特征，说明了价值的来源和本质。

在冯契先生的学说中，实践唯物主义的第一个原理"是客观实在，是物质。这是认识论的出发点。这个物质就是本然界，也可以称为自在之物"。① 人类认识世界的过程就是不断地化"自在之物"为"为我之物"的过程。② 这个过程的第一步就是在实践中认识者与客观实在相接触，取得知识经验。而"知识经验的领域就是事实界"。③ "人把有利于自己的可能性作为目的来指导行动、改造自然，使自然人化，就创造了价值"，"于是化自在之物为为我之物，就不仅有事实界、可能界，而且有价值界"。④

这样的一个"价值界就是人化的自然，也就是广义的文化。文化是人的社会实践、人的劳作的产物，是人在社会实践中各种各样的创造，包括物质生产、社会组织和制度、各种意识形态、科学、艺术、道德等"。⑤ "创造价值是人类文化活动的根本特征""价值问题是人类文化的核心问题"。⑥

一方面，冯契先生肯定了"价值是人的创造"，认为"可能界只有与

---

① 冯契:《认识世界和认识自己》,《冯契文集》第 1 卷, 上海: 华东师范大学出版社, 1996 年, 第 150 页。
② 同上书, 第 300 页。
③ 同上书, 第 321 页。
④ 同上书, 第 107 页。
⑤ 同上书, 第 344 页。
⑥ 同上书, 第 346 页。

人们的需要相联系的部分，经过人的活动，才实现为价值"。[1] 所以，价值领域是人"进行创造的领域"。另一方面，冯契先生把价值的创造建基于人的实践，并且将客观必然性提供的现实可能性作为价值得以实现的前提。这就与那种把价值仅仅视为人的"兴趣"或"需要"的对象，以需要或兴趣来定义价值领域的特征的心理主义的价值论鲜明地区别开来了。

这一阐释比较好地回答了如何从马克思主义的基本原理来阐释"价值"的难题。从 20 世纪 50 年代后期开始，东欧学界对这一难题也进行过一些探索。其中，比较有代表性的观点有两种。一种是"从社会存在决定社会意识"的历史唯物主义出发，把价值视为一种上层建筑、一种观念形态，比较着重于分析价值观念的历史性、社会性、阶级性。这固然有一定的道理，但持这种观点的人对于价值作为一种"人的创造"这一理念则有意无意地忽视了，自然也难以对"价值"和"评价"的机理给出细致的哲学分析，给出科学的说明。另一种则侧重于从《资本论》和马克思的政治经济学中汲取营养。相关的工作有一定的成效，如上文所述，捷克学者布罗日克就从《资本论》中引出了"价值对象性"的概念，进而说明了价值与评价的关系，认识与评价的关系。苏东学界的这一进路，对中国学界有不小的影响，有些学者继续沿着这一进路来回答价值问题。但是这样的进路，也有其弱点。第一，离开了马克思主义认识论，忽视本体论，难以从根本上对价值和文化作出哲学的阐释。第二，容易

---

[1] 冯契：《认识世界和认识自己》，《冯契文集》第 1 卷，上海：华东师范大学出版社，1996 年，第 345 页。

混淆经济学的价值范畴与哲学的价值范畴。如有的学者径直将经济学中"使用价值"的概念等同于哲学的价值,将价值定义为"满足人的需要的能力",将人的创造力,尤其是精神创造力置于价值论的视野之外,无法解释文化价值。第三,如哈贝马斯所指出的那样,容易陷入单纯的"生产的逻辑",无法对人的价值,对宗教、审美等文化价值以及人对真善美的追求给出合理的解释。与此相比,冯契将价值论立基于认识论和本体论的进路,无疑有优胜之处。

2. 奠基于认识论和本体论的研究进路的优胜之处

冯契先生借助"自在"与"自为"的概念来阐释人的自由的本质,并回答哲学价值论的重大问题。在他看来,"精神主体要经历由自发(自在)到自觉(自为)的过程,这个过程是和人通过实践和认识的反复活动,化自在之物为为我之物的过程相一致"。[1] 这一论述,一方面回应了萨特等存在主义者就自在与自为的关系问题在人的价值问题上所给的论说,揭示了其现象学方法脱离人的实践来讨论问题的弊端。另一方面,对化"自在之物"为"为我之物"的过程中,主体如何由自在而自为,成为越来越自由的人格的历程作出了仔细精到的分析。

冯契先生的这一研究进路,最大的特点是把人所创造的文化价值和人本身的价值有机地统一起来了。一方面,为我之物就是人类所创造的文化,为我之物既是真理的实现,又是人的目的的实现。因此,"为我之物就是最广义的价值、最广义的'好'",[2] 是对人民、对人类进步有真

---

[1] 冯契:《人的自由和真善美》,《冯契文集》第 3 卷,上海:华东师范大学出版社,1996 年,第 9 页。

[2] 同上书,第 12 页。

实利益的"好"的东西,在此基础上产生的真善美,以及一切有利的制度、措施等,都属于广义的文化价值的范畴。另一方面,"自在之物"化为"为我之物"的过程也是人由"自在"而"自为"的过程。"这一过程既使现实成为对人有价值的,也使人本身的价值不断提高"。①这就鲜明地肯定了"人本身的价值",改变了一度流行的只讲社会价值、文化价值或社会的价值标准而无视"人本身的价值"的片面观念,回应了一度流行于中国的存在主义。其次,冯契在论述人本身的价值的时候,一方面强调"现实的发展有多种可能性供人选择,人本身的发展也有多种可能性可供选择。在评价和创造的活动过程中,人能主动地选择道路",在这里"目的因是动力因,精神以实现自身为目的","人作为评价的主体和创作者、享用者,也为自我作设计、谋划自身"。②所以,儒家强调的"立志",是非常重要的。人的本质力量需要通过主体自身的努力,提升精神境界才能成为自在而自为的德性与才能。人自身的价值不能视为兴趣的指向或欲望的实现。另一方面,冯契又强调,"文化和人的本质力量互相促进,人们在不断发展功利和真善美的活动中提高了自身的价值""而一切价值(不论是人自身的还是文化的),都可以说是人的要求自由的本质的展现。"③

冯契先生的这些论说,可以视为中国学界构建马克思主义价值哲学的代表性成果。

---

①② 冯契:《人的自由和真善美》,《冯契文集》第3卷,上海:华东师范大学出版社,1996年,第90页。

③ 冯契:《〈价值与评价〉中译本序》,《冯契文集》第8卷,上海:华东师范大学出版社,2016年,第356—357页。

价值导向：观照现实生活提出的新话语

如前所述，价值问题在中国舆论场上的凸显绝非偶然。为了回答现实问题，中国学界提出了一系列新概念、新问题。其中最为显要的是"价值导向"的概念。

"价值导向"这一概念是由"道德价值导向"概念演化而来，初见于《学术月刊》1990年第11期发表的《当代中国的义利之辩与社会的道德价值导向》（朱贻庭等著）一文。1991年6月，华东师大哲学系与《学术月刊》联合举办学术研讨会，邀集全国各地专家研讨"改革开放与社会价值导向"，《人民日报》对此进行报道。"价值导向"这一概念自此引起广泛关注，逐渐成为学界常用词。2009年，"道德价值导向"被《辞海》第六版收入为条目。在会议上，冯契先生指出：道德价值导向，"不能脱离一般的价值取向问题"，应该从一般价值观的角度加以考虑，无论是善，还是美、真、功利，"都有一个价值导向的问题"。①

改革开放以后，尤其是市场经济蓬勃发展之后，中国社会的思想面貌和精神状态发生了深刻的变化。一方面，"个体的觉醒和个人的权利意识的增长"局面逐渐形成。"个人价值""自我价值"的概念广泛流传。自主选择成为公众认可的观念。另一方面，在社会生活中，人们有了自由选择的空间、自主选择的机会，社会成员面临的"价值选择"更为多

---

① 冯契：《坚持价值导向的"大众方向"——在"改革开放与社会价值导向"全国学术研讨会上的讲话》，《探索与争鸣》2015年第11期。

样复杂。价值取向的多样化、价值观念的多元化渐成趋势。如何对待这"多"与"一"的关系就成为无法回避的关系。

在一段时间里，我们曾经简单地把"多"归结为正确和错误两家，实际上就是用"一"去消除"多"。可是这种习惯的做法已经无法延续，也难以获得效果。冯契先生在1991年提出"价值导向"这一问题，敏锐地抓住了即将来临的社会变革将会给人们的价值观念上带来的新变化。进而探讨了"导向何处"和"如何导向"这两大问题。

冯契先生的讲演着重讨论的是第二个问题。在一段时期里，舆论界对于价值问题的理解偏重于评价标准。有的时候，就将价值，尤其是道德价值等同于各种规范，或者是简单地等同于德目。即使讨论到面向未来的价值目标，社会舆论倡导数目繁多的价值项，每一个价值项又会有各式各样的解读，难以给出明确的界定。结果既使人感到美不胜收，又让人无所适从。人们也无法搞清诸多价值项之间的内在关联，甚至连保持完整的记忆也不容易。在这种氛围下，各式各样的道德格言、心灵鸡汤，甚至民间的生活智慧，常常都被冠上了"价值观"的大名而登上主流媒体。这种碎片化的趋势迷失了聚焦点，亟待整合，否则价值导向就会变成一句空话。

冯契先生使用"大众方向"一词就是力求聚焦。其理论依据就是《新民主主义论》提出的"建设民族的、科学的、大众的文化"的方针以及周恩来对此所做的阐释。在此基础上，冯契先生从价值论的基本理论出发，作出了具体的阐释和论证。

首先，从论说最广义的价值，也就是"好"入手，强调必须能使人民群众得到真实的利益，才是好的东西。也就是说，最广义的价值，就是"人民群众的真实利益"。这是价值论上的"大众方向"的最基本的出发点和归宿，也是最基本的评价标准。一切好的东西，都以真实的利益作为内容，满足人民的需要；一切好的东西，包括真、善、美，一切有利于人民的事、一切文化上的创造都是为了使广大群众得到真实利益，以人民群众的目前利益和长远利益的统一为出发点。冯契先生特别强调"真实利益"这四个字，并且把它同作为最基本的价值的"真"，联结在一起。

其次，冯契先生又强调必须全面地、准确地理解和解读"真实利益"。他指出，"不能对人民群众的真实利益片面认识"。20世纪90年代初，一度盛行的否定人民群众对物质利益的合理追求的观念已经得到矫正，个体的经济动机已经得到了一定程度的解放，"致富"已经成为社会的共识。冯契先生从中敏锐地观察到开始露头的对精神价值的轻视，强调"这样讲利不是说就是忽视了精神价值。一切精神价值，就起源来说都不是超功利的，都是为了得到真实利益。但精神价值都有内在价值，从人性的自由发展来说，精神价值本身是目的。建设社会主义，解放生产力，丰富社会财富，根本目的是培养人，使人得到自由发展，是为了建设'每个人的自由发展是一切人的自由发展的条件'的社会，不能对人民群众的真实利益片面认识"。这是非常具有预见性的观察。尽管经历了曲折，人们对于精神价值、对于文化教育的认识已经大有提高。但是，对精神价值的片面认识依然以新的形态在社会上流行。新的特点就是，只讲精神价值的手段意义和工具意义。也就是把文化教育甚至是道德本身都仅仅视为发展经济提升物质利益的工具。早在1986年的功利主义讨论会上，冯契先生就指出，在功利和精神价值的关系上，必须处理好目的和手段的关系。科学、艺术、教育、道德等,都有增进人类福祉的功利性,具有手段的意义。但是"它们不仅是手段,也是目的,因而具有内在价值"。[①] 向着《共产党宣言》所说的"每个人的自由发展是一切人的自由发展的条件"的理想前进,这就是价值导向的"大众方向"最根本的含义。

再次,必须以理想观照现实。冯契先生没有把理想当作可望而不可即的自在之物,而是以理想观照现实,把握好现实生活中违背理想的主要倾向,探寻在具体的历史条件下追求理想的途径。冯契先生在会上强调,"建设社会主义,解放生产力,丰富社会财富,根本目的是培养人,使人得到自由发展,是为了建设'每个人的自由发展是一切人的自由发展的条件'的社会",这就把每个人的全面而自由发展的理想与中国的历史和现实非常具体地结合在一起,使得理想不再是遥远的、抽象的东西,而成了活生生的引领现实的价值导向。

余　论

尽管冯契先生的演讲作于 30 年前,"价值导向"这个概念至今依然有生命力,既有解释现实的力量,也给人以方向感。这篇演讲的记录稿 2015 年在《探索与争鸣》发表之后,《新华文摘》立即转载并置于刊首。"价值导向"这一概念的提出,生发出一系列具有中国特色的新话语,也提出了许多有待研究的新问题。

---

① 　冯契:《冯契文集》第九卷,上海:华东师范大学出版社,2016 年,第 490 页。

（一）与"价值导向"相对应的"价值取向"

"取向"所指的是"实然"状态，即客观上公众所认可的"值得追求"的东西。在一个社会分层、利益分化的社会中，价值取向的多样化，甚至多元化，是不得不面对的现实。于是社会价值导向与个人价值取向之间的冲突，就不可避免。这种冲突既有一元导向与多样取向之间的分歧纠缠，又有不同价值理念之间的冲突。因为，这种导向本身，所倡导的价值项不是一而是多。这是鱼与熊掌不可兼得的问题。还有不同价值排序之间的冲突。如在当代社会，我们会面临效率优先还是公平优先之间的矛盾选择……此外，就经济和社会政策而言，不同时期的社会和经济政策往往存在不同的价值导向。比如，在经济下滑阶段，各级政府为了快速拉动经济发展，可能会出台各种刺激消费的政策，这些政策容易给人这样的印象：鼓励人们高消费、提前消费，甚至奢侈消费，这和"艰苦朴素""俭以养德"等中国传统的勤俭持家的价值观冲突。一方面是高消费的导向；另一方面是艰苦朴素的取向。这会给普通百姓造成错觉，似乎社会的价值导向混乱，价值观出现错位，给人以无所适从之感。在现阶段，类似的价值冲突现象是比较常见的。如何建立一种有效的沟通机制，寻找价值层面的最大公约数，使价值导向与价值取向保持一种动态的平衡，是值得深入研究的问题。

（二）"价值观"与"价值项"

强调价值导向之后，最初的阶段是强调"价值观"，并且将世界观、人生观、价值观并称为"三观"。但是价值观到底具体体现在哪里，则不甚了了。没有具体的价值项，本身只有一个"社会主义"前置词。后来，舆论界逐步提出了一个个价值项，诸如"爱国""富强""民主"等。有论者认为，一个时代借以区别另一个时代的价值精神，即价值观，不在于其具体组成部分，而在于其体系及其内在结构。一个社会可以有诸多具体价值精神，且这些价值精神可能都有某种合理性根据，然而，能够作为社会基本价值导向的，一定是那个社会的最重要、最核心的内容，有如那宏大建筑的拱顶石。正是此拱顶石决定了此价值体系是此时代的，而不是彼时代的。诸如诚实、守信、友爱等当然是日常生活中不可或缺的价值精神，但是，一方面，它们是人类历史上始终存在着的价值要求，不能成为不同时代价值精神彼此区别的内容；另一方面，它们的鲜活内容有赖于时代精神具体赋值，它们的具体作用效果依赖于社会背景等条件。显然，它们不是价值体系中的拱顶石，不能承受拱顶石之重。

（三）价值导向与生活世界

不同于一般的知识，即使人们有了正确的价值认知也未必会付诸实践。况且人们要获得正确的价值认知，也不是仅仅通过言说、告知、宣传就可以达致的，而是必须以真诚的"信"（相信）为前提。从一定意义上说，价值导向最主要的任务是使人们真诚地"相信"这是值得追求的。不仅如此，还得让人们相信，这是在日常生活世界中，实际存在的，而且也是行得通的。所以，价值导向不能停留于言说教育，而必须落实到生活世界中。

历史经验表明，制度体制及其具体运行所蕴含着的价值精神及其导向，较之言说的价值精神及其导向，更为根本、更为有效。所以，价值观若要具体地体现在行为与评价之中，一方面有待体现于政府政策和施政行为中，另一方面必须成为公众评价政府工作人员、事业单位人员以及其他社会成员行为的尺度，以便使社会倡导的价值观真实地发生作用，落实于生活世界。同时，也要形成健康的舆论氛围，结合现实生活中的各种难题，为人们提供生活导向。

　　信息技术超乎人们想象的飞跃发展，一方面导致了价值观的均质化、单一化、平面化；另一方面又呈现为人群分化和观念的两极化，以及由此带来的价值观的多样化、复杂化、碎片化。而市场经济的勃兴又加深了这一态势。这种态势，对坚持和深化社会价值导向的"大众方向"的挑战无疑是巨大的，有待于全社会的努力。相信依托中华文明的深厚底蕴、改革开放以来积累的丰富经验，中国人民有底气、有能力破解这一难题，把"大众方向"落到实处。

内化与外溢

——社会转型背景下的人文学术生产

李凤亮（南方科技大学党委副书记，深圳大学文化产业研究院院长、教授）
陈能军（深圳大学文化产业研究院博士后）

伟大的时代孕育伟大的精神，近代以来的中国人文学术无疑构成我们国家和民族在每一阶段的重要精神力量。尤其伴随着一次次社会转型，人文学术对于转型期的社会思想启蒙和社会心理稳定，都产生了决定性的作用。人文科学以人的精神世界为认识和研究对象，以人的精神世界与当代社会的互动性机制为中心话题。可以说，人们在改造精神世界的同时，亦能够以精神世界的光照亮其所处物质世界的改造进程，而人文科学就是人类精神世界中那一抹最具生命力和穿透力的光。

纵观近30年来当代中国社会的持续转型和发展，最大的变革之一就是20世纪90年代初伴随着中国共产党第十四次全国代表大会召开而来的社会主义市场经济体制改革目标的确立。市场力量获得释放，在幅员辽阔、人口巨量的中国奔泻而出，宣示"消费时代"和商品经济的来临。然而，就在这样一个充满了期待与激情，蓄势待发、百业待兴的中国经济社会横切面的另一角，精神生产领域中的知识分子却开始陷入一场为边缘化而焦虑的自我审视。在他们的主体性视角中，商品经济的爆发使精神产品的多元化、大众化、娱乐化甚至工业化发展愈加明显，精神生产沦为商业附庸，成为人们获利的工具，精神生产也不再是文化精英们的专有权利……凡此种种市场经济因素，促使他们深刻而强烈地感受到自身重建人文精神、重塑人文学术之志业的危机。市场经济语境下，多种力量的博弈，人文思潮的流变，无不预示着精神生产方式和人文学术生产方式都将迎来种种新的变迁。

语境变迁：市场崛起中的人文新潮

20世纪90年代，无论对于中国还是世界的发展史而言，都具有重要的节点性意义。中国人文学术的变迁在20世纪90年代之所以能够成为一段重大的转折性存在，是因为其发生发展的必然性，是在多种力量的多重博弈下实现的。

（一）力量场域演变：诸种力量的多重博弈与发展

其一，政治的力量。在国际政治环境方面，1989年东欧剧变和1991年苏联解体，标志着冷战格局结束，和平与发展愈发成为国际社会的共同主题。近30年相对稳定、和平的国际政治环境，就是保障中国社会各领域高速发展的重要外部支撑。在国内政治环境方面，体制改革成为重要内容，文化生产部门承担了一定的改革压力，但从长远看，这些变革都是符合生产者长远利益的。于是文化事业单位一统天下的局面一去不返，有了学术出版业的市场化改制，有了人文科学、高等教育与市场经济接轨等改革推进。国外政治环境的持续稳定和国内渐变式体制改革的向深推进，使中国社会的精神生产和人文学术生产，既具备了相对稳定的外部保障，又契合了生产组织自变革的内生诉求。

其二，市场的力量。从 20 世纪 90 年代初以来，精神生产和人文学术生产愈发深刻地被市场经济打上印记，初期造成这种趋势的主要动力是精神需求端和消费端的大爆发。市场经济的闸口一旦打开，多元化、大众化、商业化的精神生产方式冲击迅猛无比，急剧形成的精神产品市场给广大知识分子、人文科学从业者带来窘迫、不适甚至危机感，市场的力量迫使精神生产者不得不寻求自我变革。而到了市场经济不断成熟的中后期，加快精神生产和人文学术生产变迁的另一种市场动力，则更多地来自适度的竞争，迫使在计划体制中沉积已久的精神生产和人文学术生产，不得不由于竞争机制的引入而谋求自身变革。

其三，文化的力量。"一代人有一代人的文化"，"一代人有一代人的学术"。不管是文化抑或学术都会随着时代更替而维新发展，在文化与时代互为镜像的情境中，什么样的时代原则就能产生什么样的时代精神（或学术导向）。例如，市场经济时代注重效率，引致注重效率和绩效的学术思想涌现，以绩效为核心理念的"新公共管理"主义由此兴起；[①] 市场经济时代所重视的"多元融合"理念，要求这个时代的精神生产满足更多受众的更加多维的诉求，要求人文学术生产更多开展与自然科学的跨界融合；市场经济时代所呼唤的"开放性"思维，要求人文学术研究者更加注重国际化的研究方式，关注跨地域的研究主题，等等。文化力量对精神生产和人文学术生产的影响，归根到底还是通过时代的变迁来加

---

① 张应强：《人文社会科学学术评价及其治理——基于对"唯论文"及其治理的思考》，《西北工业大学学报》（社会科学版）2019 年第 4 期。

速其影响力的传导，既包括在生产方式等形式上施加的影响，也包括在生产对象等内容上施加的影响。

其四，学术的力量。20世纪90年代之前的较长一段时期内，中国人文学术生产者面临着学术生产职业化、规范化严重受损的问题。中华人民共和国成立之初，人文学术生产受到政治和意识形态的影响，改革开放之后，整个社会对于自然科学与人文社会科学依然存在认识偏颇，"学好数理化，走遍天下都不怕"这样重理轻文的社会意识弥久不散。也就是在1992年前后，从中央传达出了一系列重视人文社会科学发展的政策精神，国家高等教育系统开始不断推进人文学术生产者的职业化、规范化发展进程，例如，教育部的人文社科奖励、基金、项目和平台建设就是在此之后不断完善起来的。这种情况下，相对充分的学术资源供给，也使人文学术生产者及生产体系内部对于学术规范构建、评价体系改革、学术共同体建设等学术职业化的基本范畴，有了更为激烈的探讨，深刻影响了中国人文学术生产方式的变革。

其五，全球化的力量。全球化的本质内涵是人类社会发展过程中全球联系的不断增强，人们更多时候会把经济全球化、贸易全球化看成全球化的最主要方式，而忽略或者避开精神生产、人文学术生产领域的全球化认识。比如，随着1984年《国务院关于自费出国留学的暂行规定》的颁布，以及1992年邓小平南方谈话中关于留学政策的开放态度，"支持留学、鼓励回国、来去自由"被确立为我国留学政策的指导思想。此后，一批在国内接受高等教育之后再到国外深造的人文学者和文化从业者，陆续带回西方人文学术的最新思潮、范式和研究热点，带来他们对于西方精神与艺术产品的认识和理解。他们在将西方人文学术、文化艺术的新发展引入中国方面起到了重要的促进作用，也使中国人文学术、中国精神生产从与世界"断裂"的状态，重新回到与世界"链接"的状态中来。

（二）人文思潮流变：两种思想解放的路径

除了多种力量的博弈之外，人文思潮的流变也是 20 世纪 90 年代中国精神生产方式和人文学术生产方式发生重大转变的基本原因，甚至可以认为是更加内在的原因。回顾 20 世纪 90 年代的人文思潮流变，自上而下式的、发生在宏观层面的、关于发展体制与发展道路的思想解放运动，以及自下而上式的、自发性的、发生在全社会的人文精神大讨论，这两场重要的人文思潮流变对于此后 30 年的中国人文学术生产都产生了深刻的影响。

如果把 20 世纪 90 年代作为中国经济社会跨时代发展的起点，那么社会主义市场经济体制被正式确立为基本经济制度，无疑就是确立这个起点的最重要依据，这是一场思想解放运动，更是中国共产党关于国家和民族发展道路的理论结晶。社会主义市场经济体制理论是中国特色社会主义理论的重要组成部分，市场经济体制改革目标的确立过程，同样展示了马克思主义中国化所一贯坚持的传承与创新相统一的重要理论品质。邓小平作为社会主义市场经济体制理论的开拓者，其理论贡献同样是建立在党内相关理论思想不断孕育、补充、发展的基础上，这些孕育、补充和发展主要包括：1956 年毛泽东在《论十大关系》中提出的"统筹兼顾、各得其所"原则，1956 年周恩来在《关于发展国民经济的第二个五年计划的建议的报告》中提出"在国家统一市场的领导下，将有计划地组织一部分自由市场"等相关思想，①1978 年十一届三中全会对我国原有的高度集中的计划经济体制中存在的"严重缺点"所作出的深刻分析，1979 年陈云关于《计划与市场问题》的提纲，以及贯穿整个 20 世纪 80 年代的党和国家重要会议相关决议、邓小平等党和国家主要领导人关于社会主义市场经济的重要论述等。直至 1992 年南方谈话中，邓小平进一步明确指出："计划多一点还是市场多一点，不是社会主义与资本主义的本质区别。计划经济不等于社会主义，资本主义也有计划；市场经济不等于资本主义，社会主义也有市场。计划和市场都是经济手段。"② 再到 1992 年 10 月党的十四大正式提出把建立社会主义市场经济体制确立为我国经济体制改革的目标，这场思想解放运动具备了充分、完整的市场经济思想基础，也为此后的市场经济发展，尤其是为凝聚社会共识、扫清认识误区奠定了坚定、统一的社会心理基石。

　　1993—1995 年，中国发生了一场由文学、哲学、艺术等领域的人文知识分子主导，再向社会学、经济学等领域的社会科学知识分子逐渐蔓延，并引起全社会对人文精神深刻反思和激烈表达的大讨论活动。③ 笔者至今清晰记得，1994 年 12 月参与了所在高校的一场关于"社会主义市场经济条件下的人文精神"的主题讨论，提及"狭义的人文主义运动'文艺复兴'与五四运动均是以'人'的自我意识觉醒为标志与先声的，因

① 中共中央文献研究室：《建国以来重要文献选编》第九册，北京：中央文献出版社，1994 年，第 203 页。
② 邓小平：《在武昌、深圳、珠海、上海等地的谈话要点》，《邓小平文选》第 3 卷，北京：人民出版社，1993 年，第 373 页。
③ 这场"人文精神大讨论"的主要观点，后来收录在王晓明所编的《人文精神寻思录》（文汇出版社，1996 年）中。

此，当前返回秩序、理性、道德常态仍应注重唤醒和救治人精神与心理的痼疾，在这一点上，人文精神建设与精神文明建设大同小异"。[1] 不论其中各种观点是否成熟，这一场持续两年多、席卷全社会的大讨论，其争论之活跃、影响之深远、反思之彻底都是近 30 年来最为突出的。究其本质，这一场大讨论源于当代知识分子尤其是人文领域的精神生产者，在市场经济、商品经济爆发下的一种以人为本的价值大反思；源于当代知识分子对人文精神危机感的内省，[2] 以及一批坚定的人文主义秉承者对于新时期文学、艺术、哲学等精神生产领域产生的诸多问题的现实反诘。这场关于人文精神的讨论，与 20 世纪 90 年代末期人文学术界持续较久的关于人文学术和思想百年回顾与反思的讨论（如"中国古代文论的现代转换"）相映成辉，成为 20 世纪 90 年代学术内部反思的两个重要场景。

效用蝶变：社会转型的学术参与

关于语境变迁的分析是从动力机制的角度，探究是什么导致了 20 世纪 90 年代中国社会精神生产和人文学术生产的变迁。关于效应蝶变的分析，则将立足于以下三个方面展开：一是 90 年代中国人文学术生产到底发生了哪些变化；二是这些变化对于人文学术发展产生了哪些正反方面的影响；三是上述人文学术生产中的效用蝶变是如何与当代社会转

---

[1] 鸣凤：《"社会主义市场经济条件下的人文精神"学术研讨会综述》，《徐州师范学院学报》1995 年第 1 期。

[2] 杨蓉蓉：《90 年代"人文精神"大讨论之反思》，《兰州学刊》2005 年第 5 期。

型互动发展的。

（一）20世纪90年代以来人文学术生产方式的主要变迁

近30年来中国人文学术生产方式的变迁，其表现形式既有新兴模式的创新发展，又有传统模式的返璞归真；既有研究手段的综合创新，又有价值理性的时代凸显；既有学术评价的逐步完善，又有资源配置的不断改革。

第一，人文学术生产的价值理性变迁。正是由于20世纪90年代以来开放的人文学术交流环境，跨学科和跨区域的学术研究方式从不同学科、不同国家或地区的方法互鉴中产生。但自20世纪90年代中期以来，不少人文社会科学研究者越来越强调实证研究的重要性，甚至发展到了"工具崇拜"的地步。部分经济学家试图通过数学元素的添加使经济学变成一门科学，但是过度数学模型崇拜以及对经济学思想的忽视，使经济学脱离了现实，扼制了经济学理论的发展。[1]过度追求工具理性一定程度上令当代人文学术的价值理性不断弱化，这成为造成"学问家凸显，思想家淡出"局面的关键。

第二，人文学术研究问题导向的回归。20世纪90年代以来的中国人文学术生产中，注重问题导向是一条正确的道路，且与自主意识、本土化等问题交缠在一起。人文科学和社会科学不同于自然科学，具有更加突出的民族性、国家性以及文化自觉性。不同的社会体系都具有迥异于其他社会体系的经验性存在，基于特定的社会生活，解决实际问题是人文社会科学的最高价值原则，西方学术范式对于中国人文学术不必然

---

① 吕景胜：《论人文社科研究本土化与国际化的契合》，《科学决策》2004年第9期。

具有普遍适用性。20世纪90年代以来我国的人文学术生产经历了一定阶段的唯西方马首是瞻的过程，但近年来已逐渐回归到"中国经验""中国转型"的问题导向上。

第三，人文学术传播方式的多元化变迁。人文学术生产最终要通过学术成果的传播与交流来完成，20世纪90年代以来，随着人文学术传播方式的多元化变迁，人文学术思想、成果具有更高的可获得性和更广的传播空间。近年来，也涌现了一批通过电视、多媒体、自媒体和融媒体等新兴传播媒介促进我国人文学术发展的案例。例如2005年易中天登上《百家讲坛》，以大众化方式分析历史、开讲三国，[①] 其后于丹、杨雨等人文学术从业者也采取了同样的方式，姑且不论各位老师的学术深度，其传播方式创新是值得肯定的。

第四，后现代主义人文学术研究范式变迁。后现代主义是20世纪60年代以来在西方出现的具有反西方近现代哲学体系倾向的思潮，具有非常深远的影响，几乎涉及各大人文科学领域。中国人文学术引入后现代主义研究范式，并开展学术生产活动，主要就是在20世纪90年代后期开始的，包括在历史学、文学、艺术学、哲学、教育学、社会学等主要人文社科领域引入后现代主义的重要范式，如解构主义、反本质主义等。但后现代主义也在一定程度上使当代中国人文学术生产呈现出某种碎片化发展趋势。

第五，人文学术评价方式的计量化变迁。当前我国的人文社科学术生产和学术管理，很大程度上受到新公共管理思想的影响。新公共管理

---

① 郭景华：《电视传媒与传统学术生产方式的转型——关于易中天、于丹现象的思考》，《理论与创造》2007年第4期。

理念中的一条核心思想就是追求绩效和效率,且注重通过外部绩效评价和绩效问责机制来达到目标。在具体操作上主要以量化方法和技术来评价组织中的个体绩效,实行绩效问责。可以说这种评价方式具备一定的合理性和科学性,但目前我们的人文学术评价中存在的诸如以论文数量、引用数量、项目搭载为标准的机械方式,也明显存在缺陷,不能完全体现学术创新性和真实学术水平。

第六,人文学术资源配置方式变迁。中国人文学术资源的配置方式变迁与市场经济发展相反,从20世纪90年代之前的弱行政配置(这里的弱行政配置实际上是由于资源匮乏导致的),转向最近30年的强资源配置方式。国家对于人文社会科学的重视程度越来越高,投入的资源越来越多,行政化的学术管理也越来越凸显。

(二)科学与偏差:生产方式变迁带来的学术走向变迁

20世纪90年代以来的人文学术生产方式变迁之于人文学术自身的发展,既有正面的有利于人文学术健康发展的一面,也有负面的不利于人文学术可持续发展的一面。

近30年来的人文学术生产方式变迁,为中国人文学术生产的科学主义、职业化、技术化和国际化等良好走向提供了方法论基础。从20世纪90年代开始,人文社科领域的学术生产方式,由于引入西方人文学术尤其是自然科学中的实证研究方法、数理研究方法,吸收了自然科学和工程应用中大量的系统论、信息论、控制论、耗散结构、协同论、突变论等科学化理念,其科学主义色彩和特征不断得到强化。从另外一个角度而言,中国人文学术的国际化走向也在不断凸显,中国人文学术开始采取国际通用的学术表达方式,在将中国学术推向世界的同时,也让世界更深解读中国这个伟大的发展案例。此外，中国人文学术的职业化推进也取得了重要的进展。就学科发展而言，随着世纪之交高校扩招和院校合并的深化，人文社科内部的学科不断细化。20世纪80年代高校以系为主要学科单位，目前不少高校甚至分化出学部、学院、学系三级学科体系，更有甚者，早年的一个系如今能分化出若干个学院。就学术生产量能而言，中国人文科学学者无论在国内学术期刊还是SSCI、A&HCI等国际学术期刊系统的发文量都呈现出爆发式增长，人文学术生产从业队伍不断扩大。就学术共同体组织而言，各类学术发展共同体组织得到进一步加强，各学科及专业的细分领域学会、研究机构相继成立，其整体架构不断完善，从初具气象走向血肉渐丰。

近30年来的人文学术生产方式变迁，也成为中国人文学术生产的碎片化发展、机械化评价、行政化管理、本土化缺失、内卷化趋势等问题的根源之一。其一，受到解构主义等研究范式，以及技术化、工程化等方法的影响，原本人文学术中的整体性研究被不断削弱，过分注重研究形式而忽略研究内容，过分注重细节领域而忽视系统性关联，人文学术的碎片化发展不断加剧。其二，迷信绩效考核的标准化，抛开人文学术生产本身的渐进性特征，过度强调学术成果的国际化评价，一刀切的期刊等级、论文数量、引用数量，以及一些削足适履的国际化指标，限定时间必须出成果等方式，促使人文学术评价方式走向机械化。其三，各类承载学术行政职能的政府部门及学术共同体机构，掌握了大量资源，导致"审批学术""项目学术"等高度行政化的学术管理现象大行其道，相对缺乏市场化和社会性的学术资源及其管理方式。其四，相当一段时间，国内人文社科领域十分盛行西方各国的研究主题、研究方法、评价方法，照搬照套于中国人文社会科学的学术生产实践，而忽视了中国的问题不同于西方的问题，中国的解决路径不同于西方的解决路径，学术生产的本土化趋势有待进一步推进。其五，近30年来人文学术生产体系内部的竞争不断加剧，学术产出的量能不断提升，但是也在一定程度上造成内耗式、竞逐式的格局，部分人文学术产出缺乏核心灵魂，其产出增长仍然是一种"没有发展的增长"。

（三）内化与外溢：人文学术变迁与当代社会转型

应该梳理清楚一个问题：20世纪90年代以来人文学术是如何通过生产方式变迁与当代社会转型互动的。这其中包含了两个方面，本文此前大部分内容回答了社会转型对于人文学术生产方式的影响，下面就是回答关于人文学术生产如何影响社会转型的问题。简单来讲，人文学术生产通过"内化"与"外溢"两种机制，使当代社会转型在其先导下，更加平稳、顺畅地向这个社会所坚持的一切美好价值原则的方向逐步前进。

"内化"可以理解为，将社会转型所需的公共精神转化为社会成员个体精神的过程。这是一种更为潜在的、隐性的但又有决定性的影响机制，也是人文学术影响社会发展的首要形式。近30年来中国处于巨大的经济和社会转型阶段，人文学术生产分别以如下三种方式完成了其对社会转型的内化影响。第一，精神内化或思想启蒙的方式。例如，20世纪90年代初在学术界影响甚大的"人文精神大讨论"，很快便通过公共媒体在社会上形成广泛效应，不仅对那一阶段的学术和文化生产走向产生直接影响，而且进一步丰富了人们对于"启蒙"的认识，提升了人们对于社会文化多元化的认可，强化了人们对于精神生产与物质生产应该同步并进思想的坚守。第二，凝聚社会共识、稳定社会心理的方式。例如，2020 年初新冠肺炎疫情的突然暴发，大量负面的社会认识造成了一定的社会心理波动，国内人文学术界通过大量的学术生产和精神产出，及时地凝聚了社会意识，稳定了社会心理。第三，塑造民族品质与自信的方式。民族品质塑造和民族自信建设是调动一个民族发展动能的重要途径，人文学术生产往往通过对一个民族的美好品质进行整理、分析、传承及弘扬，更好地塑造出一个民族赖以生存和发展的最可靠的品格。

"外溢"可以理解为，通过人文学术生产的精神力量和理论力量，将其对于经济社会发展的推动力外在化为具体的作用物的过程，有三种形式最为常见和有效。第一，人文学术片段上升为政策制度。其主要情形包括：①决策层面对于学术主题的关注，如一些人文社科研究主题，在得到决策层面的重视后被纳入社会发展规划，这在社会学研究领域显得尤为突出；②学术研究的对策化成果很好地契合了社会发展的制度需求，经过改良可直接成为发展对策的组成部分；③人文学术的基本精神、基本原则直接成为政策和制度的指导性原则。第二，人文学术思想指导产业发展。拿与人文学术生产关联最为紧密的文化创意产业（或精神生产产业）为例，近年来的人文学术研究所倡导的跨界化、融合化发展，已经在文化产业的跨界融合中产生了新的应用，一大批新的文化融合业态不断涌现，如数字文化产业的蓬勃发展，很大程度上就得益于人文学术思想的指导。第三，人文精神指引科学技术变革。这是一个古老而永恒的话题，"科技以人为本"就是最好的注解，任何科技的变革最终都要落到人类社会和人类自身的进步，使人的感受、体验、思想、表达等一切行为方式更加符合人自身的便利、舒适和健康。人文关怀既是科技变革的出发点，也是科技变革的终极目标。甚至可以毫不夸张地认为，一切人类科技产品都是人文精神的外化物。

未来发展：学术变迁与范式变革

从 20 世纪 90 年代开始，中国人文学术生产方式变迁至今，不少好的趋势得到保持，不少难以解决的困境也仍然存在。站在中国人文学术发展的当下，处于百年未有之大变局的时代节点，把握未来更需要敏锐、冷静、深刻的思考，也需要敢于直面的勇气。笔者认为，面向未来，繁荣中国人文学术生产需要厘清三个问题、处理好三对关系、坚持"新四化"。

（一）厘清三个问题

第一个问题：数字人文 ≠ 数字化的人文。近年来，关于数字人文的研究正在火热兴起，虽然关于数字人文的研究最早起源于国外，但这也是中国人文学术界对于当下数字技术以及大数据广泛应用于社会生活的正向呼应。不可否认，这种研究具有前瞻性和巨大价值，然而笔者通过多方索引和查找相关研究资料发现，相当一部分人文学者对于数字人文的理解有一定偏差。他们把"数字人文"等同于"数字化的人文"，这里的误区主要在于数据分析与数字化呈现的混淆。数字人文的精髓应该是"把数据分析带入文本分析，通过其产生的统计性数量化的结果而导出新的结论或新的知识"，① 更多侧重数据分析的方法。数字化的人文更好

---

① 李点：《数字人文的工具理性、学术价值与研究成果的评估》，《燕山大学学报》（哲学社会科学版）2021 年第 1 期。

理解，就是将人义知识、人文学术产品、人文精神产品以数字化形式，展现给读者、消费者和学术从业者。数字化不过是人们获取人文信息的现代技术手段。

第二个问题：学术分工≠学科分野。人文学术生产应该与物质生产一样存在社会分工，也就是所谓"学术分工"。这主要是因为学术生产的主体在知识结构、社会阅历、研究方式以及主观意识等方面存在客观差异而形成的，在不同细分领域，人文学术研究采取不同的范式，呈现不同的偏好和效率。而人文学科分野则通常可认为是基于各细分学科之间的差异，而将某一个实际问题在各学科内部孤立地开展学术分析的做法，学科分野是人文学术生产的一大障碍。当前的高等院校人文学科越分越细，不同学科往往以其学科为本位，强行割裂其他学科对于实践问题的解决之道，这条道路无疑将越走越窄。

第三个问题：实证研究≠科学主义。实证研究在自然科学领域具有很强的真理性，通过重复实验方式获得理论进展已经成为自然科学和工程应用中的主要方法。不少人文社会科学领域的研究者，也极力推广实证研究在人文学术中的应用。当前学术界，越来越多的学者也将实证研究与坚持科学主义画等号，这是值得商榷的，随意或刻意使用实证研究未必就是坚持科学主义。某些人文学者纯粹为了"实证"而"实证"，生编硬造各类参数、指数，甚至为了固定"靶向"反复修改数据和公式。这些都是过分崇拜实证研究的错误倾向，反而导致学术的不规范。①

---

① 吕景胜：《论人文社科研究本土化与国际化的契合》，《科学决策》2004年第9期。

（二）处理好三对关系

首先，要处理好本土化与国际化的关系。人文学术研究不同于理工类研究，理工科通常具有国际公认的、相对规范和标准的国际化研究方法、范式、手段和评估体系，其科学研究的国别界限相对模糊。而人文社会科学更多的是基于社会生活实践，解决实际问题，各国之间文化、社会和经济发展差异较大，西方人文社科研究的范式对于中国不必然具有普遍性价值。应该采取回归问题的学术路径，具体问题具体分析，在充分吸收国际化学术研究养分的基础上，扎根于本土化学术生产。习近平总书记近期在给《文史哲》编辑部全体编辑人员的回信中强调，"增强做中国人的骨气和底气，让世界更好认识中国、了解中国，需要深入理解中华文明，从历史和现实、理论和实践相结合的角度深入阐释如何更好坚持中国道路、弘扬中国精神、凝聚中国力量"。[①] 这为我们坚定文化自信、坚守文化自觉，打造中国特色、中国风格、中国气派的哲学社会科学话语体系指明了方向。人文社会科学界既要基于本土化研究，分析中国经验、总结中国模式、解决中国问题，又要以中国经验为重要依据，在国际学术体系中构建中国特色人文学术话语，使人文学术"引进来"和"走出去"并重。

其次，要处理好学术性与政治性的关系。人文科学领域的学术生产往往与意识形态建设密切相关，具有一定的政治功能。处理不好人文学术生产中的学术性与政治性的关系，学术研究便有可能走向"学术政治化"或"政治学术化"这两个极端。近30年来的人文学术生产在二者的

---

① 《习近平给〈文史哲〉编辑部全体编辑人员回信》，《人民日报》2021 年 5 月 11 日。

关系处理上逐渐走向理性化。归根到底人文学术还是应该始终坚持"实事求是""实践是检验真理的唯一标准"的实践性原则，以实践问题为基础，以实践标准为指向，围绕中国特色社会主义建设的"大局"和"中心"，以提升人民群众的人文精神和人文素质为主要目标；从学术本身出发，注重学术理念、学术逻辑、学术正义和学术自由，以中国特色的人文学术凝聚社会共识、塑造民族品格，服务国家振兴和民族复兴的伟业。

再次，要处理好传承性与创新性的关系。人文学术生产同样是一个"善于继承才能善于创新"的过程，任何领域的人文学术生产都具有与其血脉相连的历史传承，这是人文学术生产的时间逻辑。20世纪90年代的人文学术生产吸收和秉承了前一阶段甚至多个阶段的历史积淀，未来的中国人文学术生产也应当以当前人文学术生产中的积极因素为基础，传承好其中合理性、科学性的部分。同时，还必须根据时代发展、技术创新，以社会发展中的新情况、新问题为突破点，做好综合创新的充分准备，尽量使人文学术生产符合时代发展的需要，适应社会环境的变化，在历史和未来之间架起一座解决现实问题的桥梁。

（三）坚持"新四化"

面向未来的人文社科学术发展，要坚持"新四化"，即对策化、跨界化、技术化、国际化。[1]第一，坚持人文学术研究的对策化。这本质上是以人文社会科学研究中的现状问题为出发和旨归，源于现实问题，止于现实问题的缓解或解决。坚持对策化要着重保障研究对策具有较强的针对性、可操作性和可推广性，在特定的时间范围、特定的空间范围、特定

---

[1] 李凤亮：《新文科：定义·定位·定向》，《探索与争鸣》2020年第1期。

的文化和制度条件下，采取的解决对策都需要因地制宜、因时而异。第二，坚持人文学术研究的跨界化。当今时代乃至未来社会发展中的一些新问题、新情况往往都更加复杂和变化多样，只用单一学科来审视，难免管中窥豹，应构建"多学科""交叉学科""跨学科"的研究模式，把不同学科的理论、工具、方法等有机统一起来，以期在科技和社会前沿问题上实现创新，取得重大突破。深化跨学科、整体性研究是人文社会科学发展的重要理念。① 第三，坚持人文学术研究的技术化。技术在任何时候都是人文科学、社会科学和自然科学的重要工具，一方面技术手段能够提高人文学术生产的效率，例如，大数据时代通过 Python 等数据工具将大大提高工作效率；另一方面技术手段能够增强人文学术调查研究的便利性和精准性，例如，越来越多的人文学者通过在线调研、在线问卷的方式更高效地达到研究目标。第四，坚持人文学术研究的国际化。相比自然科学，我国人文社科研究的国际化标准不确定、所面对的社会和文化体系迥异于西方都是其国际化发展的障碍。之所以仍要坚持国际化发展道路，其缘由既来自中国特色人文学术话语建设的需要，也来自民族性与世界性相通的机理，更来自不同文明之间互学互鉴的需求，只有在相互了解的基础上才能相互学习、相互促进。中国人文学术"走出去"和西方人文学术"引进来"都将是需要长期坚持的举措。当然，坚持"新四化"并非一味趋新，也要注重"对策化"与"基础化"、"跨界化"与"学科化"、"技术化"与"传统化"、"国际化"与"本土化"之间的辩证统一，共同推进人文社科学术的全面发展。

---

① 郝平：《跨界与融合：中国高等教育现代化的新动能》，《学习时报》2019 年 4 月 19 日。

新時代

"世界性百家争鸣"与中国学术的未来

杨国荣（华东师范大学中国现代思想文化研究所暨哲学系教授，
西北师范大学哲学院教授）

20 世纪以来，中国哲学的发展以世界哲学的历史衍化为其前提，这种背景使哲学思想的建构与哲学观念的论争同时具有超乎特定时空的意义。众所周知，在近代以前，世界范围内不同的哲学传统大致限于一定的时空之域，其中的哲学观念和哲学论争，主要发生于相关的文化空间，其意义也以自身的文化传统为限。步入近代以后，随着历史走向世界历史，不同文化传统之间开始彼此相遇，并逐渐形成实质性的关联。在此背景下，哲学建构以及哲学的论争即使发生于中国，也开始具有世界的意义。冯契先生在 20 世纪末曾指出：中国哲学在现代"正面临着世界性的百家争鸣"。[①] 历史地看，20 世纪以来的中国哲学既呈现世界性的意义，也以某种方式参与了世界范围内的百家争鸣，而如何更深入、更为自觉地通过参与这种争鸣发展自身，则是中国哲学进一步演进所面对的问题。

[①] 冯契：《中国近代哲学的革命进程》，上海：华东师范大学出版社，1997 年，第 722 页。

中国现代哲学：融入世界哲学与参与世界性的百家争鸣

首先值得关注的是 20 世纪 20 年代的科玄论战。这一论战主要展开为科学主义与形而上学之间的交锋，论战的双方分别是所谓的科学派与玄学派。科学派的领衔人物是丁文江，玄学派则以张君劢为主将。论战发端于人生观，由此又进而涉及社会文化的其他领域。科玄之战的导因是张君劢关于人生观的论述。在题为《人生观》的讲演中，张君劢对科学与人生观给出了严格的区分，认为科学是客观的，人生观则是主观的；科学为论理学（逻辑学）所支配，人生观则源于直觉；科学是分析性的，人生观则是综合性的；科学为因果律所支配，人生观则以意志自由为前提；科学基于现象之同，人生观则基于人格之异。在以上区分的背后，是如下信念，即科学有其自身的度限，不应当越界侵入人生观。与玄学派严于科学、人生观之分并强调科学的界限不同，科学派的侧重点首先在科学的普遍有效性。按科学派的看法，科学的作用范围并无限制，从物理对象到人的意识，无不处于科学的制约下，人生观也同样未能例外。较之玄学派侧重科学与哲学的划界，科学派更多地肯定了科学与哲学的相关性。

外在地看，以上论争发生于 20 世纪初的中国，似乎与中国之外的世界没有多少关联。如果情形确实如此，则这一论争便只是发生于一定的思想传统之中，其意义与先秦时期的百家争鸣也无根本的不同。然而，作为中西哲学已经相遇之后展开的哲学论争，科玄论战已折射了世界范围内哲学的变迁。科玄论战以人生观为其主题，作为对人生之域的一般看法，人生观内含着普遍的价值取向。相对于玄学派对人的存在价值以及更广意义上人本主义或人道主义原则的肯定，科学派在将人对象化（物化）的同时，又从一个方面表现了科学至上的价值取向，后者蕴含着对玄学派所推崇的人道价值原则的偏离。从世界范围看，自实证主义兴起以后，人文主义与科学主义的对峙，便逐渐成为重要的思想景观，后者在相当意义上构成了科玄论战的文化背景。事实上，科玄之战尽管发生在20世纪20年代的中国，但它所折射的，却是世界范围内科学主义与人文主义之间的张力，正是这一背景，使之不同于地域性的学派争鸣而具有了世界意义：就实质的层面而言，论战可以视为世界范围内科学主义与人文主义论争在现代中国的延伸。科学主义与人文主义论争属近代以来世界性百家争鸣的重要方面，作为这一论争的体现，科玄之论战无疑也与以上争鸣相涉。

除了思想论战，20世纪初中国哲学界另一值得注意的现象，是体系性思想建构的出现。与科玄论战几乎同时，熊十力提出了其"新唯识论"体系，梁漱溟则构建了意志主义的哲学系统。熊十力的"新唯识论"上承儒学思想，并吸纳了佛学的观念，似乎呈现某种传统的形态，但它同时受到现代西方哲学（如柏格森直觉主义）的影响，并在理论上对近代以来的哲学问题进行了回应，已属广义的现代哲学。在对传统佛学的如下批评中，也不难注意到熊十力哲学的现代视域："佛家说五蕴皆空（原注：五蕴谓现象界），似偏于扫相一方面。新论说本体之流行，即依翕辟与生灭故，现象界得成立。"[1]现象界属经验之域，对现象界的肯定，也意

---

① 熊十力：《答唐君毅》，《十力语要》卷二，北京：中华书局，1996年，第130页。

味着对经验领域的关注，这种看法不同于传统的形而上学，而与现代的经验主义哲学具有相通之处。

与熊十力哲学相近的是梁漱溟的哲学系统。在思想渊源方面，梁漱溟的哲学源于儒学（特别是明代王学），但同时融入了现代西方哲学的若干观念，包括叔本华的意志主义思想。按梁漱溟的看法，"尽宇宙是一生活，只是生活，初无宇宙。"[①] 而生活也就是意欲："生活就是没尽的意欲。"[②] 这一意义上的意欲，即源自叔本华，梁漱溟也比较明确地肯定了这一点："此所谓意欲，与叔本华所谓意欲略相近。"[③] 从宇宙即生活，而生活即意欲的观点出发，梁漱溟进而将意欲视为主体行为的依据："大家要晓得，人的动作不是知识要他动作的，是欲望与情感要他往前动作的。"[④] "知识并不能变更我们行为，行为是出于情志的。"[⑤] 这些看法在理论取向上显然与西方现代的意志主义呈现一致性。

可以看到，熊十力、梁漱溟的哲学虽然形成于 20 世纪初的中国，但它们不同于传统哲学而呈现现代形态，至少在具有现代形态这一点上，并非完全隔绝于世界哲学。同时，在"欧风美雨"的浸润之下，其中的思想又渗入多重西方哲学的观念。作为既进入现代哲学之林，又与西方哲学形成多重关联的哲学系统，熊十力与梁漱溟的哲学建构无疑已非囿于以往的传统而展现出世界性的意义。更为值得注意的是，在受到西方思想影响的同时，熊十力、梁漱溟也对广义的西方思想和西方文化提出了

① 梁漱溟：《东西文化及其哲学》，上海：商务印书馆，1922 年，第 48 页。

②③ 同上书，第 24 页。

④ 梁漱溟：《李超女士追悼会之演说词》，《漱溟卅前文录》，上海：商务印书馆，1923 年，第 130 页。

⑤ 梁漱溟：《宗教问题讲演》，《漱溟卅前文录》，上海：商务印书馆，1923 年，第 148 页。

种种批评。熊十力对西方的科学文明给了如下评价："今日人类,渐入自毁之途,此为科学文明一意向外追逐,不知反本求己,不知自适天性,所必有之结果。吾意欲救人类,非昌明东方学术不可。"[①]与之相近,梁漱溟也认为:"机械实在是近古世界的恶魔;但他所以发明的,则为西方人持那种人生态度之故。从西方那种人生态度下定会发生这个东西:他一面要求物质幸福,想利用自然征服自然,一面从他那理智剖析的头脑又产生科学,两下里凑合起,于是机械就发明出来。"[②]这里涉及的是中西之间或东西之间文化观念上的差异,以东方学术批评西方的科学文明,既关乎中国哲学思想与西方哲学的互动,也涉及世界范围内的思想争鸣。

这里可以对广义"争鸣"的内涵作一分疏。争鸣的本义关乎鸣叫或鸣放,与之相联系,在表示思想和观念时,争鸣既涉及不同意见的相互争论和交锋,也以相关意见或观点的各自陈述或自我表达为形式。事实上,先秦的"百家争鸣"固然也关乎不同意见的论争,但这种争鸣同时又体现不同意见的自我表达。孟子对墨家、杨朱的批评,便以表示否定性的意见为形式,而并非展开你来我往、唇枪舌剑的彼此论争或争辩。同样,庄子的学术见解、荀子对前人以及同时代其他人物和学派的责难,包括非十二子,也主要表现为各自意见的表达。这一类的表达,往往展开于所处的不同文化空间。以庄子而言,其思想的陈述便具有"只在僻处自说"[③]的特点,然而,尽管他在当时思想界发出自己的声音并不以直

---

① 熊十力:《韩裕文记》,《十力语要》卷二,北京:中华书局,1996 年,第 221 页。

② 梁漱溟:《东西文化及其哲学》,《梁漱溟全集》第 1 卷,济南:山东人民出版社,2005 年,第 489 页。

③ 朱熹:《朱子语类》卷一百二十五。

接参与论争为形式，但这并不妨碍他是战国时期百家争鸣的重要参与者。与此相近，熊十力、梁漱溟的以上哲学立场虽然主要表达于 20 世纪初的中国，但同样也具有参与世界范围内相关争鸣的性质。

　　20 世纪三四十年代，冯友兰、金岳霖等中国哲学家在哲学之域进一步探索，形成了新的哲学系统。以冯友兰为例，其"新理学"体系上承了中国传统哲学中的程朱学派，同时又吸纳了西方现代的新实在论以及广义的实证主义，从而有别于以往的"理学"。然而，在引入西方现代哲学的同时，冯友兰又对其提出了批评："西洋的哲学家，很少能利用新逻辑学的进步，以建立新底形上学。而很有些逻辑学家利用新逻辑学的进步，拟推翻形上学。他们以为他们已将形上学推翻了，实则他们所推翻底，是西洋的旧形上学，而不是形上学。形上学是不能推翻底。"[1] 这里的"西洋哲学"，主要指包括新实在论的广义实证主义。以拒斥形而上学为基本立场，实证主义对不同形式的形而上学持否定态度，与之不同，冯友兰在扬弃旧形而上学之后，又试图以逻辑分析的方法建构新形而上学，其新理学便可视为这一努力的结果。实证主义在后来逐渐演化为逻辑经验主义或逻辑实证主义，维也纳学派是后者的代表。逻辑实证主义在总体上将哲学的功能规定为命题的语义分析与句法分析，这一立场实际上以语言的逻辑分析取代了对本然之理的把握，它或多或少使哲学与科学囿于名言之域。对逻辑实证主义的如上倾向，冯友兰颇有异议。在他看来，逻辑分析固然包括句法分析，但绝不能停留于此。对命题的句法分析（辨名）必须与析理相联系："照我们的看法，逻辑分析法，就是

---

① 冯友兰：《三松堂全集》第 5 卷，郑州：河南人民出版社，2001 年，第 126 页。

辨名析理的方法。这一句话，就表示我们与维也纳学派的不同。我们以为析理必表示于辨名，而辨名必归极于析理。维也纳学派则以为只有名可辨，无理可析。"① 辨名与析理的如上统一，显然不同于逻辑实证主义（维也纳学派）以辨名否定析理。

与冯友兰相近，金岳霖在哲学理论方面与现代西方的实证主义哲学呈现某种同步性，其超越或拒斥形而上学的立场，便体现了这一点。然而，金岳霖对形而上学（玄学）又进行了区分，认为对形而上学的不同形态可以用不同的方式对待："我觉得新玄学与老玄学有极重要的分别，反对老玄学的人，不见得一定反对新玄学。"② 在金岳霖看来，心物之争一类的形而上学固然没有意义，但不能由此否定一般的玄学。以上看法既体现了相近于现代西方实证主义的趋向，又展示了不同于西方实证主义的哲学观念。在认识论上，金岳霖进一步对西方近代以来的"唯主方式"提出批评。所谓唯主方式，即仅仅限于此时此地的官觉（感觉）现象，亦即将认识封闭在当下的感觉之内，始终不超出感觉。自休谟以来，西方哲学中的经验主义一再表现出以上立场。现代的维也纳学派则将这种唯主方式与强化语言的逻辑分析结合起来，金岳霖对此同样持批评态度。在《知识论》中，他明确指出："有些人喜欢把官觉底呈现视为主观的，把语言视为客观的，维也纳学派的人似乎有此主张。本书认为这办法不行。"③ 前面已提及，维也纳学派是西方现代逻辑实证主义的主要代表，对维也纳学派的以上批评，无疑属于世界哲学舞台上的另一种声音。

---

① 冯友兰：《三松堂全集》第 5 卷，郑州：河南人民出版社，2001 年，第 202 页。

② 金岳霖：《金岳霖学术论文选》，北京：中国社会科学出版社，1990 年，第 158 页。

③ 金岳霖：《知识论》，北京：商务印书馆，1983 年，第 223 页。

新时代

相对于熊十力、梁漱溟等中国现代哲学家对西方文明的批评，冯友兰、金岳霖的以上看法无疑更深入地体现了新的哲学视域，而其中展现的哲学立场，则涉及世界范围内的哲学论辩：尽管冯友兰和金岳霖是在 20 世纪上半叶发表相关论点，但这种哲学观念不仅蕴含世界的意义，而且相关的批评也针对世界性的哲学趋向，并可以纳入与之相应的哲学争鸣。

世界意义的进一步展现

20 世纪下半叶，中国哲学的演化依然没有离开世界哲学的背景。当然，相对于前一时期，哲学的变迁出现了新的格局。其中，马克思主义影响的扩展，是引人注目的一个方面。自 20 世纪 50 年代开始，伦理学、美学、逻辑学、认识论等哲学的分支，在不同层面上得到了现代意义上的具体考察，关于形式逻辑、美学等问题的讨论也先后展开，对西方哲学与中国哲学中的不同问题，如辩证法、形而上学等，以及哲学史的不同人物，如西方的黑格尔、费尔巴哈，中国的孔子、老子、庄子等，也展开了多样的研究。在这一过程中，马克思主义逐渐在哲学的各个领域占据主导地位，后者可以看作发端于中国近代的哲学革命进程的深化。

马克思主义哲学、西方哲学、中国哲学，属于不同哲学传统。就西方的哲学界而言，除哲学史外，哲学的分支一般被区分为认识论、伦理学、逻辑学、政治哲学、科学哲学、语言哲学、心智哲学等，很少将马克思主义哲学、西方哲学、中国哲学加以并列。尽管西方哲学在 19 世纪末、马克思主义哲学在 20 世纪初已传入中国，但 20 世纪下半叶以前，中、西、马在哲学领域并未形成三足鼎立之势。从起源上看，尽管马克

学术中的中国

思主义本来来自西方，但作为西方哲学传统革命性的产物，马克思主义哲学在诞生之后，已获得了与西方哲学传统不同的内涵，并表现为一种独特的理论形态。虽然以上区分的标准似乎并不一致：中西哲学之分以地域为根据，而马克思主义哲学则涉及学派的差异，然而以上三种传统在中国的相遇，却包含独特的意蕴。这主要体现在自 20 世纪下半叶以来，马克思主义开始取得主导地位。三者的互动以及由此形成的结果，无疑是一种具有世界意义的现象。

从世界范围看，对于马克思主义哲学，西方的主流哲学往往主要从意识形态的层面加以理解，而不愿承认其哲学上的原创意义，可以说，马克思主义哲学的思维成果，基本上在西方主流哲学的视野之外。这种观念，无疑也限制了西方哲学本身的发展：将马克思主义哲学排除在真正的哲学领域之外，使之无法将视野扩展到其他具有丰富内涵的哲学系统。事实上，忽视多元的哲学智慧，似乎也导致了西方主流哲学的贫乏化、狭隘化。比较而言，在肯定马克思主义哲学主导性的同时，又兼容中国哲学和西方哲学，并以三者为哲学建构的资源，这对于进一步的哲学思考，无疑可以提供更宽广的背景。对于马克思主义哲学的主导以及中国哲学、西方哲学、马克思主义哲学之间互动的世界意义，也应当从上述角度加以理解。

然而，在 20 世纪 70 年代末以前，马克思主义之取得主导地位，往往伴随着对马克思主义的教条化理解。以哲学史的考察而言，形而上学与辩证法、唯心主义与唯物主义的两军对战，成为梳理哲学史的一般模式，后者使哲学史的研究呈现简单化、抽象化的形态。同时，从形式上看，这一时期辩证法受到了空前的推崇，不仅马克思主义的辩证法，而

新时代

且黑格尔的辩证法也得到了关注。然而，在实质层面，知性思维的方式却往往大行其道。各种形式的划界，包括前面提到的唯物与唯心、形而上学与辩证法的对峙，成为重要的思想景观。这样，形式上的推崇辩证法与实质上的侧重知性划界，往往并存。这种现象显然疏离于真正意义上的辩证法。此外，辩证法本身也往往被公式化，一些概念、范畴每每被形式化地套用，几对范畴、几大规律彼此区分清楚、界限分明，这种划分也从一个方面体现了知性思维的方式，辩证法的内在精神则由此逐渐趋于消退。①

以世界哲学为视域，以上现象无疑呈现了独特的内蕴。现代以来，在主流的西方哲学中，与黑格尔哲学相联系的辩证法一直备受贬抑而处于哲学的边缘，相对于这一趋向，对辩证法的以上推崇无疑展现了不同的进路。然而，如前所述，20世纪70年代末以前的中国哲学界，在辩证法的形式下蕴含着实质的知性思维，后者与主流的西方哲学呈现相通性。这一时期的中国哲学尽管没有直接参与西方哲学的论争，但就中西哲学的关系而言，以上哲学趋向却以相拒而又相融的方式，展现了其世界意义。

进入20世纪80年代以后，随着新时期的到来，哲学领域出现了不同的现象。以中西哲学的关系为关注之点，不难注意到，20世纪末的思想界，似乎再现了世纪之初的现象。20世纪初，随着西学东渐，不同的西方哲学流派陆续被引入中国。然而，随着马克思主义哲学主导地位的确立，西方哲学逐渐走向沉寂。到了20世纪80年代以后，情况开始发

---

① 杨国荣：《中国哲学的现代走向：反思与展望》，《探索与争鸣》2020年第2期。

生变化：西学再次复兴并渗入哲学的各个领域。这一时期，西方的不同学派，包括主流的现象学、分析哲学，都以不同的方式进入中国的哲学领域，并受到不同程度的关注。一时间，各种思潮、人物纷至沓来，纷纷亮相。不同学说的蜂起，首先赋予哲学界以多样的格局。前述教条化趋向常常伴随着独断化，这意味着拒斥不同观念之间的对话和讨论，相对于此，彼此相异的思潮、学说、观点的并存，则使哲学领域呈现多样、丰富的形态。以此为前提，通过不同观点之间的对话、论争，更深入地走向真理性认识成为可能。

然而，随着不同思潮、学派、观点的蜂拥而至，各言其理，互不相通的现象开始出现。从大的文化背景看，如斯诺所指出的，世界范围内已出现以科学知识及科学操作为内核的文化领域与围绕人文研究所展开的文化圈，两者构成了各自封闭的文化领地，既无法相互理解，又难以彼此交流，由此逐渐形成了文化的鸿沟。限于专业训练的背景，知识分子往往只了解一种文化，因此，很难对社会文化的发展达成共识。[1] 两种文化的分离，既体现于科学主义与人本主义等广义思潮的对峙之中，也展开为分析哲学与现象学等具体哲学流派之间的分野。以后者而言，从关注的哲学论题，到表达哲学观念的方式，分析哲学与现象学互不相通，彼此形成了思想的壁垒。哲学上的这种对峙和分离，更多地呈现突出相对性的倾向。在 20 世纪 80 年代各种思潮的涌动中，世界范围内的以上思想景观也在某种意义上再现于中国，对现象学、分析哲学、法兰克福等学派的不同认同，使各执一说、异见并行成为较为普遍的现象。这里

---

[1] 杨国荣：《科学的形上之维——中国近代科学主义的形成与衍化》，上海：华东师范大学出版社，2009 年，第 9 章。

同时可以注意到多样性和相对化的分别，多样性既体现观点的不同，又蕴含彼此对话、沟通的可能，后者进一步引向相互吸取、彼此互补。与之不同，相对化意味着不同观点之间无法彼此通约，难以相互理解；对相对性的强化，往往导向"怎么都行"的相对主义。作为一种思想现象，多样性与相对化的交错和不同走向，既呈现于世界范围内的哲学领域，也先后出现于20世纪初与20世纪末的中国哲学界，在这方面，现代中国哲学同样融入了世界性的哲学之流。

　　与以上现象相关的是一致与百虑的关系。比较而言，20世纪初与20世纪末，中国哲学的演化更多地呈现"百虑"的趋向，不同的思潮、学派、观点纷纷登场，或各执己见，或彼此论辩，其中既呈现了思想的多样发展，也蕴含相对化的走向，后者（相对化）在逻辑上趋向于仅仅各自陈述自己所认同和接受的观点，疏离一定意义上的共识，由此可能进一步导向怀疑论。比较而言，20世纪50年代到70年代末，对"一致"的追求成为更为主导的方面。肯定"一致"，无疑具有扬弃相对主义和怀疑论的意义，但过分强调一致，本身也容易引向独断论。一致与百虑的以上分野，在某种意义上折射了近代以来世界哲学的演化。众所周知，确定性的追求，是近代西方哲学的重要趋向，笛卡尔、斯宾诺莎、洛克、休谟等尽管有理性主义与经验主义的区分，但都以清楚明白、无可怀疑为知识的基本特征，这种看法从认识论的层面肯定了确定性的意义。进入现代之后，确定性的追求受到不同的质疑，从尼采的重新评定一切价值，到后现代的解构逻各斯、告别理性，都呈现出这一走向。在追求确定性与质疑确定性的如上历史转换之后，不难看到对"一致"与"百虑"的不同强调。20世纪中国哲学的衍化，与近代以来西方哲学的如上演进呈现了实质上的相近性。随着20世纪末与21世纪初国学热的兴起，注重"一致"的思想趋向开始取得了认同传统或回归传统的形态，而"中国哲学合法性"这一类问题的讨论，则从一个侧面显现了"百虑"的趋向。两者各自侧重一端，体现了彼此相分的进路。

历史展望：更深入地参与世界性的百家争鸣

以上主要通过简略的历史回溯，考察了20世纪以来中国现代哲学的演进过程。不难看到，与前现代的哲学变迁仅仅限于自身传统不同，中国的现代哲学已融入世界，其不同的哲学趋向既折射了中国之外更广视域中哲学的分化发展，也以独特的方式参与世界范围内的哲学论辩，由此展现了世界性的意义。从科玄论战这一类哲学论争，到哲学家的个性化哲学建构，从马克思主义的主导，到中国哲学、西方哲学、马克思主义哲学之间的对话，从多样化与相对性的相异进路，到一致与百虑的不同侧重，中国的现代哲学已超越了地域性而走向世界哲学。

如前所述，冯契先生已注意到"世界性的百家争鸣"这一问题。根据他的理解："从世界范围来看，今天我们正处于一个东西文化互相影响、趋于合流的时代。为此，需要全面而系统地了解西方文化，也需要全面而系统地了解东方文化，并深入地进行比较研究。这就需要有许多人从不同方面、不同领域去做工作，于是见仁见智，必然会产生不同意见，形成不同学派。所以，应该说，我们正面临着世界性的百家争鸣。"[1]

---

① 冯契：《中国近代哲学的革命进程》，上海：华东师范大学出版社，1997年，第722页。

作为以往从未出现过的历史现象，这种"世界性的百家争鸣"无疑向我们提出了需要正视的问题。事实上，前述中国现代的哲学变迁，已从不同方面对此加以回应，更为自觉地参与这种争鸣，则是中国哲学进一步发展无法回避的历史课题。

以 20 世纪中国哲学的演进为前提，首先需要关注的无疑是马克思主义的发展。前文已指出，20 世纪下半叶，马克思主义逐渐取得了主导地位，并进一步与中国哲学、西方哲学彼此互动。这是一种具有世界意义的现象。然而，在马克思主义确立自身主导地位的进程中，也曾出现某种教条化趋向，前述两军对战、方法论原理的公式化等，便已体现了这一点，这种教条化趋向同时意味着抽象化。按其实质，马克思主义以注重具体问题具体分析为其活的灵魂，以教条化的方式将其抽象化，实质上意味着背离马克思主义的真实精神。在参与世界性争鸣的过程中，如何使马克思主义超越教条化、抽象性，无疑是需要思考的问题。这种超越的内在指向，在于回归具体性。

中国哲学在 20 世纪的演变，同时蕴含多样性与相对化的不同趋向。对多样性的肯定，意味着扬弃独断论，但肯定多样性而强化相对性，又往往容易引向相对主义。参与世界性争鸣既需要避免"定于一尊"的独断论，也应与"怎么都行"的相对主义保持距离。如何在走出独断论的同时超越相对主义，这是在面对世界范围内的不同思潮、学说的互动时无法回避的问题。拒斥一切与自己不同的观点，往往会陷于独断的趋向；强调任何看法都有同等真理性价值，因而都可以成立，则常常走向相对主义。承认多样性，扬弃相对主义，是参与世界性百家争鸣需要坚持的立场。

以上学术立场，内含一致与百虑的统一。如前所述，离开百虑，仅仅突出一致，则在逻辑上难以避免独断论；否定走向一致的可能，单纯地强调百虑，则每每导向怀疑论与相对主义。事实上，相对主义与怀疑论本身在理论上具有相通之处。就正面而言，关注一致，意味着对普遍性的肯定；确认百虑，则趋向于承认特殊性。从世界范围看，不同的哲学传统总是包含哲学之为哲学的普遍品格，而特定的历史、文化，又往往赋予各个哲学传统以特殊的形态。在参与世界性的百家争鸣的过程中，既需要关注和认同哲学的普遍性规定，也应当承认不同哲学系统的个性特点。这一意义上的认同与承认，伴随着哲学的争鸣过程，一致与百虑统一的背后，便是对认同与承认的双重确认。

以具体化扬弃抽象性和教条化，以多样性扬弃相对化，肯定一致与百虑的交融，主要侧重于观念之域的思维进路。从更为现实的层面看，在参与世界性百家争鸣的过程中，同时需要认识和把握不同哲学传统各自正面或负面的问题，包括其在理论上的限度，以及可能提供的思想资源。由此，应当基于对现实的多方面考察，进一步通过切实的建设性工作，提供解决或回应相关问题的系统思考。无论是指出或揭示不同哲学传统中的问题，还是回应各种可能的质疑，都需要以自身在理论层面的建设性工作为出发点。这里的建设性工作，包括对哲学领域的基本问题给出具有个性的系统性思考，提供自成系统的理论观念，等等。这种建设性工作不同于仅仅进行哲学史的梳理或对以往哲学的描述性论说，而是以展示更为宽广的哲学视域与形成创造性的理论成果为指向。在此意义上，参与世界性的百家争鸣与切实的建设性研究，构成了相辅相成的两个方面。缺乏自身哲学思考和建构的"争鸣"，往往流于空乏的议论，隔绝于世界的学术之林，则难以避免闭门造车。在建设性的思考中走向世界、发展自身，是世界性的百家争鸣的题中之义。

与世界性百家争鸣以建设性的研究为前提相应，争鸣本身并不是终极的目的。百家争鸣固然意味着提出批评性意见，论证不同的观点，但其意义不限于不同学派、人物各自表达自身的看法。从历史上看，学派、人物之间的争鸣，总是融于思想和文化的演进过程，并逐渐成为文化传统中的具体内容。也就是说，争鸣本身具有建设性的意义。同样，今天参加世界性的百家争鸣，也并不仅仅以不同思想传统、不同文化立场之间的对话和交锋为指向，而是同时表现为参与世界文化建设的过程。伴随着世界性百家争鸣的世界文化，并不是某种单一的存在形态，而是与历史已经进入世界历史、不同文化传统已彼此相遇的条件下形成的文化变迁相联系。这一意义上的世界文化既以多样性为其内容，又呈现个性化的特点。在这里，世界性百家争鸣所体现的不同传统、背景和价值取向，与由此建构的世界文化的丰富形态，具有一致性。

学术中的中国

数字时代人文学研究的变革与超越

——数字人文在中国

赵　薇（中国社会科学院文学研究所助理研究员）

20 世纪末以来，飞速发展的数据科学和信息网络技术，越来越普遍地影响了人文知识的获取、管理、分析、阐释、共享和再生产等基本环节，深刻重塑了人文社会科学的方法基础和研究形态。由人文计算（Humanities Computing）转化而来的数字人文（Digital Humanities，DH）成为全球范围内兴起的知识生产范型。尽管数字人文的基本界定尚处于广泛争议和多元发展中，在中国，这一领域仍以其鲜明的实践性特色，吸引了不同学科的学者投身其中，形成了跨学科、跨地域，甚至跨文化和语言共生的协作型研究社群。数字人文项目从无到有，相继孵育成熟，纷纷进入颇为可观的成果产出期。

引子：准备与形成阶段

（一）数字化和文献计量的准备阶段（1980—2009 年）[①]

数字人文的前提是人文资料和文献档案的数字化。一般认为，中国

---

① 对数字人文发展所做的分期，以 CNKI 对相关论文的发表情况所做的历时性统计为依据，也参考了王晓光、林施望等人的文章。Wang Xiaoguang, Xu Tan, Li Huinan, （转下页）

大陆数字化和文献计量的历史,可追溯至 20 世纪 80—90 年代古籍数字化的先驱工作。这些工作充分借助纸本索引为数字化查询积累了经验,尤其处理了早期数字化过程中的中文编码和字符集受限等问题,已开始采用机编索引的形式。钱锺书先生早在 1984 年就开始在中国社会科学院倡导把计算机技术引入中国古典文献的搜集、疏证和整理中。90 年代中期后,随着 GBK 字符集扩展到两万多个汉字并可支持繁体,OCR 技术成熟,互联网兴起,各种通用的电子文献整理平台应运而生。1996 年,上海图书馆率先建成"中国古籍善本查阅系统",随后国家图书馆正式启动"中国数字图书馆工程"。

2009 年之前,与中文数字人文兴起高度相关的另一个重要基础,由计算语言学、中文信息处理和语料库语言学等学科交叉领域铺就。1986 年起,北京大学计算语言学研究所开发的"综合型语言知识库",董振东等开发的"知网"(HowNet),为语言资源建设方面极具代表性的成果,后者也是业界广泛采用的语义知识库。90 年代中期后,中文自然语言处理利用语料统计来建立算法模型,完成音素、字词、句子、段落、篇章等不同单位上的词频统计、标注和分析等任务。2003 年以后,机器学习在一些任务上的测评显示出优于人工规则的效果。清华大学、哈尔滨工业大学、南京师范大学、复旦大学、中国科学院等相关团队机构在汉语自动分词、语义计算、文本分类、意见挖掘、实体识别等典型任务上有了重要

(接上页)"The Evolution of Digital Humanities in China," *Library Trends*, 2020, vol.69, no.1, pp.7—29. Lin Shiwang, "The Study of Premodern Chinese Literature in the Digital Era: New Methods of Quantitative Statistics, Databases, and Visualization Analyses," *Library Trends*, 2020, vol.69, no.1, pp.269—288.

突破，形成了一个个可持续发展的技术热区，为后来数字人文中文本挖掘的研究面向积累了关键经验。

　　尽管一些有识之士已看到计算机处理文献的巨大优势和潜力，提倡与信息技术公司合作，研发文本分析工具，对数字化成果进行深入挖掘和再加工。① 但真正能很好地利用数据库，从学科内部提出并回答问题的研究却少之又少，文史领域仍倾向于采取简单易行的计量方法。如陈大康在 20 世纪 80 年代中期用耗时的人工统计步骤，对《红楼梦》作者统一性问题进行再检验，反驳了陈炳藻利用计算机得出的结论等。②

　　20 世纪 90 年代中期后，中国的量化史学悄然复兴，出现了自建大型数据库直接产出成果的典范。蜚声海内外的李中清—康文林团队，自 1979 年起逐步建立基于八旗户口册和清代皇室族谱资料的"中国多代人口系列数据库"，实现了对长期个人记录和跨越多世代家庭变化的追踪。③ 这些真正意义上的"大人口"、长时段的"微观数据"，在与西方国家的人口和社会结构变迁的比较方面，已贡献丰硕成果。④ 这一时期启动的大型数据库，还有 90 年代初兴起，由哈佛大学、台湾"中研院"、北京大学合建，2007 年正式对外开放的"中国历代人物传记资料库"（CBDB），复旦大学历史地理研究中心和哈佛大学共建的"中国历史地

---

① 史睿：《论古籍的数字化与人文学术研究》，《北京图书馆馆刊》1999 年第 2 期。郑永晓：《古籍数字化与古典文学研究的未来》，《文学遗产》2005 年第 5 期。

② 陈大康：《从数理语言学看后四十回的作者》，《红楼梦学刊》1987 年第 1 辑。

③ China Multi-Generational Panel Data Series, CMGPD，该系列数据库包含辽宁、双城和皇族三个子数据库，其中前两个已经在 ICPSR 网站上对全球学界免费公开。

④ 据悉，已有 123 篇论文和著作使用或引用了 CMGPD-LN 或 CMGPD-SC 数据。其中有 8 个成果赢得了 9 个学术奖项或认可。

理信息系统"（CHGIS）等。这些基础设施让历史学家更容易借助数据和计算手段，成为数字人文的先行军。

（二）摸索和形成阶段（2009—2015 年）

2009 年，"数字人文"第一次以今天的义涵出现在中国大陆学界。武汉大学信息管理学院王晓光在"教育部人文社会科学研究方法创新论坛"上作了题为《"数字人文"的产生、发展与前沿》的发言。2011 年，大陆首个数字人文研究中心落户武汉大学。大陆学者开始有意识地发表相关文章，但从作者数量和范围来看，仍保持在一个相当小众的水平上。对图书档案情报和信息管理学界而言，数字人文将成为超越数字图书馆的下一个"大趋势"。①

人文数据库的功用已不仅仅是资料的永久保存和信息检索，而开始向知识深加工和知识发现转型，相应的专门工具和技术范型也开始浮现。王晓光团队对敦煌壁画图像语义描述层次模型的实证研究，② 包平团队对农业物产类方志古籍地名识别系统的研究和建构，③ 郭金龙、许鑫等对文本挖掘的初步探索，④ 黄水清、王东波、陈小荷等关于先秦文献的分词、命名实体识别，以及多位学者使用聚类方法研究作者归属问题等都取得了令人瞩目的进展。⑤ 在传统文史哲等学科，只有零星学者关注数字人

---

① 张晓林：《颠覆数字图书馆的大趋势》，《中国图书馆学报》2011 年第 5 期。
② 王晓光、江彦或、张璐：《敦煌壁画图像语义描述层次实证模型》，《图书情报工作》2015 年第 19 期。
③ 朱锁玲、包平：《方志类古籍地名识别及系统构建》，《中国图书馆学报》2011 年第 3 期。
④ 郭金龙、许鑫、陆宇杰：《人文社会科学研究中文本挖掘技术应用进展》，《图书情报工作》2012 年第 8 期。
⑤ 黄水清、王东波、何琳：《以〈汉学引得丛刊〉为领域词表的先秦典籍自动分词探讨》，《图书情报工作》2015 年第 11 期。

文，2013 年陈静翻译了苏珊·霍基（Susan Hockey）等人的文章，并对数字人文在英美的发展和争论做了检讨性综述。[①] 金雯、李绳的文章聚焦时下美国最新数字人文成果，描述了这类研究在海外的真实处境和前景。[②] 实践方面，人文学界已有对数字人文与各学科关系的自觉探讨，如陈刚《"数字人文"与历史地理信息化》（2014），王涛《挑战与机遇："数字史学"与历史研究》（2015），王兆鹏《建设中国文学数字化地图平台的构想》（2012），郑永晓《情感计算应用于古典诗词研究刍议》（2012），刘京臣《大数据时代的古典文学研究——以数据分析、数据挖掘与图像检索为中心》（2015）等。[③] 地理信息系统、文本挖掘、文体测量、网络分析等方法与传统问题结合，也产生了一些颇有创建的应用个案，如年洪东等《现当代文学作品的作者身份识别研究》（2010），许超《〈左传〉的语言网络与社会网络研究》（2014），赵思渊《19 世纪徽州乡村的土地市场、信用机制与关系网络》（2015），赵薇《"社会网络分析"在现代汉语历史小说研究中的应用初探——以李劼人的〈大波〉三部曲为例》（2015）等。[④]

---

① 陈静：《历史与争论——英美"数字人文"发展综述》，《文化研究》2013 年第 4 期。

② 金雯、李绳：《"大数据"分析与文学研究》，《中国图书评论》2014 年第 4 期。

③ 陈刚：《"数字人文"与历史地理信息化研究》，《南京社会科学》2014 年第 3 期。王涛：《挑战与机遇："数字史学"与历史研究》，《全球史评论》2015 年第 8 期。王兆鹏：《建设中国文学数字化地图平台的构想》，《文学遗产》2012 年第 2 期。郑永晓：《情感计算应用于古典诗词研究刍议》，《科研信息化技术与应用》2012 年第 4 期。刘京臣：《大数据时代的古典文学研究》，《文学遗产》2015 年第 3 期。

④ 年洪东、陈小荷、王东波：《现当代文学作品的作者身份识别研究》，《计算机工程与应用》2010 年第 4 期。许超：《〈左传〉的语言网络和社会网络研究》，南京师范大学博士学位论文，2014 年。赵思渊：《19 世纪徽州乡村的土地市场、信用机制与关系网络》，《近代史研究》2015 年第 4 期。赵薇：《"社会网络分析"在现代汉语历史小说研究中的应用初探》，项洁主编：《数位人文：在过去、现在和未来之间》，台北：台湾大学出版中心，2016 年。

作为早期的先锋，一部分人文学者意识到专门开发的工具包和平台在组织利用资料时，能够为研究带来一致性、持续性和高效性，开始在不同程度上参与一些跨区域协作的数字人文项目，随之一个知识工程导向的、更广泛的"汉学数字基础设施建设"的模式开始显现。被视为标杆的"中国历代人物传记资料库"项目由包弼德（Peter K. Bol）教授牵头，经过十多年辛苦的元数据标注，为目前世界上最大的中国历史人物传记资料分析数据库。相较而言，大多数大陆项目"离真正意义上的协作性和开放性还有距离"。① 台湾地区在这一时期也经历了由"数位典藏"向"数位人文"的转型，由单纯的资料检索向更深入的文本挖掘思维进步。2012 年"台湾大学数位人文研究中心"的成立亦标志着台湾地区数字人文学自主性的形成。②

现状：契合发展阶段

2016 年起，数字人文在中国大陆进入加速发展的建制化阶段，相关论文的发表量呈直线递增趋势。③ 数字人文的基本内涵、应用实践和未来走向获得了图博档领域的高度关注，迅速成为当下最受欢迎的科际整合新方向。人文学者的参与度和热情大幅提高，"方法共同体"初步显形，网络基础设施建设和由研究性问题驱动的数字人文研究之间的分野

---

① 陈静：《历史与争论——英美"数字人文"发展综述》，《文化研究》2013 年第 4 期。
② 邱伟云：《我国台湾数字研究进程（2009—2017）》，《图书馆论坛》2020 年第 4 期。
③ 据不完全统计，2020 年发文量达 425 篇，是 2016 年的 8 倍，受国家社科基金资助的文章占 1/5。

　　　　　　　　　　　　学术中的中国

渐渐清晰起来。

（一）数字人文学术的繁荣

数字人文的学术交流和出版活动日益繁荣，各种行业会议、工作坊和课程频频举办或开设，研究团队纷纷涌现。2016年起北京大学连续三年举办数字人文论坛，极大地推动了数字人文在中国的发展。2017年清华大学举办"数字人文与文学研究国际工作坊"，南京大学召开"数字人文：大数据时代的学术前沿与探索"研讨会。2018年数字人文创研中心在南京大学成立，集结了一批在各学科深耕多年，有一定实践经验和量化成果的青年学者。此外，人大清史研究中心的"数字人文与清史研究工作坊"，中国社会科学院文学研究所2019年"数字人文时代的中国文史研究"工作坊，清华大学2019年"《数字人文》创刊仪式暨数字人文国际工作坊"等，均产生较大影响，一定程度上起到了风向标的作用。

2019年中国人民大学信息管理系牵头建立校级数字人文研究中心，在图书情报与档案管理学科下设全国首个数字人文硕士点，北京大学的数字人文中心于2021年1月正式宣告成立。此外，南京农业大学、中南民族大学、上海大学图书情报档案系及文学院、曲阜师范大学、上海师范大学等都有了自己的相关中心。中国社会科学情报学会数字人文专委会和中国索引学会数字人文专委会先后成立，自2019年起负责召集、举办全国数字人文年会，评出年度优秀项目和优秀论文。

相关专栏、刊物和译介作品涌现。2016年起，戴安德（Anatoly Detwyler）、姜文涛在《山东社会科学》上主持"数字人文：观其大较"栏目，译介了一系列国外数字人文理论和应用成果、论争及访谈录，也较早推出了一批本土量化实践成果。专栏开篇文章是人文学者撰写的重要导论文章。[①]2019 年 12 月，清华大学与中华书局创办中国大陆第一个数字人文学术刊物《数字人文》(*Journal of Digital Humanities*)。中国人民大学信息资源管理学院推出的《数字人文研究》是国内另一本高水准的专业期刊。译著方面，已有中国人民大学出版社的《数字人文》(2018)和王晓光等翻译的《数字人文：数字时代的知识与批判》(2019)等书籍面世。

受项目和课题牵引，依托平台、团队协同攻关的科研形态和合作网络已初具规模。以中国文学学科为例，受国家社科基金资助，就至少形成了"汉魏六朝文学编年地图平台建设""基于大数据技术的古代文学经典文本分析与研究""明代文学智慧大数据及平台建设"等团队，成果丰硕。

（二）"方法共同体"初步显形

尽管没有一个数字人文项目是仅凭单一技术就可以实现的，但在过去的十几年中，仍然形成了一些特点相对清晰的技术分支体系，如文本挖掘、网络分析、视觉化和地理信息技术等，姑且称为"跨学科的方法共同体"。严格来说，这些方法的本质都是计算，只要将文献转化为数据，且编制了元数据，就可以通过最简单的统计手段进行多变量分析。只不过近年来机器学习有了长足进步，以深度学习为代表的数据驱动范式在业界取得了成功，人文学者开始希冀基于大数据的"计算智能"为传统学术带来翻天覆地的变化。在研究实际中，好的人文学者大都坚持"问题取向"，带着强烈的问题意识来构建数据集，寻求能够契合研究性问题

---

① 戴安德、姜文涛撰，赵薇译：《数字人文作为一种方法：西方研究现状及其展望》，《山东社会科学》2016 年第 11 期。

的一两种主要技术手段，如此便在处理人文问题的同时，也完成了一项应用性的技术探索。

文本挖掘是"远读"海量文献时采用的一系列技术"集合"的统称，发挥了自然语言处理和数据挖掘技术的基本理念，对文本的语言特点、类别、观点、情感倾向等进行批量化的整体"挖掘"，以求发现单一阅读难以察觉的潜在模式。从最基本的信息检索和预处理中的标注、分词，到表示模型选择、特征抽取和计算，各种文本聚类和分类，自动摘要、情感分析、作者归属等等都可算是文本挖掘的步骤。早期应用中有代表性的是对古代作品的作者归属研究。近年来的文史研究中，对文本挖掘倚重较多且能行之有效的，是金观涛、刘青峰、郑文惠、刘昭麟、邱伟云、梁颖谊等的"数字观念史研究"。他们以"中国近代思想史专业数据库（1830—1930）"为对象，运用词频统计、自然语言分布定律、词共现网络等方法，从海量语料中自动生成关键词群，对词群和网络所表征的价值体系进行历史语义学的描述，以之勾勒近现代思想观念的结构转型和演化趋势，努力促成观念史研究的"数字转型"。[①] 此外，赵思渊、胡恒、申斌等在地方史志文献挖掘方面，都取得了引人注目的成绩。高剑波团队近年来在情感计算领域也屡有突破，成果大都在海外发表。

文本标记和统计分析方面，台湾大学项洁团队近年来注重以基于特征的算法，发掘巨量文档间的多重知识脉络和关联结构，如对两部官修类书和淡新档案的研究，所提供的历史文献的分类结构、比重和条目上

[①] 参见金观涛、邱伟云、梁颖谊、陈柏聿、沈锰坤、刘青峰：《观念群变化的数位人文研究——以〈新青年〉为例》，项洁主编：《数位人文：在过去、现在和未来之间》。

的差异图景，已非人力所及。① 南京师范大学在相关师生的共同努力下，先后建设了《左传》《史记》《资治通鉴》等语料库平台，实现了词语概念的本体化检索，可用于更精准的数字人文研究。无监督的聚类和分类算法最近被用于古代文类和类书，甚至现代文类的研究，借此与一些文学史命题形成对话。前者如诸雨辰、李坤、胡韧奋对《汉书·艺文志》中的存世文献进行自动聚类实验，为超越文献学观念上的"《汉志》主义"提供了更多可能。后者如芝加哥大学文本光学实验室与上海图书馆合作的"民国时期期刊语料库（1918—1949）"项目，采用朴素贝叶斯分类器，层次聚类和网络分析等多种方式，对近现代期刊中"新文类"的构型因素进行多层面研究。②

深度学习和大规模语料结合，特别是近来预训练模型（如 BERT）的提出和发布，使得"大数据预训练"加上"小数据微调"的做法在中文古籍处理方面拥有众多应用场景，在古汉语命名实体、自动标注、文本比对、角色识别等下游任务上获得了前所未有的优良表现。清华大学自然语言处理与社会人文计算实验室曾以 80 余万首旧体诗语料和标注知识库，来训练专门的词汇句法模型，研发"九歌人工智能诗歌写作系统"。中国古典诗词预训练模型 BERT-CCPoem 能提供任何一首古典诗词的任何一个句子的向量表示，可广泛应用于诗词智能检索与推荐，以及语义

---

① 项洁、陈丽华、杜协昌、钟嘉轩：《数位人文视野下的知识分类观察：两部官修类书的比较分析》，《东亚观念史集刊》第 9 期。项洁、洪一梅：《数字人文取径下的淡新档案重整与分析（上）》，《档案学通讯》2020 年第 6 期。

② Spencer Stewart，赵薇：《"新文类"，比较文学与数字基础设施建设：以"民国时期期刊语料库（1918—1949），基于 PhiloLogic4"为例的探索》，2020 数字人文年会（DH2020），2020 年 10 月。

相似度计算。北师大中文信息处理团队利用 BERT 成功提升了命名实体的准确率，开发的古诗文断句和多元古籍标注系统，准确率超过 90%。南师大与南农团队最近在 BERT 基础上开发了繁体《四库全书》语料训练出的面向古文自动处理的预训练模型。中华书局古联公司、龙泉寺和北京大学也上线了高效的自动标点和专名识别系统。清华大学邓柯团队的无监督中文文本分词方法 TopWORDS 系统，不需要任何训练语料即可进行词语发现且表现优异，可以用极低的人力成本从海量经典古文献中快速建立专名索引。

网络分析源自网络理论，关注由个体节点联结而成的整体网络结构，也是数据可视化的一种有效方式，近年来被整合进数字人文，成为取得实质性进展最多的方向之一。

社会网络分析是很多关系型数据库的方法论基础。在"中国历代人物传记资料库"中，各类实体间的关系经过人工编码，依靠算法来衡量，可在瞬间获得历代人物的生平资料，对其所置身的亲属、官僚、师门、著述、通信等社会关系一目了然。此类数据库已积育了一些代表性研究，如包弼德结合朱熹、张栻、吕祖谦等人的关系网络所在区域位置来考察道学思想的传播。[1] 魏希德对宋代士人网络的研究，解释了士人对地缘政治危机的反应，如何改变了朝廷与州府精英在政治沟通领域中的关系。[2] 严承希、王军抽取数据，设计算法来表示宋代政治党群网络，对不

---

[1] 包弼德：《群体、地理与中国历史：基于 CBDB 和 CHGIS》，《量化历史研究》2017 年第 Z1 期。

[2] 参见魏希德：《宋帝国的危机与维系：信息、领土与人际网络》，刘云军译，南京：江苏人民出版社，即出。

同时期关系演化模式的三个层次进行深入讨论,为研究党争格局提供了新方式。[1] 徐永明利用数据库,将汤显祖的社会关系准确投射到地理坐标图上。[2]

除依靠现成数据库,大部分人文学者仍需自建数据集用于自己的课题。王涛就充分利用《德意志人物志》中人物的生卒地信息,绘制出15、18世纪德意志人物的"出生地图"和"死亡地图",以人物的迁移轨迹,印证普鲁士崛起的几百年间中心城市的盛衰演变。[3] 陈松对现存宋代地方官学碑记的作者进行网络分析,揭示宋代四川与其他地区在思想观念交流上的结构性鸿沟,以及理学思想在官学碑记写作中与日俱增的影响力。[4] 严程建立了以顾太清为中心的闺阁诗人交游网络,解释了"秋红诗社"的"中断之谜"。[5]

文本网络(textual network)是人文研究中另一类较受关注的网络。许超等在《左传》标注语料库基础上,将"人物"与"事件"实体通过共现网络表示出来,发现了春秋网络的小世界性,以及孔子作为最低聚—度相关度节点的特殊意义。[6] 另外一些并不认同共现和数据驱动的做法,

---

[1] 严承希、王军:《数字人文视角:基于符号分析法的宋代政治网络可视化研究》,《中国图书馆学报》2018年第5期。

[2] 徐永明:《中国古典文学研究的几种可视化途径——以汤显祖研究为例》,《浙江大学学报》(人文社会科学版)2018年第2期。

[3] 王涛:《数字人文框架下〈德意志人物志〉的群像描绘与类型分析》,《历史研究》2018年第5期。

[4] 陈松:《为学作记——从网络分析和文本分析视角看宋代地方官学碑记的作者和主题》,《数字人文》2020年第4期。

[5] 严程:《顾太清交游网络分析视野下"秋红吟社"变迁考》,《山东社会科学》2018年第7期。

[6] 许超:《〈左传〉的语言网络和社会网络研究》,南京师范大学博士论文,2014年。

则倾向于从文本中提取可解释的关系，建立虚构形象的关系网络，发现文本背后潜在的叙事意图，触及人物观的演变问题。[1] 邱伟云近年的报刊研究，也非常注重运用网络分析，通过构建词汇概念网络，描述了思想史的重要转向。[2]

图像与视觉化是数字人文研究不可或缺的重要手段。向帆、朱舜山采用"中国历代人物传记资料库"中的家族关系数据，结合上海图书馆的家谱数据和可视化、3D 技术及其交互性，建构中国古代皇室家谱巨大的树状立体网络，可以发现和解释家谱记录中的可疑关系。王军、李晓煜的"宋元学案知识图谱系统"对《宋元学案》进行了文本处理和分析，将学案中的人物、时间、地点、著作以及它们之间的复杂语义关系提取出来构造成知识图谱，生动呈现了历史事件对理学发展的影响。由莱斯大学白露（Tani Barlow）和南京大学陈静合作的"中国商业广告数据库"，对海量商业广告进行数字化和元数据标注，结合文本挖掘及图像自动聚类工具，完成广告内容和图像的量化分析，并将其放置于其他信息关联的节点上，来追踪广告业发展与中国近现代社会思想之间的关系。

历史地理信息化与空间人文研究可看作数字人文中技术性最强、科学化程度最高的分支体系。该方面的人文成果，得益于近 20 年来地理信息技术所取得的种种标志性成就。"中国历史地理信息系统"（CHGIS）使用典型的矢量化数据，以点—线—面的组合来描述现实地理世界信息，

---

[1] 赵薇：《社会网络分析与"〈大波〉三部曲"的人物功能》，《山东社会科学》2018 年第 9 期。赵薇：《网络分析与人物理论》，《文艺理论与批评》2020 年第 2 期。

[2] 邱伟云：《词汇、概念、话语：数字人文视野下中国近代"美"之观念的建构与再现》，《艺术理论与艺术史学刊》2019 年第 1 期。

对后续历史地理信息化产生深远影响。2013 年后，复旦大学、首都师范大学和陕西师范大学、云南大学等均发布了"丝绸之路"的地理信息平台。其他独立的平台还有南京大学陈刚团队于 2006 年开发的"六朝建康历史地理信息系统"，上海交通大学曹树基主持的"中国历史地图地理信息平台"等。①

2014 年后，陈刚、潘威等提出了结合数字人文与地理信息系统（GIS）的历史地理信息化建设方向。② 人们意识到应广泛吸收在史料文本的信息挖掘方面比 GIS 更具优势的数字人文。南师大"华夏家谱 GIS 平台"，致力于以通用型 GIS 数据模型和标准来处理历史文献，将家族、人口、迁移等多方面问题相关联。人大历史地理学团队借助"《缙绅录》数据库"，发挥 GIS 在清史研究中的功用，从地理视角重新认识清代政区问题。③ 中南民族大学"唐宋文学编年地图"将 GIS、电子地图与唐宋作家作品编年信息深度融合，提出"系地"的概念，实现了文献的数字化集成与文学空间的可视化呈现。浙大徐永明主持的"学术地图发布平台"，支持用户个人上传数据，生成学术地图，包括历史人物行迹图和各类实体定位查询图等，提供了一个友好、专业的信息共享环境。台湾"中山大学"简锦松教授倡导的"现地研究"，以实地考察为主，辅以 GPS、天文历法工具，还原、复现了古典文学的发生场景和文学行为。天津大学

---

① 此段概括参见潘威、王哲、满志敏：《近 20 年来历史地理信息化的发展成就》，《中国历史地理论丛》2020 年第 1 期。

② 陈刚：《"数字人文"与历史地理信息化研究》，《南京社会科学》2014 年第 3 期。潘威：《"数字人文"背景下历史地理信息化的应对——走进历史地理信息化 2.0 时代》，《云南大学学报》（社会科学版）2018 年第 6 期。

③ 胡恒：《清代政区分等与官僚资源调配的量化分析》，《近代史研究》2019 年第 3 期。

何捷筹建的 SHAPC Lab，将 GIS、遥感、空间计算等信息技术与文献挖掘结合，进行文化遗产、景观和城市史相关的"空间人文与场景计算"研究，近年来贡献了颇多开创性成果。①

（三）网络基础设施建设作为一种驱动力

针对目前大多数专题数据库缺乏对资源的语义特征的深度描述，知识单元颗粒度不够，信息孤岛现象明显，少有语义检索和数据挖掘功能，无法实现自动化的知识发现等不足，信息管理学界提出了一套"智慧数据"的解决方案，②为铺设全面的人文网络基础设施，特别是提升文化遗产保存和研究领域的价值提供了保障。近年来武汉大学王晓光团队与敦煌研究院合作，围绕"敦煌智慧数据"建设和敦煌文化遗产保护、研究和传播，借助元数据、主题词表、语义增强、知识图谱、国际图像互操作框架（IIIF）等技术与标准，建构了敦煌壁画的图像增强展示和叙事系统。中国人民大学冯惠玲团队工作的重心是历史文化村镇保护和研究，以"高迁古村数字记忆网站项目"为代表，主要表现为"全要素数字化 + 全息呈现"，为用户提供了一个可检索和呈现、富含语义关联的沉浸式知识库，完成了多种文本的再媒介化和交互式诠释。

不难看出，网络基础设施的一个重点，是打造支撑人文研究的大型通用平台和网络知识体系，尽快确立技术和元数据的统一规范，实现全国乃至全球范围内数据、技术资源的共享和互联。在此环境中，人们能够通过互操作协议获取高性能的计算机工具和数据。因而从本质上说，

---

① 马昭仪、何捷、刘帅帅：《中国古典叙事文学的时空叙事数字模型研究——以〈李娃传〉为例》，《地球信息科学学报》2020 年第 5 期。
② 王晓光、谭旭、夏生平：《敦煌智慧数据研究与实践》，《数字人文》2020 年第 4 期。

基础设施是由人文数据集、网络标准协议、平台、计算工具和人才，以及合作模式形成的一个联合体，^①其重点在于互通机制的营造和长线投入。为此，汉学家包弼德、德龙（Donald Sturgeon）和中国学者徐力恒、王宏甦、刘炜、史睿、夏翠娟等曾在 2018 年发起"面向数字人文的中国研究网络基础设施"的倡议。此举核心是与国内各大图书馆、商业机构达成分享和共建的基本共识，说服第三方商业数据库，逐步开放各种专门工具和全文数据库的应用程序接口（API），由此看到商业性的全文数据库也可以从基础设施带来的数据分享和不同项目之间的互动得益的前景（徐力恒）。

国内图情界很快以其方式响应了这一动议，图书馆机构大力投入通用和开放型的平台建设，加快对相应理论和方法的探索。走在前列的如上海图书馆"历史人文大数据平台"，整合了"家谱知识服务平台""古籍联合目录及征询平台""人名规范库""近代报刊库"等前期资源，建立起有关人物、机构、事件、物品、时空、领域概念等词表体系及知识图谱，实现了对扫描图片的互操作管理，数据中台和算法中台具有共享数据和计算的能力。计划发布的各类 RESTful 应用程序接口和互操作协议能够提供标准化的外部数据整合规范，可实现一站式资源发现。与此同时，刘炜、夏翠娟、陈涛、聂华、王宏甦、徐力恒、张磊、朱庆华、黄水清、赵宇翔、王东坡、许鑫、王丽华、裴雷、赵生辉、张永娟、李惠等诸多学者在基础设施的设计和理论方面都发表了奠基性成果。朱本军、张久珍等较早意识到国家基础设施建设的文化战略意义，敦促中国学者牢牢把握

---

①   Zhu Benjun, Zhang Jiuzhen, "Digital Humanities Cyberinfrastructure for Ancient China Studies: Past, Present, and Future," *Library Trends*, 2020, vol.69, no.1, pp.319—333.

            学术中的中国

数字基础设施建设的主动权,同时吸引海外学者进驻参与。[①]

文献学家们则就当下古籍由数字化向数据化,再向知识化的发展进程提出宏大构想。刘石和孙茂松提出建设"中国古典知识库"(CCKB)的构想,即以20多万种存世古籍为基础,在保障内容完整性和内部逻辑性的前提下,突破文献原有结构,通过实体间的关系对文献进行深层组织和管理。[②]各教研单位面向用户的大型古籍处理分析平台也在建设中,如上海外国语大学图书馆的"中国古籍基础数据分析平台"、清华大学"数字人文智能分析平台"等,有望为"中国古典知识库"奠基。

可以说,数字人文正在中国大陆掀起一个知识工程导向的基础设施建设高潮。与此同时,另一类追求实用目的的通用工具平台,以台湾大学数位人文研究中心规划,项洁主持的"Docusky数位人文学术研究平台"为代表。此类平台可让学者自己建置符合国际标准的云端资料库,整合了标记、探勘与分析,视觉化观察、地理信息系统等常用工具模块,也提供应用程式接口,可以从"中国历代人物传记资料库"等外部资源获得资料,通过个人化的服务"让人文研究者不必再步步仰赖信息科技专家,自主且自由地融合数字科技进行人文研究"。

(四)"复数的数字人文"与批判的数字人文

和国际数字人文的发展情形相像,中国的数字人文成果和项目在学科分布上的一个特点是图情档和信息科学占绝大多数(约69%)。尽管2016年以来,人文学者的自觉探索大幅增多,渐成潮流,图情学者仍然

[①] 朱本军:《重视新文科的数字基础设施建设》,《中国社会科学报》2020年8月28日。

[②] 刘石、孙茂松:《关于建设"中国古典知识库"的思考》,《人民政协报》2020年8月24日。

新时代

331

是数字人文的主力军和主要推动者。此种现状的形成与从业者对数字人文、数字技术的理解不无关系。如果将数字人文仅仅等同于基于"大数据""人工智能"的人文数据挖掘、知识发现,计算机辅助下的数字文献学或数字语文学,那么,与侧重于深入解决、解释具体学科问题的"人文计算"不同,大规模基础设施和智慧数据的建设,便构成了现阶段数字人文的重心和主体。据此,有学者将现今中国的数字人文分为"基础设施派"和"人文计算派"。①

在基础设施建设和知识工程派的学者看来,技术进步是数字人文最重要的内驱力,王晓光认为,作为基础设施的数字人文在某种程度上构成了未来一切人文研究的基础之基础。刘炜、朱本军等认为,人文学者应把他们的学识和精力集中在高层次的研究问题上,去成为新媒体和新技术的有效用户,而不是从无到有去发明它们。尽管在一次公开发言中,刘炜明确区分了"基础设施"和"数字人文",并将图书馆等机构定位为基础设施的"主导者",②数字人文"学科化"的呼声有增无减。而另一种观念,表面上看与此对立,实则更加重了工具论的成色,认为在数字时代,人文学者可以利用数字技术(尤其是"数据库")作为外在的工具,来回答严肃的学术问题,因之应将其划为形下之"器"的层面。值得注意的是,认同此两种典型的数字工具论的学者不在少数。两种观点的分歧,乃在于数字人文到底是由"数字"还是"人文"主导,从本质上说,仍然摆脱不了"数字技术"和"人文问题"对立的观念,或将其单纯视为

① 这一粗略划分,来自西藏民族大学赵生辉教授的观点。
② 颜佳、姚啸华:《数字人文发展的"主导者"与"使能者"——2020数字人文年会"数字人文基础设施建设"专家论辩综述》,《数字人文》2021年第1期。

"数字＋人文"的组合，视为现存体制下各学科诉求的附庸，而并不一定承认已具备了一定自主生产特点的、作为学科交叉领域而存在的"数字人文"。

实际上，一些本位意识的观点近年来已为中国学者所注意，如约翰娜·德鲁克（Johanna Drucker）的观点就为陈静援引，以唤起人们对割裂技术与人文的审思，即不能将设计工作全部留给技术人员和图书馆专业人才。创造档案、工具和对人文数据的统计分析，应由汇聚了技术和个人专家的跨学科团队来完成。"建立学术模型是一个智识上的挑战，而不是技术的"，[①] 反对数字技术的工具化，归根结底是反对数字人文的工具化，将其视为"智识上的挑战"，是从领域发展的内在逻辑来强调其独特性。

事实上，正如基础设施派学者认识到的，数字人文是将对象和历史材料彻底数字化后，在虚拟世界里建立起一套相应的映射和模拟系统，希望以此构建与真实世界高度一致的概念抽象和逻辑框架，[②] 可视为一套典型的"再现实践"。然而这一过程也不可避免地带来了"压缩效果"，把丰富生动的人文体验变换为图形和抽象符号，在屏幕和网络上传播。[③] 随着基础设施的完善，人文档案的全部内容和复杂性，都能在数字中保存下来，但是却很难再被历史地、审美地"感知"了，这也是由媒介变迁

---

① 陈静：《复数的数字人文——比较视野下的中国数字人文》，《中国比较文学》2019 年第 4 期。

② 刘炜、叶鹰：《数字人文的技术体系与理论结构探讨》，《中国图书馆学报》2017 年第 5 期。

③ 大卫·贝里、安德斯·费格约德：《数字人文：数字时代的知识与批判》，王晓光等译，大连：东北财经大学出版社，2019 年，第 18—19 页。

带来的人类知识传承必然经历的"降维保存"的过程。而且,并不存在放之四海而皆准的"文化模型",在大多数问题上,"远读"只能成为细读的补充,由无数细节铸就的特殊性才是人文学者更关心的。

所以说,技术和功能主义的数字人文无法自动获得批判性的维度。在"数据驱动"与"知识和问题驱动"之间,人文学者还需自己把握平衡点,发展出作为一种阐释和批评手段的数字人文,使其具有反思性的向度。在这方面,一部分学者认为数字人文须超越"工具角色"的阶段,反对数字人文的学科化,或将主导权交给仅仅在技术上有优势的学科。陈静就曾提倡开放边界和"复数的数字人文",希望保留数字人文在不同学科、不同文化、不同语言间的多种可能性;人文学者应有意识地提高自己的数字素养,避免对"技术"的无感或盲目的乐观/悲观,同时也应对算法和数据驱动保持清醒认识。[①]姜文涛的思考则始终遵循"历史化"的原则,将数字人文的兴起放在媒介变革的大背景下,提醒人们注意数字人文与西方近代文学研究职业化进程的内在关系。[②]另一种声音则呼吁人文主义者以"计算批评"或"算法批评"的进路来取代"数字人文"的竭泽而渔。但汉松曾敏锐指出,计算的有效性并不等同于对计算工具的"皮相"套用,只有在利用方法的过程中,人的主体意识和算法产生了深刻的交互,才算具有了人文主义的价值。[③]承此观念,赵薇力图揭示弗

---

① 陈静:《当下中国"数字人文"研究现状及意义》,《山东社会科学》2018 年第 7 期;陈静:《复数的数字人文——比较视野下的中国数字人文》,《中国比较文学》2019 年第 4 期。

② 姜文涛:《作为一种文学研究方法的数字人文——印刷文化基础设施,20 世纪文学批评史,以及文学社会学》,《中国比较文学》2019 年第 4 期。

③ 但汉松:《朝向"数字人文"的文学批评实践:进路与反思》,《文化研究》2018 年第 2 期。

朗科·莫莱蒂的"远读"逐渐为一种更具生产性和批判意识的"计算批评"所取代的过程。未来应有更多的量化成果以"计算批评"的面貌出现——人文学者能够从自身的领域知识和细读体验出发,巧妙地利用数字工具设计实验,和数据驱动的结果直接对话,达到破除算法黑箱,揭示现象背后的文化生产逻辑的目的。[①]而更重要的,祛魅的前提是人文学者有效参与到搭建、部署、运行和评判复杂的计算和实验的全流程中去,而不是"外包"给技术团队,如此才不会割裂实践的各个环节,从而最大程度上避免了数字人文在再度学科化的设计中陷入自主性追求的绝境。

可以看到,数字人文的唯一界定并不存在,各个学科对这个"伞状概念"的理解也难以达成统一,被称为"DHer"的大部分学者依然对这一标签抱有足够的警惕,而更多的人还处于观望和质疑状态。但是在现阶段中国,"大帐篷下和谐共处"的内涵获得了更多认同。无论是数字生产商、学者、图博档机构,还是消费者、批评家,一方面数字人文十分鲜明的实践性要求(Just do it)让集结在这个概念下的各个群体不得不暂时搁置分歧,脚踏实地地去行动;另一方面,获取概念红利,谋求共同发展又不失为一种明智之举,所以人们又倾向于采取这种权宜之计。

前景、挑战与问题

自 2019 年以来,适逢教育部力推"新文科"建设,数字人文在中国

---

① 赵薇:《从概念模型到计算批评——Franco Moretti 之后的世界文学研究》,《西南民族大学学报》(人文社科版)2020 年第 8 期。赵薇:《计算创造力与计算批评》,《中国社会科学报》2020 年 4 月 3 日。

被寄予厚望。数字人文带来了材料和议题的拓展，一些在前数字环境下无从观察的现象、难以想象和处理的议题得以展开，重新唤起了人文学者思考和解决"大问题"的雄心。在乐观者看来，跨学科协作的知识生产方式也将重塑人文社科领域。数字人文的推进有望触发中国人文学科在知识基础、方法论和评价体系等多方面的反思，一个学科大碰撞、大融通的时代终将来临。

这一背景下，学科的固化，尤其是社会科学与人文学术批评间的壁垒和禁忌需要进一步破除，量化实证的方法将得到规范化的运用。这要求人文学者在涉足量化时，不再满足于对史料带来的数据做简单的描述性统计，而是利用具有公信力的方法进行科学的推断和建模，不再依主观经验让数据各说其话，形同摆设。与此同时，随着量化思维渗透人文研究的方方面面，具备起码的信息素养和批判性思考能力的数字原生学者崛起。他们既获得了人文造诣和训练，也具备计算思维，能够全程参与甚至亲自操刀人文数据实验的系统性工作。

媒介变革之下，数字人文发起的人文研究的底层革命，是从传统文献学的"转型升级"开始的。[①]未来将有越来越多的文献数据库完成向知识库的升级，它们按照语义单元来组织知识，能够模拟领域应用的知识环境，这也是彻底摆脱纸质文献的存储和利用思维，实现高效、共享的资源"数据化"的真正开端。目录学家和图情学者携手展开"辨章学术，考镜源流"的工作，对各类文献实施有史以来最大规模的编码、表示和关联工程。不仅结合聚类和分类技术，按照系统、辩证的原则对文献进

---

① 刘石、李飞跃：《大数据技术与传统文献学的现代转型》，《中国社会科学》2021 年第 2 期。

行再分类；也可能普遍采用资源描述框架（RDF），完成细粒度描述，解决异构数据的互操作问题，最终揭示出全部本体间的关系和差序结构。

然而，当"海量数据"取代了抽样调查；大量前所未有的知识关联涌入人们的视野，各种统计学意义上的显著模式被挖掘出来；各类分析工具变得普遍化和低门槛化，超大平台省却了大部分烦琐的文献准备工作——人文学者还能深究些什么？同一个基础设施并不意味着定制化的学术产出；大工程也需要天时、地利、人和多方面的协调和坚持，并非所有个人都有条件参与。正如数字人文不能单靠技术基础设施来推动一样，人文计算仍具有持久吸引力。数字人文可以朝宏大叙事努力，在细小的问题上也会有更多用武之地。当文献基础设施深入人文学科的每个分支领地，化为人文学者的基本功和知识底本后，人人都要成为懂数据的文献学家。从这个角度说，另一个值得期待的方向，是在大数据之上，联通对单个命题有意义的小数据和专题数据集。一个普遍的共识是，历时多年的"中国历代人物传记资料库"之类大型项目积累下来的开放数据，之所以被视为数字人文最宝贵的财富，不仅在于其能够通过关联数据平台，和上海图书馆的人名规范库等资源互联，构成更强大的基础设施，还在于它与研究者自建的数据集对接后，能够满足多样化的研究需求，可以支撑有问题针对性的研究设计。同时，随着开放获取的学术出版方式的推广，这些小数据也将被使用者公开，源源不断地汇入全球数据海洋，在一种新的数字情境下，数字人文承担起连接更广泛的公共文化的桥梁作用，这才是基础设施最有价值和魅力的地方。

此时，人文研究也将从过去以资料占有多少和各家"独门功夫"的高低为决定因素，转变为以提出问题的想象力为驱动的"第四范式"，也就是说，现如今，最难的是如何能够提出正确的问题。这使得跨学科协作的攻关模式渐成一种"标配"，也对人文学者提出了更高的要求：只有深刻理解了方法的本质和操作语法，能够批判性地接受这套别样的知识表示方式，才能提出在领域内外都有意义、有价值，同时也能够被解决的"问题"；才有可能充分调动自身的文化经验，来检验和反思数字化生产的"新知"。

最后，必须承认的是，数字人文绝非无所不能，欧美数字人文的发展一直争议丛生。总的看来，中国数字人文在很长一段时间内都将处于探索阶段，它所面临的问题也是显而易见的。

其一，中国大陆的数字人文学术进展到今天，摇旗呐喊者居多，但真正投身实践的却并不多。自 2005 年以来，已发表的主题相关文章已逾千篇，有实质意义的量化成果仅有 10.5%，这固然说明学界十分期待，但也不难看到流于空泛的提倡和论证、研究计划式的写作占了大多数。很多作者并没有实践经验，仅止于画饼充饥式的憧憬和不切实际的追求。有学者已将其概括为"三多三少"现象。[①] 事实上，数字人文有强烈的"实践性"要求，需要用成果说话，跟风热捧的局面未必是好事，可能过早导致泡沫化。把做数字人文研究变成"谈论数字人文"，最终难逃昙花一现的结局。

其二，缺乏规范，数字人文的标准和共识亟待形成。事实上，已发表的量化成果也面临严重的评价问题。诚如黄水清指出，数字人文是以数据为基础的、面向人文学科的知识生产和发现过程，在问题定义、数

---

① 黄水清：《人文计算与数字人文：概念、问题、范式及关键环节》，《图书馆建设》2019
　　年第 5 期。

　　　　　　　　　　　　学术中的中国

据集建构、技术实现、问题求解和结果评价诸环节都应遵守规范化的方法。[①] 然而现状却是，各学科背景的研究各行其是，给人一种随意上手的错觉。一些研究不具备统计科学性，从错误的取样和计算中得出了自以为是的结论并推而广之；另一些则属于"拍脑瓜"式的技术冲动，没有自既有学术脉络中形成明确的问题和思路，也没有从学科史中下功夫寻找或构造可资计量的中间概念，导致最后得到的结论毫无意义，无法放在任何一个学科框架下来评价；而更多的文章还停留在如何使用数据库进行文献检索的层次，或属于一般意义上的数据集建构和算法开发、改进工作；还有大量尝试缺乏必要设计，只是套用现成软件，线性地导出结论，对软件或平台的内置算法一无所知，彻底沦为"工具"；最后，则是数据集和具体计算过程的普遍不可见，一些文章连究竟是否使用了量化手段都无从判断，更谈不上被后来者重复和检验了。

这些现象归根结底还是由于这个领域自身尚不成熟所致。现阶段不设边界的探索固然重要，相应的理论和标准的探讨也不可或缺。必须看到，真正过硬的数字人文成果产出必然历时漫长，很难一蹴而就。数字人文的成立，由无数"试错报告"积累而来，需要大量先行研究证明模型自身的"效度"，需要打通多个学科之间的方法论，还要获得多学科的认可……而这一切的前提，是人文学者能够突破现有格局来重塑他们的知识和技能体系，要舍得投入学习成本，方有可能迈出深度合作的第一步。

其三，数字人文的评价体系建设任重道远。上述问题也涉及数字人文在界定和评价方面的诸多根本性难题。什么样的研究才算得上数字

---

① 黄水清：《人文计算与数字人文：概念、问题、范式及关键环节》，《图书馆建设》2019年第 5 期。

人文研究？谁是数字人文学者？谁有资格评价数字人文成果？这些一直伴随欧美数字人文发展的问题和焦虑，也在中文学界蔓生开来，引发了"什么不是数字人文"的讨论（2019），① 也可以在"北京大学数字人文工作坊（数字与文学的对话）"中见到，② 它们都体现出立足小众生产场，积极发挥批评功能的自律性追求；但同时，不同意见的提出也反映出评价问题的复杂性。

在"数字人文的学术评价体系"研讨会上，矛盾进一步暴露出来。③ 如何让评价体系容纳更多元的数字成果，同时避免设置新的门槛和等级秩序（申斌、朱剑）？如何与现行学术评价机制衔接，扮演一个"建设者""融入者"而非"革命者"的角色（胡恒、赵思渊）？一方面，依靠"小同行"组成的共同体，促成真正意义上的同行评议和批评机制是当务之急（朱剑、张耀铭、陈静）；另一方面，也应大胆推进量化评价的创新，完成传统学术媒体向互动开放的"平台型媒体"的转变（桑海）。最重要的，如何平衡东、西部地区之间，名校大团队和孤军奋战的小团体、个人之间资源占有上的差别？怎样处理规范化要求和散兵游勇的探索之间的关系（潘威）？也有意见认为，对于数字人文这样一个跨领域的松散联盟，"荒原野草"才是最好的状态，因为真正意义上的学术创新，往往是几个人出于求知欲和好奇心做出来的（申斌）。

其四，来自国家、社会的决策和支撑体系也需要机制创新。针对目

---

① "什么不是数字人文"专题，《澳门理工学报》（人文社会科学版）2019 年第 4 期。

② 项蕾等整理：《数字与文学的对话——"数字人文规范对传统文学研究方法的挑战"研讨会纪要》，《中国现代文学研究丛刊》2020 年第 8 期。

③ 详见陈静、王涛等：《"数字人文的学术评价体系：定义与规范建构"研讨会发言汇编》，《数字人文》2021 年第 1 期。

　　　　　　　　　　　　学术中的中国

前顶层设计和统筹规划不出台，一窝蜂地上马项目和重复建设，产出远小于投入等弊病，有学者提出应逐步建立起大型基建项目的成果公开和评估制度（申斌）。然而国家体制下，评价是分配的依据，直接关乎资源的分配和支持力度。数字人文的资源导向性和生产性让从业者时时处在对数据、技术、人力资本的竞争和有效利用的焦虑中。现阶段能获得国家基金支持的还是少数，所以一方面国家应匀出资源做一些传统机制尚无法容纳的项目（胡恒）；另一方面，如何联手大企业和非营利机构，推动众包式的公众科学，发展人文数据市场，也将有赖数字人文界、国家相关部门和图博档各机构的合力促成（姚远、赵宇翔）。

其五，对于大量潜在的自发研究者来说，发展"微型数字人文"可能是别无选择的选择。微型数字人文能够促进研究者、图书馆员和学生的协同合作，资源匮乏者不用加入大中心、购买技术、处理海量资料，便有可能打破进入数字人文领域的壁垒。此类工作，需要建立在大量网络开放资源的基础上。事实上，近年来已有个人或公益团队，以一己之力，撑起了一些专业化的资源空间和信息聚合平台，如未曾创建的书格网站，安徽大学唐宸设计的奎章阁古典文献导航系统等，在民间和学界赢得了很好的口碑。这些涓涓细流，对于发展包容的数字人文社群，发扬开源、共享、实用的互联网精神至关重要，也终将汇成未来中国数字人文发展的主潮，应予以支持。

人类命运共同体的人文基础

韩　震（北京师范大学教授、学术委员会主任）

　　中国共产党已经走过了百年峥嵘岁月，其奋勇前进的力量源泉不仅来自她为中国人民谋幸福、为中华民族谋复兴的初心使命，而且也来自她为世界谋大同的国际视野和对全人类命运的深切关怀。党的十八大报告首次明确提出了"要倡导人类命运共同体意识"。随后，习近平主席在各种外交场合反复强调这个理念，特别是在阐述我国与发展中国家、周边国家外交关系时，结合中国发起和参与的各种国际合作机制，不断丰富"人类命运共同体"理念的思想内涵。国内、国际对人类命运共同体理念已经有了许多研究，有基于各种不同立场所作的理解和反应，但总体而言，人类命运共同体理念得到了非常积极的评价和回应，已经成为处理国际事务的极有远见的战略性指引。本文试图从人类命运共同体理念的人文基础这个特殊视角，梳理其形势缘起、历史根基、理论源泉以及实践拓展等内容，以求深化对这一理念的内涵、功能和意义的认识。

　　　　　　　　　　　　　　　　学术中的中国

"人类命运共同体"理念是对人类文明和国际形势新发展趋势最具人道主义情怀的战略回应

面对人类文明和世界格局发展的新趋势,中国应该作出怎样的应对?携手世界各国走和平发展、合作共赢的道路,共建人类命运共同体,就是中国应对世界变化趋势的最新概括。

2015年9月28日,习近平主席在纽约联合国总部出席第70届联合国大会一般性辩论并发表题为《携手构建合作共赢新伙伴 同心打造人类命运共同体》的讲话,对"人类命运共同体"理念进行了系统的阐释。习近平强调,"和平、发展、公平、正义、民主、自由,是全人类的共同价值,也是联合国的崇高目标……当今世界,各国相互依存、休戚与共。我们要继承和弘扬联合国宪章的宗旨和原则,构建以合作共赢为核心的新型国际关系,打造人类命运共同体。"习近平还特别阐述了打造人类命运共同体需要作出的努力:(1)建立平等相待、互商互谅的伙伴关系;(2)营造公道正义、共建共享的安全格局;(3)谋求开放创新、包容互惠的发展前景;(4)促进和而不同、兼收并蓄的文明交流;(5)构筑尊崇自然、绿色发展的生态体系。①

显而易见,人类命运共同体的理念,是应对全球性问题的最具人道主义精神的方案。2017年1月,习近平主席在瑞士达沃斯世界经济论坛2017年年会开幕式上指出:"今天,我们也生活在一个矛盾的世界之

---

① 习近平:《携手构建合作共赢新伙伴 同心打造人类命运共同体》,《人民日报》2015年9月29日。

中。一方面，物质财富不断积累，科技进步日新月异，人类文明发展到历史最高水平。另一方面，地区冲突频繁发生，恐怖主义、难民潮等全球性挑战此起彼伏，贫困、失业、收入差距拉大，世界面临的不确定性上升。"① 面对这种困境，在逻辑上也许只有三种态度及与之相适应的三种处理方式：一是采取对问题视而不见、不予理睬的鸵鸟政策，不难理解，这种方式不能解决问题，因为无论你管还是不管，问题都客观地存在着；二是个别强势国家从自身利益出发，靠牺牲其他国家和民族的利益，用以邻为壑的办法来控制问题的发展，这种方式不能从根本上解决问题，只是暂时维护着少数国家和人群的利益，最终反而会加剧问题的蔓延和失控；三是采取平等协商、携手合作的方式来解决人类面临的共同问题，只有这种方式，才是真正解决事关人类文明前途命运大问题的正道。更为重要的是，第一种方式与人类关注未来命运的远见不相符合，显然无法纳入人道主义的范畴；而第二种方式只关心少数国家和人群的利益，有违普遍的人道主义精神；唯有第三种方式是平等、公正地对待所有人，并且考虑所有人未来的根本利益，这才属于真正的人道主义。

人类命运共同体理念不仅内在地契合深邃的人道主义精神，而且也是符合国际交往规范的可行指南。正如达沃斯世界经济论坛创始人施瓦布指出的，全球治理是解决全球性问题的关键，"没有恰当的全球治理，我们可能就会无力应对全球挑战"，② 而恰当的全球治理需要国际合作。唯有各国之间的通力合作，才能让人类走向更加包容、更加公正、

---

① 习近平：《共担时代责任，共促全球发展》，《求是》2020 年第 24 期。

② 克劳斯·施瓦布、蒂埃里·马勒雷：《后疫情时代：大重构》，世界经济论坛北京代表处译，北京：中信出版集团，2020 年，第 88 页。

更可持续的未来；反之，我们就会陷于更具不确定性、更加动荡、更加危险的境地。"目前最重要的是，在全球治理如此缺失的情况下，只有民族国家拥有足够的社会凝聚力，能够进行集体决策，但是当全球性风险来临、需要协调一致的全球性决策时，这套模式就发挥不了作用了。"① 施瓦布还指出："新冠疫情提醒我们，我们面临的最大问题实际上是全球性问题。无论是大流行病、气候变化，还是恐怖主义或国际贸易，都是全球性问题，唯有通过合作才能解决这些问题并缓解它们带来的风险。"② 显然，在施瓦布那里，只有合作才能进行全球治理，而合作就应该按照人类命运共同体的理念行事。施瓦布还把中国率先走出疫情的重击与中国人对人类命运的认识联系起来，他相信，既然中国能够按照新的理念"实现更加稳健的发展"，那么当然也可以"希望世界各国在此次疫情之后能更加深刻地认识到：我们是同住在一个星球上的人类命运共同体，我们拥有并且应当携手创造一个共同的美好未来"。③

目前，越来越多的国际有识之士认识到人类命运共同体理念的价值和意义。譬如，美国学者保罗·希尔在《国家利益》杂志上发表题为《正确认识美中战略竞争》的文章，指出："'人类命运共同体'，不是一些（西方）学者所认为的以中国为中心的扩张主义和侵略性愿景，而实际上是个相对温和的口号。其核心强调的是相互尊重——或至少是容忍——不同的治理体系，以及寻求解决全球共同挑战和当务之急

---

① 克劳斯·施瓦布、蒂埃里·马勒雷：《后疫情时代：大重构》，世界经济论坛北京代表处译，北京：中信出版集团，2020 年，第 90—91 页。

② 同上书，第 87 页。

③ 同上书，第 VII 页。

的办法。""中国并未谋求摧毁美国体系，也无意取代美国成为全球霸主。"因此，"采取遏制或政权更迭的对华政策是不现实的，可能适得其反"。①

实际上，人类命运共同体已经成为国际共识。譬如，2017 年 2 月 10 日，联合国发展委员会就以协商一致的方式通过了"非洲发展新伙伴关系的社会层面"的决议，呼吁国际社会"本着合作共赢和构建人类命运共同体的精神"，加强对非洲经济社会发展的支持。这是联合国决议首次写入"构建人类命运共同体"理念。就此，联合国高管菲利普·查沃斯特别指出："从长远来看，世界各国和联合国都会从这一理念中受益。"他说，这一理念不是要人们去急功近利，而是把眼光放得更加长远。"中国是一个历史悠久的国家。中国人看问题的角度和眼光比许多其他国家更加长远。'构建人类命运共同体'的理念是中国人着眼于人类长远利益的远见卓识。"②随后，联合国人权理事会第 34 次会议通过的关于"经济、社会、文化权利"和"粮食权"两个决议，也明确表明要努力"构建人类命运共同体"。这是中国提出的"人类命运共同体"重大理念首次载入人权理事会决议，标志着这一理念成为国际人权话语体系的重要组成部分。③ 这更标志着中国有关全球事务的这一重大理念得到广大会员国的普遍认同，彰显了中国对全球治理的巨大贡献。

---

① Paul Heer："Understanding US-China strategic competition，"*The National Interest*，2020.10.20.
② 顾震球：《"构建人类命运共同体"凸显中国贡献——专访联合国高官菲利普·查沃斯》，《参考消息》2017 年 2 月 20 日。
③ 何农：《人类命运共同体重大理念首次载入联合国人权理事会决议》，《光明日报》2017 年 3 月 25 日。

　　　　　　　　　　　　学术中的中国

"人类命运共同体"理念深深植根于中华优秀传统文化和人文精神之中

中国是一个有着几千年文明历史的国家，当代中国文化首先是一个古老自主的文明传统的延续。中国的一切都与其历史传统有着无法割裂的联系，就如美国前国务卿基辛格指出的："若要了解 20 世纪的中国外交或 21 世纪中国的世界角色，必须首先对中国的历史有一个基本的认识。"[①] 由此可见，当代中国主张构建人类命运共同体，坚持走和平发展道路，是有着深厚历史根基和文化传统的。

与欧洲众多国家分立不同，中国能够成为一个统一的东方大国，显然是与中国文化传统中"天下一家"的观念密切相关的。虽然在历史上中国也存在"华夷之辨"现象，但"华夷"一旦相遇往往就出现融为一体的趋势。正如秘鲁前总统佩雷斯指出的："希腊思维引向矛盾性，中国思维引向一致性。"[②] 实际上，人类命运共同体理念正是中华优秀传统文化创造性转化与创新性发展的产物。就此，张立文指出，"中华民族自古以来就有'天地与我并生，而万物与我为一'，'天地之塞，吾其体；天地之帅，吾其性。民吾同胞，物吾与也'以及'天地万物本吾一体'的思想。简言之，是一种命运共同体思想"。[③] 张立文的这种观点不仅是非常有道理的，也是有历史文献支持的。

---

① 亨利·基辛格：《论中国》，北京：中信出版集团，2015 年，第 XIII 页。

② 阿兰·加西亚·佩雷斯：《儒学与全球化》，沈庆译，北京：人民出版社，2014 年，第 57 页。

③ 张立文：《王霸之道与和合天下》，《学术前沿》2016 年第 10 期（下）。

首先，中华民族"天下大同"的理想是孕育人类命运共同体理念的思想源泉。也许是农耕民族对水利的依赖，造就了中国先民的集体主义意识，中国自古以来就强调群体互助的重要性，并且提出"老吾老，以及人之老，幼吾幼，以及人之幼"(《孟子·梁惠王上》)的道德要求。"仁者爱人"(《孟子·离娄下》)、"民胞物与"①的博爱意识持续支撑和滋养着中华民族的大爱情怀。中国文化向来认为，人与人之间应该相互扶持，主张以同理心对待他人、以"恻隐之心"对待弱者，做到"己欲立而立人、己欲达而达人"(《论语·雍也》)。显然，这些思想资源都孕育了人类一体、命运与共的意识。

其次，中华民族"协和万邦"的追求为构建人类命运共同体提供了可以借鉴的路径。在《史记·五帝本纪》中，司马迁就有"合和万国"的记叙，表达依靠群体的力量才能生存，把"合和"塑造为中华文化固有的基因。譬如，作为中国文化主流的儒家一直强调"以德服人"，而批评"以力服人"的做法。儒家认为，只有通过"讲信修睦"、②"协和万邦"(《尚书·尧典》)，才能做到"保合大和"，从而实现"天下和平"(《易传》)。这就是说，只有做到协和万邦，才能实现国家之间的和平，达到富国安民的目标。在交往中讲信修睦，在合作中协和万邦，就成为构建人类命运共同体路径选择的思想资源。随着经济全球化和全球性问题的

---

① 张载说："民，吾同胞；物，吾与也。"(《西铭》)意即，人人都是天地所生的同胞，而所有事物都是自己的同伴。

② 出自"大道之行也，天下为公，选贤与能，讲信修睦。故人不独亲其亲，不独子其子，使老有所终，壮有所用，幼有所长，矜、寡、孤、独、废疾者皆有所养，男有分，女有归。"(《礼记·礼运》)

　　　　　　　　　　　学术中的中国

发展，中国提出的不同国家之间合作共赢的主张得到越来越多的认同，因为人们认识到："没有合作，人类寸步难行。"[①]

再次，"和而不同"的方法为构建人类命运共同体奠定了基本规范。中国的先民早就认识到"万物并育而不相害，道并行而不相悖"（《礼记·中庸》）的道理，相信不同的人在保持自己特殊性的情况下可以和谐共生。可以说，这种处世之道已经成为中华民族的"集体无意识"。冯友兰在其撰写的《国立西南联合大学纪念碑碑文》中指出："同无妨异，异不害同，五色交辉，相得益彰，八音合奏，终和且平。"费孝通对"和而不同"的思想也进行了现代经典阐释，即他所说的"各美其美，美人之美；美美与共，天下大同"。正是这种深沉的人文底蕴，才让当代中国智慧奉献出人类命运共同体的理念。我们之所以主张构建人类命运共同体，就是为了推动构建相互尊重、公平正义、合作共赢的新型国际关系。要真正推进这个进程，很重要的方法就是相互尊重、平等相待。与西方中心主义文化不一样，我们认为在世界大家庭当中，每个国家无论大小、贫富，毫无例外都应该是平等的，应该相互平视，没有哪个国家可以高高在上，俯视一切。

最后，"万国咸宁"的天下图景为构建人类命运共同体描绘了可以希冀的愿景。回望历史，不难发现中国文化与西方文化的不同特质。西方文化，特别是盎格鲁—撒克逊文化，往往试图采取基于实力碾压对方的方式，把对自己有利的"规则"强加在别国之上，实现有利于己方的"世

---

① 克劳斯·施瓦布、蒂埃里·马勒雷：《后疫情时代：大重构》，世界经济论坛北京代表处译，北京：中信出版集团，2020 年，第 222 页。

界秩序"。因此，就有了霍布斯论证"丛林法则"的"利维坦"理论，并且孕育出到目前仍然渗透在西方文化基因中的"社会达尔文主义"。在中国，则有与之完全不同的文化理念。中国自古就倡导"大道之行也，天下为公"(《礼记·礼运》)理念，主张"强不执弱""富不侮贫"(《墨子·兼爱中》)的规范，深知"国虽大，好战必亡"(《司马法·仁本》)的道理。中国的快速发展和繁荣昌盛是大势所在，但国强必霸并非历史铁律。中国坚持走和平发展道路，这并不只是口号或策略，而是我们的战略选择和郑重承诺。中国愿意把自身发展同周边及世界各国的发展更紧密地结合起来，欢迎世界各国搭乘中国发展"快车""便车"，让大家一起过上好日子。中国倡导共建"一带一路"，不是为了地缘政治的目的，而是为了实现合作共赢，中国欢迎世界各国参与到"一带一路"合作中来，携手实现人类和平、发展、合作的愿景。

　　总之，文明之间既有共性，也自有其个性。各国有不同的文化传统，在不同的自然环境下开辟自己的发展道路，有不同的发展道路，对问题有不同的看法，这是完全可以理解的。按照中华文化的理念，在推进构建人类命运共同体的进程中，一方面人们应该尊重不同文明的道德认识与规范，因为它们是不同时空条件下的人们在长期生活中逐渐积累并演化而来的，都有其历史的或特殊的根据。如果世界变得整齐划一，反而令人窒息。另一方面，也应该确定一些普遍的规则，这种规则不应该以某种道德认识和规则来否定另外种类的道德认识和规则，而是在相互尊重、相互理解的过程中相互参照并且寻求更大的共识。

"人类命运共同体"理念是在马克思主义理想的
"未来社会"构想指引下形成的

　　"人类命运共同体"理念是新的历史条件下马克思主义中国化的最新理论成果之一。构建人类命运共同体的理念与马克思主义理想的"未来社会"设想在历史趋势上是一致的。实现理想将是一个漫长的历史过程，在这个过程中，我们应该根据历史条件，不断朝这个目标前进。可以说，在很多方面，人类命运共同体理念是对马克思主义的继承与发展。

　　首先，马克思主义关于世界历史的思想是人类命运共同体理念最直接的理论源泉。伴随着资本主义生产方式和殖民主义的扩张，原来孤立存在的民族与国家逐渐卷入到世界历史的进程之中。马克思、恩格斯指出："……各民族的原始封闭状态由于日益完善的生产方式、交往以及因交往而自然形成的不同民族之间的分工消失得越是彻底，历史也就越是成为世界历史。"[①] 基于此，习近平总书记在纪念马克思诞辰 200 周年大会上的讲话中指出："马克思、恩格斯当年的这个预言，现在已经成为现实，历史和现实日益证明这个预言的科学价值。今天，人类交往的世界性比过去任何时候都更深入、更广泛，各国相互联系和彼此依存比过去任何时候都更频繁、更紧密。一体化的世界就在那儿，谁拒绝这个世界，这个世界也会拒绝他。万物并育而不相害，道并行而不相悖。我们要站在世界历史的高度审视当今世界发展趋势和面临的重大问题，坚持和平

---

① 《马克思恩格斯选集》第 1 卷，北京：人民出版社，2012 年，第 168 页。

新时代

351

发展道路，坚持独立自主的和平外交政策，坚持互利共赢的开放战略，不断拓展同世界各国的合作，积极参与全球治理，在更多领域、更高层面上实现合作共赢、共同发展，不依附别人、更不掠夺别人，同各国人民一道努力构建人类命运共同体，把世界建设得更加美好。"[①]

其次，马克思主义关于人类从"必然王国"向"自由王国"过渡的思想，也给人类命运共同体思想以启迪。马克思、恩格斯在《德意志意识形态》中认为，没有共同体，就不可能实现人的发展，"只有在共同体中才可能有个人自由"。[②] 马克思主义坚信，未来社会"将是这样一个联合体，在那里，每个人的自由发展是一切人的自由发展的条件"。[③] 在马克思主义看来，在私有制条件下，人们的社会生产与生活还处在必然王国的制约下，这个必然王国主要是指人们进行生产活动的盲目性，即人们自身尚不能自觉地根据需要来调节社会生产，而只能依赖市场自发的行为来调节社会生产。马克思主义的世界历史理论最终指向未来社会中人的自由和解放。在未来社会中，因为实现了生产资料公有制，个体的人和全人类的彻底自由和解放就有了物质基础。就此，习近平总书记指出，"马克思主义第一次站在人民的立场探求人类自由解放的道路，以科学的理论为最终建立一个没有压迫、没有剥削、人人平等、人人自由的理想社会指明了方向。"[④] 既然马克思主义认为在未来社会"每个人的自由发展是一切人的自由发展的条件"，那么现时代人类社会也应该朝着

---

① 习近平：《在纪念马克思诞辰 200 周年大会上的讲话》，《人民日报》2018 年 5 月 5 日。

② 《马克思恩格斯选集》第 1 卷，北京：人民出版社，2012 年，第 199 页。

③ 同上书，第 422 页。

④ 习近平：《在纪念马克思诞辰 200 周年大会上的讲话》，《人民日报》2018 年 5 月 5 日。

合作互助的方向发展。虽然"自由人联合体"是马克思主义对未来社会中人类生存状态的一种理想性描述，不过，即使在现时代人类分为不同的国家、社会，分为不同的阶级和集团的情况下，我们也应该创造人与人之间互帮互助、各个国家之间合作共赢、不同文明之间交流互鉴的生成性机制，这不仅有利于社会持续发展，为未来理想社会奠定更加坚实的物质基础，也通过文明程度的持续提升为未来理想社会培育必要的精神境界。

再次，马克思主义反对一切形式的民族压迫，提倡各民族之间平等交往的思想，也激发了中国共产党人构建人类命运共同体的使命担当。马克思主义深刻揭露资本主义的野蛮本质，认为资本的每个毛孔都带有"血与火"的罪恶痕迹。第二次世界大战以后，欧美发达国家又通过自己的优势地位，构建了中心支配边缘的世界体系。西方国家往往以人权高于主权的幌子，肆意干涉发展中国家内政，阻塞了建立公平正义世界的路径。西方所推行国际关系范式的不包容性，是阶级社会分裂人类共同体的集中体现。"20 世纪的恐怖归结于不同群体不能互相包容地发展。殖民主义的野蛮行为表现的就是把一个群体的意志强加于另一个群体。"① 越来越多的发展中国家希望变革现存的不平等的国际关系或"规则"，希望国际社会尽快为其发展提供比过去更加民主、合理、有利的国际环境。人类命运共同体理念积极回应当今世界各国对建立更加公平国际关系的强烈期盼，积极回应人类不同文明平等发展和多样化发展的呼声。中国愿意在全球治理中贡献中国力量、展现中国智慧、提供中国方

---

① 莱斯利·阿穆尔：《思辨的历史哲学对批判的历史哲学》，威廉·斯威特编：《历史哲学：一种再审视》，魏小巍、朱舫译，北京：北京师范大学出版社，2008 年，第 205 页。

案。根据人类命运共同体理念，不同文明之间应该相互尊重，通过交流互鉴，让人类文明变得更加丰富多彩；不同国家之间应该不分大小、强弱，一律平等，国家之间应该相互尊重自主选择的发展道路；每个国家在自身发展的同时，不能妨碍其他国家的发展，而要与其他国家共同发展。显然，这是与西方的思路完全不同的，是讲合作的思路。

总而言之，人类命运共同体的理念，实质上是为破解全球性问题而提出的全球治理方案。人类命运共同体理念超越了西方中心主义的世界图景，区别于西方发达国家塑造的"中心支配边缘"的世界体系，冲击了不平等的国际经济关系，以更加广阔的胸怀、更加高远的眼光为人类文明指出一条平等互惠、合作共赢、共同发展的道路。这是马克思主义中国化的又一成果，体现了 21 世纪马克思主义国际理论的新境界。

"人类命运共同体"理念是在中国共产党
全心全意为人民服务的奋斗实践中逐步拓展而来的

中国共产党自成立以来，就把全心全意为人民服务作为自己的根本宗旨。中国共产党在具有世界历史性意义的革命、建设、改革中，一步步地以实际社会的进步改变着占世界人口 1/5 的中国的状态，开辟着人类向自由王国迈进的道路，拓展了人类普遍自由的空间。如果说过去的统治阶级提以民为本，是因为需要人民"载舟"，并且害怕人民"覆舟"，那么中国共产党人则是把人民视为自己一切活动的出发点和落脚点，把革命、建设、改革事业都看作人民之舟，一切为了人民、一切依靠人民。正因如此，我们才认为，中国有了共产党，这是开天辟地的大事变，因为这一进程"深刻改变了近代以后中华民族发展的方向和进程，深刻改变了中国人民和中华民族的前途和命运，深刻改变了世界发展的趋势和格局"。① 中国的发展道路完全不同于欧美。中国发展道路的成功有力地证明，现代化道路不是只有西方国家走过的那一条。一个国家的发展，也不是只有通过西方国家的那种弱肉强食的方式才能实现，而是有可能在和平、合作、互利、共赢的状况之下走出一条文明发展道路的。正如秘鲁前总统佩雷斯指出的，中国的发展让人们意识到，"西方不是'世界的全部'，也绝非是'世界未来'理所当然的范式"。②

中国人向来主张，"穷则独善其身，达则兼济天下"。中国共产党心系天下劳苦大众，先是通过革命战争实现了中华民族的独立自主和人民的解放，建立了人民当家作主的社会主义制度，随后又通过改革开放让全中国人民逐渐走上了富裕道路，通过全世界最大规模的"脱贫工程"，让中国彻底摆脱了绝对贫困。与此同时，自中华人民共和国成立至今，中国在自身还有很多困难的情况下，一直对外进行力所能及的援助。改革开放以来，中国更是向全世界开放，并且不断加强对外援助与合作，特别是支援发展中国家的社会发展事业，目的是实现与世界各国之间的互利合作、共同发展，在推动全球治理体系变革等方面发挥重要作用。

中国共产党主张国际关系应该"公道"，而不要"霸道"。这既反映了中国人对他人的尊重，也反映了中国人对生命的敬畏。中国不仅关心自己人民的福祉，也不愿看到任何国家、任何民族陷入生灵涂炭的境地。

---

① 习近平:《在庆祝中国共产党成立 95 周年大会上的讲话》,《求是》2021 年第 8 期。

② 阿兰·加西亚·佩雷斯:《儒学与全球化》,沈庆译,北京:人民出版社,2014 年,第 6 页。

中国走和平发展的道路，主张构建"和谐世界"，这是中国人民理性的战略选择，这个选择是以中国文化传统和社会价值观取向为基础的。早在1985年，邓小平就提出了"和平与发展"的时代主题。他指出："现在世界上真正大的问题，带全球性的战略问题，一个是和平问题，一个是经济问题或者说发展问题。"[①]1999年3月，江泽民在日内瓦裁军谈判会议上发表讲话时提出，"新安全观的核心，应该是互信、互利、平等、合作"。[②]2005年4月，胡锦涛在参加雅加达亚非峰会时提出，"综观当今世界，和平、发展、合作已成为时代潮流"，各国应"推动不同文明友好相处、平等对话、发展繁荣，共同构建一个和谐世界"。[③]由此可见，我们党从毛泽东、邓小平、江泽民、胡锦涛，再到习近平提出"构建人类命运共同体"理念，在人文精神上是一脉相承的。

随着改革开放的深入展开，中国的综合实力有了明显提升，越来越展现出大国担当。2018年，习近平主席在中非合作论坛北京峰会开幕式上的主旨讲话中强调，在中非合作中坚持"义利相兼、以义为先"，主张"多予少取、先予后取、只予不取"。[④]中国坚持正确的义利观，向世界分享中国的发展经验。在对外援助的理念上，中国与欧美国家有很大区别，欧美国家一直视对外援助为维护自身利益和地缘政治目标的战略

① 邓小平：《邓小平文选》第3卷，北京：人民出版社，1993年，第105页。

② 江泽民：《推动裁军进程维护国际安全——在日内瓦裁军谈判会议上的讲话》，《人民日报》1999年3月27日。

③ 胡锦涛：《与时俱进，继往开来，构筑亚非新型战略伙伴关系——在亚非峰会上的讲话》，《人民日报》2005年4月23日。

④ 习近平：《携手共命运 同心促发展——在二〇一八年中非合作论坛北京峰会开幕式上的主旨讲话》，《人民日报》2018年9月4日。

学术中的中国

工具，而中国的对外援助则是把"义"放在第一位，不干涉其他国家的内政，不谋求地缘政治利益，鲜明展示了对外援助和国际合作的中国特色、中国风格、中国气派。

随着经济全球化以及环境污染、气候变化、恐怖主义、难民等全球性问题的出现，面对核战争和大规模杀伤性武器的威胁，处理国际关系必须有新的理念和思路，才能避免人类文明自我毁灭。在这种背景下，中国提出了构建不冲突、不对抗，合作共赢的新型大国关系理念；也正是在这种背景下，中国共产党不仅要为中国人民谋幸福，而且扩展到"为世界谋大同"的崭新格局。中国原有的"天下一家"的眼界扩展得越来越广阔，充分展现了中国共产党人心系苍生、敬畏生命的精神境界。尤其在新冠肺炎疫情防控中，中国共产党践行人民至上、生命至上的原则得到了集中体现。面对突如其来的新冠肺炎疫情，党和政府把维护人民群众的生命健康放在第一位，不惜一切代价挽救每一个生命。

当今中国，一方面要实现中华民族伟大复兴的战略目标，另一方面要应对世界百年未有之大变局。实际上，国际上你追我赶的发展有利于人类文明的进步，因此中国并不回避竞争，但主张竞争应该是你追我赶的良性竞争，而不是恶性竞争。以美国为代表的某些西方国家所讲的"世界秩序"，是中心支配边缘、强国支配弱国的体系。但构建人类命运共同体，就是让人类命运掌握在世界各国人民手中，而不是任由少数国家摆布。正如习近平主席在今年博鳌论坛的讲话中指出的："世界前途命运应该由各国共同掌握，不能把一个或几个国家制定的规则强加于人，也不能由个别国家的单边主义给整个世界'带节奏'。世界要公道，不要霸道。大国要有大国的样子，要展现更多责任担当。"①要实现全球的繁荣发展，就应按照人类命运共同体的理念去处理国际关系。

总而言之，中国共产党一方面致力于为中华民族谋复兴、为中国人民谋幸福，另一方面也致力于为世界谋大同、为人类进步作贡献。为此，中国始终奉行独立自主的和平外交政策，致力于维护和促进世界和平与发展。和平发展是中国外交的基石，也已经郑重写入中国的宪法。我们相信，只有走和平发展道路，才能够既有利于中国的复兴，也有利于人类文明的进步。近年来，随着中国经济的快速发展，中国综合国力、国际地位、国际影响力不断提升，这也给世界带来了更多机遇，中国也愿意为世界作出更多贡献。但是，不管中国如何发展变化，中国独立自主的和平外交政策不会变。中国的确比过去富裕了、强大了，但中国终是富而不骄、强而不霸的文明国度。这既是由于中国没有国强必霸的文化基因，也是因为中国人早已认识到国霸必衰的历史教训。中国的发展不是为了超越别的国家，而是为了超越自己、做更好的自己，携手全人类追求更加美好的生活。这正是人类命运共同体理念坚实而深邃的人文精神支撑。

---

① 习近平：《同舟共济克时艰，命运与共创未来——在博鳌亚洲论坛2021年年会开幕式上的视频主旨演讲》，《人民日报》2021年4月21日。

　　　　　　　　　　　　　学术中的中国

伟大变革时代呼唤中国学术理论建构

徐　勇（华中师范大学人文社会科学资深教授，教育部长江学者特聘教授）

石　健（华中师范大学政治科学高等研究院博士研究生）

时代是思想之母，实践是理论之源。中国共产党成立百年来的辉煌历程，是中国发生从未有过的历史巨变的伟大社会变革时代，在建设社会主义现代化强国的进程中积累了丰富的经验。在这一历史巨变的时代中，中国的学术理论取得了很大成就，但与伟大变革时代和丰富经验相比，学术理论建构又显得不足。史诗般的时代呼唤建构史诗般的学术理论。

两大跨越：理论建构的中国呼唤

习近平总书记在哲学社会科学工作座谈会上指出："人类社会每一次重大跃进，人类文明每一次重大发展，都离不开哲学社会科学的知识变革和思想先导。"[①] 学术理论的发展创新源自时代变化与实践发展。

现代思想理论首先产生于西方世界。它源自西方世界的巨大历史变革和历史经验的积累。辉煌的古罗马帝国崩溃之后，西方世界坠入"黑

---

① 习近平：《在哲学社会科学工作座谈会上的讲话》，《人民日报》2016 年 5 月 19 日。

暗的中世纪"，神的力量凌驾于人世之上。但从 14 世纪开始，随着新兴经济萌芽的生长，西欧兴起了一场以人为中心的思想解放运动，成为建构新世界的思想先驱。先是"文艺复兴"，后是"思想启蒙"。这是一个"出现巨人的时代"。思想解放促进了经济社会的变革。伴随地理大发现、商品经济发展、资本主义生产方式的确立、现代民族国家的建构，现代工业文明社会得以定型。在这一过程中，新型的资本主义社会积累了丰富的经验，并显现出特有的矛盾。经历了长达数百年的历史变革过程，到 19 世纪，西方世界的学术理论出现了井喷和爆发之势。现代学术理论体系得以基本成型，产生出史诗般的学术理论和思想巨匠。这些思想迄今仍然影响着人类的历史进程。至此，"东方从属于西方"，[①]西方世界站在现代历史的制高点上，不仅从物质上，而且要从精神上控制非西方世界。

中国是一个在固定的空间内长期延续的国家实体。"只有黄河、长江流过的那个中华帝国是世界上唯一持久的国家。"[②]但是，当历史进入人类彼此联系和相互依赖的"世界历史"阶段时，中国缺乏必要的竞争力，也缺乏孕育新世界的思想体系。在 19 世纪外国列强的不断侵略下，中国沦为半殖民地半封建社会，救亡图存成为时代主题。在遭受严峻"阵痛"的年代，中国表现出极强的韧性，"师夷长技以制夷"、戊戌变法、资产阶级革命等纷纷涌现于历史舞台。尤其是俄国十月革命和五四运动后，改造中国的需求加速了马克思主义中国化。在诸多探寻中国救亡图存道路的主体中，中国共产党成为根本性的内生变革力量。"中国产生了共产

---

① 《马克思恩格斯选集》第 1 卷，北京：人民出版社，1995 年，第 277 页。

② 黑格尔：《历史哲学》，王造时译，上海：上海书店出版社，1999 年，第 122 页。

党，这是开天辟地的大事变。这一开天辟地的大事变，深刻改变了近代以后中华民族发展的方向和进程，深刻改变了中国人民和中华民族的前途和命运，深刻改变了世界发展的趋势和格局。"① 在中国共产党领导下，古老中国重新焕发活力，并以日益强大的姿态大踏步迈入现代中国。中华人民共和国成立后，尤其是改革开放 40 多年来，中国积极吸纳现代文明成果，实现了两个伟大跨越：从一个农业文明国家转变为现代工业文明国家，从一个半殖民地半封建社会转变为中国特色社会主义社会。当代中国站在了前所未有的历史高点之上。

在实现两大历史性跨越的过程中，中国的思想理论发生了巨大变化。中国共产党诞生于"觉醒年代"，之后不断探寻马克思主义中国化，取得了丰硕的成果。中国的现代学术理论从无到有，学界产生了一批开拓者和思想大家。但是，与中国实现两大历史性跨越的伟大变革时代相比，中国的学术理论建构还显得相当不够。

首先，现代学术理论发源于西方。在西方社会内部长期变革的历史进程中，内生出现代西方学术理论。而中国是在外部入侵的背景下进入现代世界体系的，并在这一过程中产生现代学术理论体系。中国的学术理论体系的建立，首先有一个向西方学习的过程。在学习的过程中，还要消化、吸收和转换。现代学术理论的外源性，使中国在学术理论建构上必须付出比西方更多的努力。

其次，实践是理论之源。从 14 世纪至 19 世纪，西方学术理论建构经历了数百年时间，是在充分的经验事实基础上建构起学术理论的。而

---

① 习近平：《在庆祝中国共产党成立95周年大会上的讲话》，《光明日报》2016年7月2日。

中国是在救亡图存的背景下产生现代学术理论的。中国的政治和社会变革实践具有压缩性特点，即在很短的时间内实现了其他国家要数百年才能实现的巨大历史变革。实践先行成为中国发展的鲜明特点。中国的历史性巨变提供了丰富的经验事实，但要在总结事实经验的基础上提升出史诗般的学术理论，需要一个艰巨的努力过程。

最后，时代巨变超越了原有的认知和预设。现代学术理论既是经验的产物，更是人为建构的成果。这是因为，与古代世界是自然历史的产物不同，现代世界是要更符合人的目的，具有很强的建构性。这种建构性往往以超越经验的理论认识和预设为条件。中国是在一个现代历史低点上崛起的，具有双重超越性，不仅在传统的农业文明基础上建立起一个现代工业文明国家，而且在扬弃资本主义社会的基础上走出了一条中国特色社会主义道路。"当代中国的伟大社会变革，不是简单延续我国历史文化的母版，不是简单套用马克思主义经典作家设想的模板，不是其他国家社会主义实践的再版，也不是国外现代化发展的翻版。"[1] 这种具有双重超越性的发展道路大大超出了人们的认知和预设。即使是成熟的西方理论的许多预设也在中国两大历史性跨越面前失灵。当然，中国的学术理论面对巨大的历史变革也缺乏足够的思想准备，从而难以产生具有重大影响力的成果。"在解读中国实践、构建中国理论上，我们应该最有发言权，但实际上我国哲学社会科学在国际上的声音还比较小，还处于有理说不出、说了传不开的境地。"[2]

中华民族伟大的发展历程为理论建构提供了富饶的孕育土壤，中国

<hr>

① 《习近平谈治国理政》第 2 卷，北京：外文出版社，2017 年，第 344 页。

② 同上书，第 346 页。

全面建设社会主义现代化国家的新征程向理论建构提出了新的时代命题。史诗般的伟大变革时代呼唤史诗般的学术理论。

两个起点：建构中国理论自觉

任何一种学术理论都是在特定历史起点上产生的，并受到特定时代的规定。

19世纪中后期，随着国门打开，西方的现代学术理论开始传入中国。特别是在中国共产党成立前的"觉醒年代"，大量外来思想进入中国，思想理论空前活跃。这是中国现代学术理论的第一个起点。在这一起点上，中国的现代学术理论有两大成就。其一是初步建立起现代学术理论体系。中国有着悠久丰富的文化，但作为科学知识体系的现代学术理论是20世纪上半叶才逐步建立起来的。其二是在社会科学中国化方面迈出了重要一步。在中国现代学术理论体系中，社会科学基本是外来的。大量学者从海外引进社会科学，或者赴海外留学，直接接受西方社会科学的训练。但当他们进入中国场域、对中国进行实地调查、展开对中国问题的研究时，势必将西方社会科学理论与方法中国化，从而产生出中国化的学术理论。他们的著述将外来的社会科学理论方法与中国问题研究融合为一体，并凸显中国的主体性。

马克思主义中国化在推进社会科学中国化过程中发挥了重要作用。中国共产党是以马克思主义为指导的政党，在推动社会变革中开启了马克思主义中国化进程，并大大促进了中国理论的建构，最为突出的表现是对中国社会性质的认识。20世纪20年代末，共产国际内部对中国社会性质问题发生争论。当时主持国际农民运动研究所东方部工作的匈牙利人马季亚尔认为：中国自原始社会解体后，既无奴隶社会，又无封建社会，而只是一种由亚细亚生产方式决定的"水利社会"；到20世纪初，西方资本主义传入中国后，中国也就成了资本主义社会，因此，中国农村就是资本主义的农村。陈翰笙不同意这种观点，认为马季亚尔讲的只是农产品商品化的问题，实际上农产品商品化早在宋代就开始了，如烟草、丝、麻等，但这只是商业资本，而不是工业资本。中国农村基本上是自给自足的自然经济，是封建社会性质，不能说是资本主义社会。之后，在对马克思主义相关论述的引用下，中国共产党人将近代中国定性为半殖民地半封建社会。

对中国社会的认识促进了社会科学的中国化。现代社会科学的重要功能是对人类社会的认识，重要方法是社会调查。社会科学属于外来学科。当中国学者学习和接受社会科学，并以中国社会为对象进行社会调查时，势必促进社会科学的中国化，通过对中国的认识产生中国理论。20世纪30年代，杨开道为瞿同祖所著《中国封建社会》一书作序时指出："中国社会科学的毛病，是只用国外的材料，而不用本国的材料。尤其是社会学一门，因为目下研究的朋友，大半归自美国，熟于美洲社会情形，美洲实地研究，所以美国色彩甚浓，几乎成为一个只用美国材料，而不用中国材料，不用欧洲材料的趋势。这种非常状态，自然会引起相当反感的。"[1] 他们积极行动起来，将社会学理论和方法与中国社会实际结合起来，对中国农村进行调查，自觉地倡导本土社会的研究取向。他们把

---

① 瞿同祖：《中国封建社会》，上海：上海人民出版社，2012年，"杨序"，第3页。

社会科学中国化的实现路径归纳为："以试用假设始，以实地证验终。理论符合事实，事实启发理论，必须理论与事实糅和一起，获得一种新综合，而后现实的社会学才能植根于中国土壤之上，又必须有了本此眼光训练出来的独立的科学人材，来进行独立的科学研究，社会学才算彻底的中国化。"[①] 其中最为突出的代表是费孝通。费孝通以实地调查为基础完成的博士论文《江村经济》被誉为"人类学实地调查和理论工作发展中的一个里程碑"，成为国际人类学界的经典之作。其名作《乡土中国》的写作背后有西方社会学的理论与方法，但它是从中国大地上产生出的中国理论。它实现了"引进西方社会科学的实证方法研究中国社会事实，通过二者的交互获得对中国社会具有解释力的理论"。[②]

遵循中国事实的研究推进了社会科学的中国化。中国现代学术理论尽管是近代以来才建立起来的，并接受了大量的外来知识，但有许多学者在对中国问题的研究中，将中华文明作为重要的学术资源，并形成独到的理论见解。如瞿同祖所著《中国封建社会》，就不是照搬外国有关"封建"的定义，而是从中国历史出发定义"封建"。其《中国法律与中国社会》，更是着力将中国法律置于中国社会中理解。

以第一个起点为基础，中国的现代学术理论取得了重要成就，并涌现了一批学术大家。但总体上看，在中华人民共和国成立前，中国与西方的关系处于极不均衡的状态，中国对西方的认识主要是仰视，遵循的是"拿来主义"。尽管在"拿来"的过程中，中国人有自己的独立思考和

---

① 吴文藻：《论社会学中国化》，北京：商务印书馆，2010年，第4页。
② 何明：《"魁阁时代"社会科学中国化的实践》，《广西民族大学学报》（哲学社会科学版）2019年第6期。

见解，但对于"拿来"的源头理论缺乏反思性批判。

中华人民共和国成立后，特别是改革开放之后，中国的现代学术理论站在一个全新的起点上，并取得了重大进展。首先是确立了马克思主义的指导地位。马克思主义的经典著作得到大量翻译和传播，马克思主义成为中国现代学术理论的指导思想。其次是全面建立现代学术理论的学科体系。邓小平于1979年指出：思想理论工作面临研究新情况、新问题的重要任务，需要发挥各个学科的力量进行研究。"政治学、法学、社会学以及世界政治的研究，我们过去多年忽视了，现在也需要赶快补课。"① 之后，中国建立了一个系统完整的学科体系，并以此为基础形成自己的知识生产系统。再次，更加广泛地吸收人类文明成果，特别是西方现代学术理论。商务印书馆出版的"汉译世界学术名著丛书"成为典型代表。最后，在社会科学中国化方面有了新的进展。中国学者在马克思主义指导下，从中国实际出发进行研究，产生了大量理论成果。

与第一个起点相比，第二个起点具有鲜明的时代特点。中华人民共和国成立，特别是改革开放的深化，从根本上改变了中外关系，中国人由过往对西方的仰视转变为一种"平视"。这种时代变化促进了中国现代学术理论的转变。

其一，对外来理论不再只是简单的"拿来主义"，而有了反思性批判意识。如20世纪90年代西方的"市民社会"理论广泛流行，但人们也逐渐意识到这一理论在中国运用的局限性。

其二，对外来学说进行创造性转换，根据中国自身需要赋予其中国

---

① 《邓小平文选》第 2 卷，北京：人民出版社，1994 年，第 180—181 页。

意义。如"治理"作为一个学术名词是 20 世纪 90 年代从国外传入中国的，但经过创造性转换，已经形成适应中国需要的国家治理理论。

其三，产生了"文化自觉"意识，力图从中国文明和中国道路自身获取理论资源。20 世纪 90 年代末，费孝通先生提出"文化自觉"，他认为："生活在一定文化中的人对其文化有'自知之明'，明白它的来历、形成过程、所具有的特色和它发展的趋向……自知之明是为了增强对文化转型的自主能力，取得为适应新环境、新时代而进行文化选择时的自主地位。"[①] 这一思想促进中国学者增强从中国出发建构中国理论的自觉。

其四，获得了学术群体的中国理论自觉。以 2016 年习近平总书记在哲学社会科学工作座谈会上的讲话为标志，构建中国特色哲学社会科学成为国家战略目标，也成为现代学术理论的群体自觉行为。

习近平总书记在哲学社会科学工作座谈会上的讲话，为中国的学术理论指明了方向，同时也是一种迫切的期待。它反映了当代中国学术理论与伟大变革时代和丰富经验相比还有相当大的距离，具有重大历史性突破和世界级影响的理论成果尚不多。"总的看，我国哲学社会科学还处于有数量缺质量、有专家缺大师的状况，作用没有充分发挥出来。改变这个状况，需要广大哲学社会科学工作者加倍努力，不断在解决影响我国哲学社会科学发展的突出问题上取得明显进展。"[②] 在新的历史起点上，建构具有重大影响力的中国理论成为迫切需求。

---

① 费宗惠、张荣华编：《费孝通论文化自觉》，呼和浩特：内蒙古人民出版社，2009 年，第 94 页。

② 习近平：《在哲学社会科学工作座谈会上的讲话》，《人民日报》2016 年 5 月 19 日。

两种表达：学术话语和政治话语的分工

理论是人们对客观事物认识的成果。它可以通过不同的方式来表达。现代社会是一个分工分业的社会。一部分人专门从事知识生产，并以相应的概念、范畴、逻辑等方式加以表达，从而形成学术理论。人们从事知识生产肯定有一定的目的，只是这种目的是通过学术论证反映出来的，是一种具有学理性的学术表达。

现代西方世界的形成伴随着新思想的产生。新思想的表达有两种方式。其一是政治表达，即直接反映人们的政治意愿，用清晰明了的语言进行表述，如英国大宪章、法国人权宣言、美国独立宣言等。其二是学术表达，即运用知识和学术语言加以表达。这种表达尽管也会反映一定的思想倾向，甚至为一定政治目的服务，但主要是通过学术性的概念、范畴、逻辑加以论证。

西方学术理论的强大在相当程度上得益于其学术表达。这种表达具有思想的规范性和时空的穿透力。习近平总书记在哲学社会科学工作座谈会上的讲话中提到的他阅读过的洛克、孟德斯鸠、卢梭、黑格尔、克劳塞维茨、亚当·斯密、马尔萨斯、约瑟夫·熊彼特等人的著作，主要就是一种学术表达，并得到广泛的传播。这些著作尽管产生并适应于资本主义时代，但其影响远远超越资本主义世界。

在西方，即便是一些价值取向非常明显的思想，也往往是以一种学术表达的方式出现的。黑格尔是典型的西方中心主义者。"黑格尔武断地认为，世界精神的太阳最早从东方升起，东方文明（包括中国文明，以及印度、波斯、埃及文明）是人类历史的童年，属最幼稚、最低等级的文明。希腊是人类历史的青年时代；罗马是人类历史的壮年时代。最后'太阳'降落在日耳曼民族身上，实现了世界精神的终极目的，成为历史的最高阶段。"① 但他的论断是建立在对世界文明考察的基础上，并进行了严密的论证，尽管这种论证具有强烈的主观性。魏特夫的《东方专制主义》是一部大部头的著作，充满着对东方政治的偏见，它沿袭了自亚里士多德以来西方人对东方政治的界定，甚至大量引述了马克思、恩格斯的论述，论据看似相当充分。

马克思主义学说也有着两种不同的表达方式。其一是政治观点非常鲜明的政治表达，如《共产主义原理》《共产党宣言》等。其二是建立在充分理论论证基础上的学术表达。马克思撰写《资本论》，从商品这一细胞开始，分析商品的二重性和劳动的二重性，再到价值和剩余价值，渐次展开，发现了资本主义经济规律，并最终得出了资本主义必然灭亡的政治结论。这一论证过程便是学理性的研究过程。这种学理性的学术表达不是简单的政治宣示，而是对事物内在规律的理论反映，是一种以学术话语的方式进行的政治表达。马克思一生致力于理论建构："批判的武器当然不能代替武器的批判，物质力量只能用物质力量来摧毁；但是理论一经掌握群众，也会变成物质力量。理论只要说服人，就能掌握群众；而理论只要彻底，就能说服人。所谓彻底，就是抓住事物的根本。"② 马克思、恩格斯正是由于创立了一系列理论，形成了马克思主义，才在

---

① 王绍光：《"中国精神"与〈中国精神读本〉》，《文化纵横》2019 年第 5 期。

② 《马克思恩格斯选集》第 1 卷，北京：人民出版社，1995 年，第 9 页。

人类历史上产生了巨大而深刻的影响。

中国是在救亡图存的近代才开始新思想探索的历史进程的。出于紧迫的政治需要，中国的政治理论和政治话语表达强大，产生了马克思主义中国化的一系列重大成果。这对于中国实现两大跨越具有重大意义。但与此相比，中国的学术话语表达较弱，甚至与政治话语表达重叠，目前还未能产生类似洛克、孟德斯鸠、卢梭、黑格尔、克劳塞维茨、亚当·斯密等那样有广泛影响力的学者。当代西方社会科学之所以有强大的影响力，就是因为其以学术话语的方式表达，让人们自觉不自觉地受其规范，甚至思维模式化。由此很容易造成我国哲学社会科学"在国际上的声音还比较小，还处于有理说不出、说了传不开的境地"。

中国的现代学术理论是在改革开放之后得到整体性全面发展的。政治学、社会学、法学等学科的恢复重建，其一在于有大量问题要研究，其二在于这种研究要通过社会科学特有的方式。只是在相当长的时间里，这种研究的专业性和学理性尚未能充分显现。其学术表达的理论成果与伟大变革时代和丰富经验难以匹配。正因为如此，习近平总书记强调："我们不仅要让世界知道'舌尖上的中国'，还要让世界知道'学术中的中国'、'理论中的中国'、'哲学社会科学中的中国'。"[1] 这就需要以我国实际为研究起点，"提炼出有学理性的新理论，概括出有规律性的新实践。这是构建中国特色哲学社会科学的着力点、着重点"。[2] 要达到这一目标，必然要求致力于学术话语表达。

---

① 《习近平谈治国理政》第 2 卷，北京：外文出版社，2017 年，第 340 页。

② 同上书，第 344 页。

两种思维：由经验思维转化为理论思维

理论建构是一种知识生产活动，受知识生产者的思维制约。思维活动表现为两种方式。其一是经验思维，即以直观感受到的事实经验为依据，并通过事实陈述加以表达，注重于"是什么"。其二是理论思维，即以科学的理论、原理、定律为依据，对问题进行分析、判断。这种思维要对事实加以抽象，通过概念进行表达，注重"为什么"和"怎么样"。

人的思维方式与一定的历史环境相关。中国有着漫长的农业文明历史，农业生产中"看得见，摸得着""眼见为实，耳听为虚"的经验思维十分发达。这种思维有助于记录事实，对于建立中国人的历史感具有重要作用，使中国产生了《史记》《资治通鉴》等伟大的历史著作。与此相比，中国人的理论思维相对较弱。在黑格尔看来，"在中国人中间，历史仅仅包含纯粹确定的事实，并不对于事实表示任何意见或者理解。他们的法理学也是如此，仅仅把规定的法律告诉人；他们的伦理学也仅仅讲到决定的义务，而不探索关于他们的一种内在的基础"。①黑格尔的论断尽管带有相当的偏见，但某种程度上不能不说是一定客观事实的反映。

现代学术理论率先产生于西方。西方的学术理论基于西方国家的历史经验，同时将经验提升到理论的高度，通过定义、概念、范畴、逻辑加以理性论证，由此形成系统和可传播的知识体系。梁启超认为："大抵西人之著述，必先就其主题，立一界说，下一定义，然后循定义以纵说横说

---

① 黑格尔：《历史哲学》，王造时译，上海：上海书店出版社，1999年，第141页。

之。"① 知识生产也具有"先占原则"，即"某些人由于对事物的认识在先，通过概念对事物加以定义，并能够广泛传播，就会形成'先入为主'的认识，获得话语权。后人在接受这些概念时，自觉不自觉地会进入其相应的思维通道，形成格式化、规范化的思维。这就是思想意识的力量"。② 西方的学术理论之所以具有广泛的影响，主要便在于他们的理论建构。

中国是在近代以后才逐步建立起自己的学术理论体系的。中国人在学习西方的过程中，也开始建构自己的理论。但总体上看，中国的理论建构意识和能力还不够。历史学本来是中国最古老的学问。近代以来，特别是中华人民共和国成立以来，历史学作为一门学科探讨重大问题，提出了不少有价值的理论。如范文澜先生主编的《中国通史》，除叙事外尚有不少能够给人启迪的点评。而改革开放之后，历史学研究更多的是基于事实经验的叙事，对于事实背后的"为什么"问题缺乏深度研究，理论建构相对较弱。其中原因就在于"中国的学术传统长期延续的是'述而不作'，即以经验思维来描述事实，而很少用清晰明确的概念加以表达"。③

政治学、经济学、社会学、法学等学科是在改革开放之后迅速发展的。这些学科的知识是大量从国外引进的，对于基于伟大变革时代和中国经验建构原创性理论非常不够。受经验思维所限，我们可以讲出"中国故事"，但难以提出"中国理论"，由此在世界思想"市场"中处于不利地位。当下中国存在的"有理讲不出"的被动境地，在相当程度上与理论思维较弱、理论建构不足有关。中国学者不仅要讲好"中国故事"，更

① 梁启超：《论中国学术思想变迁之大势》，上海：上海古籍出版社，2006年，第36页。
②③ 徐勇：《学术创新的基点：概念的解构与建构》，《文史哲》2019年第1期。

要建构"中国理论"。故事具有地方性、经验性、具象性,理论才具有普遍性、一般性和抽象性。现代社会科学的重要特点是,不仅要基于经验,而且要将经验提升到普遍性理论的高度,进行理性论证。"虽然经验思维非常重要,但是要实现人类认识的进步,就必须实现由经验思维向理论思维的转化,因为经验是外在的、具体的、现象的、直观的,必须转化为内在的、一般的、本质的和理性的。"[1]如美国学者斯科特所著《弱者的武器》一书,讲的是农民故事,但以政治权力体系中的"弱者"进行理论表达,由此获得了一般性和普遍性:凡是有"弱者"的地方,就会有"弱者的武器"。

恩格斯曾说:"一个民族要想站在科学的最高峰,就一刻也不能没有理论思维。"[2]这是因为理论具有规范意义。我们一旦进入他人建构的理论体系之中,就不可避免会受到其思维和话语体系的规制,从而很难产生与伟大变革时代和中国经验相匹配且具有广泛影响力的原创理论。这就需要大力强化理论思维,建立理论自觉。

两种源流:从西方理论"消费者"到推进"自主性生产"

理论建构不是凭空想象,更非一日之功。它建立在对前人成果传承的基础上。随着现代社会的分工分业,由学校、科研机构、专业刊物等要素构成的专业化学科体系建立,已经形成了能够不断再生产知识产品的生产线。"知识生产是对一类事实加以概括、提炼、总结,并建构内在

---

① 李淑英:《恩格斯关于理论思维的阐释及价值》,《人民论坛》2021年第7期。

② 恩格斯:《自然辩证法》,北京:人民出版社,2015年,第43页。

的逻辑关系,从而形成能够传播、学习、运用的知识体系。"①知识生产线指的是学术知识在长期生产实践中形成的稳定性输出路线或路径。稳定的知识生产线有助于知识体系的建构与发展,形成多种标识,并确立相应的源流和根基。

现代学术理论率先在西方兴起,经过了数百年时间,西方国家已经形成了一条强大的知识生产线,可以不断生产和再生产知识产品。西方的知识生产线有两大特点:其一,通过概念创制,获得知识生产的话语权。知识生产的领导地位是由定义权的归属决定的。概念的定义权对知识生产领域尤其重要,定义权直接决定了知识话语的主导地位。在带有自身标识的知识生产线上,西方不断有新的知识产品出现。后来者要涉足这一领域,就不得不进入西方业已形成的"知识轨道",接受既有理论的规范,深受这一知识生产隐性支配力的影响。其二,将一定的价值隐含于学术理论之中,从而获得思想影响力。人类在建构知识生产线的过程中,会自觉或不自觉地将自身价值与倾向注入其中,达到影响他者的目标。现代思想理论的重要特点是作为一种主张和理念的"主义"开始出现。"主义"既是知识生产者对客观世界的描述,又是一种超越客观世界的理想主张。"主义"的出现是世界思想发展历史的转折点。"至此,思想开始具有独立性,引导客观世界的发展,并规制着人们对客观世界的认识。"② 在中国现代学术理论体系的建立和发展过程中,势必要学习和

---

① 徐勇:《用中国事实定义中国政治——基于"横向竞争与纵向整合"的分析框架》,《河南社会科学》2018 年第 3 期。

② 徐勇:《东方自由主义传统的发掘——兼评西方话语体系中的"东方专制主义"》,《学术月刊》2012 年第 4 期。

借鉴西方的学术理论。但是，仅仅做西方理论的"消费者"是远远不够的，难以在伟大变革时代产生原创性的中国理论。

首先，西方的知识生产会受其时代限制。西方的现代学术理论是伴随着现代西方社会的成长而发展的。随着资本主义制度的成熟，西方学术理论至 19 世纪达到顶峰，之后则与资本主义制度一样，处于"小修小补"阶段，宏大建构愈来愈弱，对于世界性议题愈来愈失去引领能力，也开始陷入"有专家缺大师"的境地。我们学习和接受的西方最新的知识产品，很可能仅属于西方学术理论大树上的细枝末节。

其次，西方的知识生产也会受其认知限制。凭借"先占"优势，西方学者对于中国加以定义，但伟大变革时代和中国经验远远超越了他们的认知和预设，导致他们很难建立能够反映伟大变革时代并包容中国经验的一般性理论。

再次，仅仅作为"消费者"会限制我们的想象，影响原创性研究。在解读中国实践、构建中国理论方面，中国学者应该最有发言权，但实际上我们在国际上的声音还很小。一个重要原因是西方学术理论已经成为源头，处于知识生产线的高端。中国学者在接受和使用西方知识生产线上的产品时，不可避免地处于这一生产线的低端地位。例如，哈贝马斯提出"协商"理论，之后传入中国，出现了一系列相关论证。这种以西方理论为源头的研究，限制着人们的想象，从而导致难以进行自主性的原创研究。

要在伟大变革时代产生原创性的中国理论，需要建立起融通各种理论资源并能够自主进行再生产的知识生产线，最重要的是构建中国理论的"根"和"源"。

中国理论的源头具有强大的包容性，是对各种资源的融通且有自己的主导性资源。首先是马克思主义的资源。马克思主义是在充分吸收同时又积极扬弃前人思想成果的基础上产生的。这使得马克思主义一开始就站在人类历史前所未有的高点上。马克思主义是开放的体系，它要在实践中不断吸收新的养分，永葆理论的青春。它不会简单宣布"历史的终结"，恰恰相反，它强调人类解放是一个永无止境的历史过程。这就为人类发展和思想进步打开了广阔的空间。中国之所以得以实现两大跨越，就在于有马克思主义的指导并产生了马克思主义中国化的成果。这是西方主流学术理论所难以具备的理论资源。其次是中华民族的文化资源。费孝通晚年提出"文化自觉"，已意识到中华文明的独到价值。中华文明传统是产生原创性中国理论的重要来源。再次是世界所有国家哲学社会科学的积极成果。这种集聚了各种资源的理论"源头"，显然有助于确立中国理论的主体性，并建构起具有超越性的中国理论。

除了确立"源头"以外，还需要高度重视"源流"，即对具有主体性"源头"的传承。有传承才有积累，有积累才有创新。应该看到，西方学术理论的生产线较为成熟，可以不断再生产出新的知识产品。中国的社会科学很容易为追随最新的知识产品而忽视自己的知识积累，有"新"无传，新只是引进的"新"，而不是自主的"新"。没有自主性知识产品的传承，就难以建构起具有原创性的理论。应该看到，自现代中国学术理论产生以来，事实上已开始形成中国自己的风格和特色，只是缺乏认真的总结，更因为追随西方知识生产线上的最新产品而忽略了传承，未能建立起具有累积性的知识生产线，没有形成自己的"学脉"。早在20世纪中国现代学术理论发展的第一个起点上，中国便产生了一批重要学

　　　　　　　　　　　　学术中的中国

者和重要成果，但未能得到很好的传承。改革开放之后，伴随"文化自觉"，费孝通等人进一步确立了中国学者的主体性，但一时未能引起足够的重视。这不可避免会影响具有中国自主性的知识生产能力的提升。

值此中国共产党成立百年之际，认真回顾和总结中国理论建构的历程，确立自己的历史方位，形成高度的理论自觉，致力学术话语表达，强化理论思维，明确中国理论源流，必将有助于产生能够与中国共产党百年辉煌成就相匹配的中国理论。

附录

《学术中的中国——庆祝中国共产党成立100周年》专刊暨《探索与争鸣》第四届（2020）青年理论创新征文成果发布会全景扫描

2021年8月2日，《学术中的中国——庆祝中国共产党成立100周年》专刊暨《探索与争鸣》第四届（2020）青年理论创新征文成果发布会在上海成功召开。原中共中央党史研究室副主任李忠杰，中国社会科学院原副院长张江，中国期刊协会副会长李军，中共上海市委宣传部副部长、上海市新闻出版局局长徐炯，上海市社联党组书记、专职副主席权衡，以及上海相关主管部门、行业协会和理论媒体的领导、代表，北京、南京、上海等地重要学术机构的领导和资深学者，专刊作者代表和征文评审专家、作者代表，上海市社联及所属部门的负责同志，共计80余人通过线下和线上方式参加发布会。会议开幕式由上海市社联党组成员、专职副主席任小文主持。

开幕式环节，上海市社联党组书记、专职副主席权衡致欢迎辞，中国期刊协会副会长李军致辞，中共上海市委宣传部副部长、上海市新闻出版局局长徐炯讲话。

会议发布了《学术中的中国》专刊、《陈望道与〈共产党宣言〉》藏书票、《学术中的中国》印章。作者代表中国社会科学杂志社副总编辑李红岩教授致辞。

在《探索与争鸣》第四届（2020）青年理论创新征文成果发布会环节，上海师范大学副校长陈恒，上海市出版协会会长胡国强，上海市期刊协会会长王兴康，上海人民出版社党委书记、社长、总编辑王为松，华东师范大学哲学系赵修义，《解放日报》社党委副书记周智强分别为征文作者代表颁奖。华东师范大学中文系教授、教育部长江学者青年学者王峰，南京大学学衡研究院助理研究员于京东分别代表评委和入选作者发言。

在随后举行的"学习贯彻习近平总书记'七一'重要讲话精神专家座谈会"上，中共党史学会副会长、原中共中央党史研究室副主任李忠杰教授，中国社科院原副院长、《中国社会科学》原总编辑、《文学评论》原主编、中国文学批评研究会会长张江教授，中国人民大学书报资料中心总编辑高自龙编审，全国高校文科学报研究会理事长、《北京大学学报》（哲社版）常务副主编刘曙光编审，南京大学资深教授周晓虹，上海社科院原党委书记潘世伟教授，上海外国语大学党委书记姜锋研究员，复旦大学资深教授葛剑雄以及中共上海市委党校黄力之教授分别发言。

开幕致辞

上海市社联党组书记、专职副主席权衡和中国期刊协会副会长李军首先进行开幕致辞。权衡指出，《学术中的中国——庆祝中国共产党成立 100 周年》专刊具有重要意义。100 年前，一群平均年龄只有 28 岁的青年齐聚上海，正式创立了中国共产党。百年来，我们党一路征程、一路风雨，始终走在时代前列，一直正当少年，一直永葆青春。他指出，这本专刊彰显了年轻编辑团队的开拓精神和理论敏锐，是上海社联庆祝中国共产党成立 100 周年、推动哲学社会科学事业发展的重要举措之一，在庆祝建党百年的学术画卷上，必将留下生动而深刻的一笔。同时，《探索与争鸣》在办刊资源有限的情况下，能够持续多年举办"青年学人支持计划"系列活动给青年学人提供支持，不仅非常难得，也是创新学术共同体建设的一个有益尝试。第四届青年理论创新征文以"技术创新与文明重构：新问题与新挑战"为主题，引导了青年学人围绕技术创新在当代社会引发的新现象、新需求、新问题，做深度、前瞻、独立的学理研究，也很好地把刊物特色和支持学术人才结合在一起，实现刊物发展和学人成长相互促进。希望《探索与争鸣》再接再厉，认真学习贯彻总书记相关重要讲话精神，进一步提高政治站位，确保期刊的政治方向和出版导向正确；进一步树立精品意识，不断推动期刊高质量发展，助力构建中国特色哲学社会科学，持续推进刊物与优秀学术人才共成长。

李军在致辞中指出，在建党百年这一重要时间节点，《探索与争鸣》推出这本专刊献给党的百年华诞，体现了新时代学术期刊的担当与使命，更是期刊人对党的出版事业和期刊事业的历史自觉，是历史使命和初心的情怀表达。《学术中的中国》刊首语中"尽书生报国之志，百年如一"，是一个报刊人、出版人的精神映照、思想共鸣！党的百年历史告诉我们，党的理论建立和发展，与马克思主义在中国传播密不可分。中国哲学社科期刊出版工作，要总结好、整理好、传承好先辈们留下的马克思主义中国化的宝贵思想文化遗产和伟大历史贡献，把马克思主义中国化的理论光辉发扬光大，为探索新时代哲学社会科学发展贡献力量。党的百年奋斗历程告诉我们，哲学社会科学必须始终坚持与时俱进才有生命力，广大期刊工作者要与广大哲学社会科学工作者一道，解放思想、实事求是，坚持聚焦我国发展和党的执政，面临的重大理论和实践问题，不断推出一大批能够反映时代要求的哲学社会科学的鸿篇巨制，为坚持和发展中国特色社会主义作出思想贡献和学理支撑。党的百年历史告诉我们，党的理论是在风云激荡的形势变化中，不断丰富、不断成熟、不断发展。当前，我国哲学社会科学任务更加繁重，哲学社会科学期刊使命在肩、责任重大，迫切需要哲学社会科学工作者，更好发挥思想引领和理论建设作用，迫切需要哲学社会科学出版工作者，坚定履行"举旗帜、聚民心、育新人、兴文化、展形象"使命任务。坚定政治方向、坚持正确导向，加强内容建设、壮大主流舆论，推动理论原创、繁荣学术发展，创新话语方式、扩大对外交流，拓宽传播渠道、深化知识服务，加强人才培养、夯实发展基础，深度融合发展，全面引领创新。

中共上海市委宣传部副部长、上海市新闻出版局局长徐炯发表讲话。他指出，《学术中的中国——庆祝中国共产党成立 100 周年》专刊和《探索与争鸣》第四届青年理论创新征文成果的发布，充分体现了回望百年、薪火相传的学术传承。一是为了更好地学习贯彻习近平总书记"七一"重要讲话精神。学习宣传贯彻习近平总书记"七一"重要讲话精神，是当前和今后一个时期的重大政治任务和头等大事，上海社科界在这方面负有特殊的职责。上海社科界要更好地落实周慧琳部长提出的三点要求：第一，要全面深入学习，不断深化对习近平总书记"七一"重要讲话精神的理解和领悟；第二，加强理论研究，深入阐释习近平总书记"七一"重要讲话提出的新思想、新观点、新论断；第三，做好宣传宣讲和理论普及，大力推动习近平总书记"七一"重要讲话精神深入人心。二是学术期刊要努力实现高质量发展，高扬思想旗帜，始终以习近平新时代中国特色社会主义思想武装自己的头脑，突出问题意识，做时代的捕风者，回应时代关切，应对现实问题，坚守学术本位，运用学术话语，尊重学术发展规律，推动理论创新和学术建构。三是青年学者需要自觉担负起历史使命、尽快成长，80、90后的青年学者大多接受了良好的学术训练，具有较高的学术起点，具备理论创新的优势和活力，因此更应发挥自身能动性，勇于创新，为构建中国特色、中国风格、中国气派的哲学社会科学增添新鲜血液和青春锐意之骨气。四是新时代上海的学术期刊实现高质量发展，要做强码头、激活源头、勇立潮头。我们期待全国有相当比例的哲学社会科学的青年才俊，能够在上海的学术刊物上发表第一篇论文，在上海出版第一本学术专著，在上海举办第一次个人的学术研讨会，上海的社科理论界、出版界和学术期刊界要从增强上海城市软实力新高度、新站位，认识和推动这件事情。

《探索与争鸣》编辑部从策划缘起、策划过程、策划思路、专刊特色四个方面，详细介绍了《学术中的中国》专刊。2021年适逢中国共产党成立100周年，《探索与争鸣》作为一本以思想温暖学术、学术关怀现实为主要特色的学术期刊，努力以简洁、大气而生动的方式呈现中国共产党领导下百年学术事业发展成就。2020年底和今年年初，编辑部拜访了诸多知名教授，邀请党史学界、出版界等各个学科专家召开选题策划会，吸取了大量有益的意见，最终确定以习近平总书记在"5·17"讲话中提

学术中的中国

出的"学术中的中国"作为专刊的总主题，以编年体为思路。在策划和编辑中突出四个取向：话题选择上，以时代为经，以学术为纬，撷取百年学术史的关键时刻、关键事件和关键人物；作者选择上，注重名家和青年才俊结合，名家的厚重、深邃与青年的敏锐、鲜活构成了精彩的二重奏，也寓意着百年学术的薪火相传、生生不息；装帧设计上，以厚重、雅致和大气为基调，通过设计生动而带有书卷气质的美术风格，体现出庆祝百年华诞的热烈气氛；编辑审校上严格把关，每篇文章请两位专家匿名评审，邀请中共中央党史和文献研究院、上海人民出版社政治审读室等党史领域的专家学者重点审读和校对。专刊体现了一条主线、两个层面、三个维度：一条主线是中国共产党领导下的百年学术简史；两个层面是做到"学术中的中国"与"中国中的学术"相辅相成；三个维度是马克思主义中国化并深刻影响中国学术的历史、中国学人"尽书生报国之志"的历史以及学术、学人、学科联动的生命史、心灵史。

同时，报告对《探索与争鸣》第四届青年理论创新征文进行了全面分析。2020 年 1—12 月，《探索与争鸣》开展了第四届青年理论创新征文活动，主题为"技术创新与文明重构：新问题与新挑战"。全年共收到来稿925 篇，去除重复及无效投稿，有效投稿共 885 篇。通过大数据进行话题提炼，发现青年学者特别关注九大话题：政治权力与社会稳定、历史中的世界、经济与社会信任、三农与乡村建设、游戏与文化娱乐、民主议题、新科技与劳动力转型、政府治理、城乡结构变迁和算法与机器伦理。征文活动体现出如下特征：一是论文写在祖国大地上，人与时代成为学术研究终极关怀；二是跨学科趋势明显，积极践行中国学术话语体系创新；三是学术"内卷化"问题亟待解决，学术生态有待进一步改善。

附　录

专刊暨征文成果发布

随后,《学术中的中国——庆祝中国共产党成立 100 周年》专刊正式发布。中共上海市委宣传部副部长、上海市新闻出版局局长徐炯和上海市社联党组书记、专职副主席权衡共同为《学术中的中国》专刊和配套的《陈望道与〈共产党宣言〉》藏书票、《学术中的中国》印章揭幕。

中国社会科学杂志社副总编辑李红岩教授作为专刊作者代表发言。在党的百年华诞之际,《探索与争鸣》精心谋划,从自身责任和专业特长出发,在今年第六期以"学术中的中国"为题制作学术专刊,这个庆祝党百年华诞的有创意的独特方式,是落实习近平总书记"5·17"重要讲话精神、深入学习党史新中国史的一个具体举措。马克思主义的中国化丰富了中国的学术,创造了具有中国特点和气派的中国马克思主义学术,是 100 年来中国学术发展的基本脉络和轨迹。中国学术一方面接受马克思主义的指导,另一方面也为马克思主义中国化做出了自己的贡献。《学术中的中国》专刊以马克思主义在我国的进入、传播、发展壮大及中国化的历程为线索,以觉醒年代、革命年代、建设年代、改革年代和新时代五个阶段划分,以党在百年奋斗进程当中推进中国马克思主义学术的建设为主题,既彰显出中国马克思主义学术的完整历程,也显示出不同时期的特点。

《探索与争鸣》第四届青年理论创新征文成果发布仪式结束后,一等奖获得者南京大学学衡研究院助理研究员于京东作为征文作者代表发言。他认为,《探索与争鸣》支持青年学人的一系列计划,为青年学人的健康成长提供了学术支撑。第四届全国青年理论创新征文"技术与文明"这一议题紧扣时代脉搏，因为技术进步是当下百年未有大变局的一大特征。新技术的出现已经超越了简单的知识生产，带来全新的文明形态。我们可以从技术的历史去探讨人的历史，探讨技术与人的历史。

华东师范大学中文系教授、教育部长江学者青年学者王峰作为评审专家代表发言。他指出，中国学术需要青年，青年研究者一代更比一代强，中国学术才有希望。除了教育体制为青年学者提供便利之外，学术期刊和学术出版社也可以为青年学人的成长提供更多帮助。作为一家具有学术深度又关注理论前沿的杂志，《探索与争鸣》近年来一直助力青年学人成长。这次征文评选体现出青年学人勇敢无畏的精神，希望青年学人沿着自己的学术兴趣，形成自己的学术风格，成长为优秀学者，同时将自己的研究不断推广和深化，使中国学术在世界学术的版图中占据重要位置。

学习贯彻习近平总书记"七一"重要讲话精神座谈会

会议第二部分为学习贯彻习近平总书记"七一"重要讲话精神座谈会，由上海市社联党组成员、专职副主席任小文主持，线上线下多位知名专家参与发言。

中共党史学会副会长、原中共中央党史研究室副主任李忠杰指出，建党100周年之际，各个行业和部门都以不同的方式进行庆祝，《探索与争鸣》编辑出版《学术中的中国》专刊，是一个很独特的视角和方式，既贯彻落实了习近平总书记建设学术中的中国的要求，也体现了社科界在理论探索过程中的独特性。习近平总书记的"七一"重要讲话，既总结了建党百年的历史，又面向未来提出了新的要求，指出了未来100年党和国家事业发展的方向。因此，这次讲话是历史性的讲话，也是历史性宣言，是聚力全党全国各族人民向着第二个100年奋斗目标继续前行的政治目标和行政纲领。讲话不仅回顾总结了过去历史性成就，并且又向未来提出了一系列的新思想、新观点、新要求，如"两个结合"、全过程民主和文明新形态等，不仅需要我们全党加以认识，同时也需要我们哲学社会科学界从学识上进行研究。学术期刊应牢记初心、不忘使命，使我们的理论取得更大的进步。

中国社科院原副院长张江教授认为，出版人、杂志人在学习习近平总书记"七一"重要讲话之后，应该胸怀大局，心系国之大者，坚持把马克思主义基本原理同中国具体实际相结合，同中国优秀文化传统相结合，用中国化马克思主义去观察时代，把握时代，引领时代，深入研究新时代、新阶段的重大理论和实践问题，为推进马克思主义中国化、时代化、大众化，实现中华民族的伟大复兴，作出应有的贡献。回顾党的百年历史，可以清楚地看到出版人、杂志人的特殊贡献。一百年前苦苦探索救亡图存道路的中国人，因为《共产党宣言》译本的出版，找到了马克思主义，也正是以《共产党宣言》为起点，铸就了伟大的建党精神的思想基石。又比如，考察五四运动，不能绕过《新青年》这本杂志，一本杂志影响了中国历史命运，可见杂志人的重要性。我们应该更好地办好我们的出版，办好我们的杂志，这是从初心开始直至今天，我们应该继续奋斗下去的方向。

中国人民大学书报资料中心总编辑高自龙认为，在庆祝中国共产党

　　　　　　　　　　　　　学术中的中国

成立 100 周年之际,《探索与争鸣》杂志策划出版的"学术中的中国"专刊,以时代为经、学术为纬,纵横百年,视角独特、思想前沿、视野开阔。学术期刊要在时代大变局中提高策划主流学术选题的意识和能力。我国正处于实现第二个百年奋斗目标的伟大征程中,面对世界百年未有之大变局,学术期刊理应站在时代潮流前列。习近平总书记的系列重要讲话中提出了诸多重大时代命题,为学界和期刊界把握主流学术选题指明了方向。同时,学术期刊要在中国学术"创造性转换和创新性发展"中增强主动引导的意识和能力。近代以来,"学术中的中国"实际上一直在对中华传统文化和西方文化进行着"双创",学术期刊要多策划将古今中外文化交汇交融"双创"方面的好选题,为构筑"学术中的中国"发挥更大作用。

全国高校文科学报研究会理事长、《北京大学学报》(哲社版)常务副主编刘曙光认为,"七一"重要讲话不仅为全党全国各族人民向第二个百年奋斗目标迈进指出了前进方向,也为哲学社会科学期刊发展提供根本基础。学术期刊是反映学术成果的平台,是时代的资料库、思想库、智库,也是时代精神的集中反映、时代核心价值观的反映。因此,在当前和今后的一个时期,包括期刊人在内的哲学社会科学工作者,对习近平总书记"七一"重要讲话的重大观点、思想、论断要深入学习研究,应该做好宣传阐释,努力为社会奉献更多的精品力作。作为办刊人,学习贯彻"七一"讲话,就是要落实到办刊实践中,将学术关怀与政治关怀和家国情怀结合在一起。

中共上海市委党校教授黄力之以"马克思主义创新与创造"为主题发言。他认为,习近平总书记在"七一"重要讲话中提出"九个必须",

其中包括必须继续推进马克思主义中国化，必须坚持和发展中国特色社会主义，这两条综合起来，就是对"中国共产党为什么能，中国特色社会主义为什么好，归根到底是因为马克思主义行"的精简诠释。中国共产党的历史就是接受学习和运用马克思主义的历史，中国的崛起和成功，向世界证明了中国共产党对马克思主义的接受、学习、运用是正确的，马克思主义确实行。但是学史明理必须弄清楚，说马克思主义行，并不是在文本意义上说的，而是在变通创新意义上说的，是在实践和创新意义上说的，我们要矢志不渝推进马克思主义的中国化。

南京大学资深教授周晓虹指出，学术期刊发展必须以中国哲学人文社会科学复兴为己任，为建立中国自己的人文社会科学而努力贡献应有力量。《探索与争鸣》近年来做出了很多变革，在诸多学术刊物中，《探索与争鸣》最大的特点就是不断创新。这次专刊，《探索与争鸣》以一个整期的篇幅，通过五个时代对百年哲学社会科学的历史和发展进行了整体展现。这既很好地体现了百年来中国人文社会科学的进步，也展现了中国共产党百年来为哲学人文社会科学发展作出的努力。

上海社科院原党委书记潘世伟教授在发言中提出了两个问题与青年学者共勉。一是未来中国将有什么样的发展。青年和中国的未来，有着最紧密的联系。从本质上来讲，从现在开始的未来 30 年，实际上是中国共产党的第四个 30 年，也是新中国的第三个 30 年，就其内容本质而言，它是中国现代化的完成阶段，是中华民族复兴的实现年代。对于未来中国 30 年的发展，我们已经有了长期的战略安排，也有了比较清晰的顶层设计。但这种顶层设计和战略安排，在理论上和学术上可达到性的证明和阐释，还需要年轻学者的继续努力。二是什么思想能照亮中国前行的道路。近代以来,中国人民和知识分子一直在各种比较中进行选择,最终选择的结果就是中国化的马克思主义。今天的我们要不断开辟中国马克思主义的新境界,不断深化中国特色社会主义的新实践,因为马克思主义真正的生命力在于进行时、未来时。

上海外国语大学党委书记姜锋认为,中国近代以来的发展是世界发展的一部分,取得辉煌成就的基础是马克思主义的中国化,就是把马克思主义同中国实际相结合、同中华优秀传统文化相结合。国家越是向前发展,就越需要坚实的理论能力和理论基础,就迫切需要进一步加强对马克思主义中国化的理论研究,让马克思主义中国化形成更为强大的内生动力,为中国特色现代化道路提供更为完善的制度保证和更为深刻的精神力量。中国特色社会主义现代化道路是中国人民"走自己的路",它吸收借鉴人类文明的一切有益成果,同时摒弃尤其是西方文明以资本主义的扩张和掠夺来满足其部分人利益的野蛮本性,它创造了一条现代化新道路和人类文明的新形态,但中国的道路是包容、共享的,不是与其他国家现有道路相对立,更不是对抗的,应该从这一意义上理解中国发展为世界发展提供了新的机遇。未来中国特色现代化道路如何与其他国家现代化道路和平共存,相互促进,是个重要命题。习近平总书记的"七一"重要讲话体现了强烈的人民性、时代性和世界性的相统一,这为研究这一命题提供了根本方向。

复旦大学资深教授葛剑雄从历史学科发展的角度,从三个方面谈了自己的体会:一是马克思主义应该怎么跟中国的历史研究的实践相结合。马克思主义传入中国之后,不仅很多史学家,也包括早期的共产党人,在早期接受马克思主义哲学的过程中间,就注意到了历史观上的问题。从马克思主义中国化的百年历史来看，不能用教条主义的方法去介绍马克思主义，应该将马克思主义的理论与中国现实相结合，这才是历史学科未来发展的重要方向。二是如何在两个结合中，使我们优秀的传统文化真正地得以复兴。毛泽东早就指出过，对传统文化要取其精华去其糟粕。传统文化有三种类型，那些在当代已经属于消极的，以及那些在某个历史阶段起积极作用但在新时代的今天已经起不起作用的文化因素，应该抛弃。而对另一部分可以进行现代化的阐述，充分肯定其精华部分，消除其中的糟粕。三是要处理好一些关系。比如，历史本身是由科学和人文两方面组成，科学是有标准的，这个标准不因国家不同而有所区别，但是历史的人文部分，是对历史人物和历史现象的评价，这是有区别的，我们应该坚持自己的价值观念，坚持我们自己的历史哲学。

当天下午，还召开了"百年道路与青年使命"青年论坛。参加本次征文的青年学者以线上、线下相结合的形式，围绕百年来的中国学术发展、青年人的学术使命、青年人在治学方面的困惑、中国学术的转型与创新等问题展开了讨论和交流。

（杜运泉　杨义成）

　　　　　　　　　　　　　　　　学术中的中国

后记

　　2021 年适逢中国共产党成立 100 周年，作为一本以思想温暖学术、学术关怀现实为主要特色的学术期刊，如何在上海社联党组领导下，扎根学术、服务时代、放眼未来，如何承担起应有的使命和责任，为中国共产党成立 100 周年作出学术期刊应有的贡献，这是我们策划《学术中的中国》专刊的出发点——以简洁、大气、厚重的学术为浓郁的红色庆典再添一道别样的风景，向广大读者呈现一部缩微版的中国共产党领导下的百年学术编年史。

　　去年年底和今年年初，我们在拜访邓伟志教授、赵修义教授、葛剑雄教授、陈卫平教授、陈恒教授和陈忠教授时，几位先生都提出编辑出版专刊的建议，邓伟志教授还专门提供了人选名单。3 月 5 日，编辑部邀请党史学界、出版界等各个学科专家召开选题策划会，与会学者提出了很好的建议，其中有两条思路对我们启发最大。赵修义教授提出用总书记在"5·17"讲话中提出的"学术中的中国"作为专刊的主题；上海人民出版社社长王为松建议专刊采用编年体的思路。在此基础上，我们约请上海社科院周武研究员和华东师范大学瞿骏教授一起策划，商定了五个阶段以及每个阶段的主题和人选。我们开列了一个很长的约稿名单，提出了很多有意义的话题，很遗憾，限于时间，有些话题没有最终得以落实,留下了些许遗憾,但这也将鞭策我们继续前进。

在策划中,我们力图做到以下四点:

在话题方面,专刊以时代为经,以学术为纬。所选择的话题务求凸显每个历史阶段最主要的学术思潮和学术论争,既有宏观的历史扫描和经验总结,又有微观的学案式的学术深描;既有学术探索,也有学术争鸣。

在作者选择方面,名家和青年才俊结合,名家的厚重、深邃与青年的敏锐、鲜活构成了精彩的二重奏,也寓意着百年学术的薪火相传、生生不息。

在装帧设计方面,以厚重、雅致和大气为基调。我们邀请了书法家顾琴教授治印并题写专刊名,上海理工大学张页老师进行整体设计。由此不仅形成生动而带有书卷气的装帧风格,也体现出庆祝中国共产党百年华诞的热烈气氛。

在编辑方面,编辑部全体人员全力以赴,承担了大量工作,对文章进行严格把关。每篇文章请两位专家进行匿名评审,邀请中共中央党史和文献研究院、上海人民出版社政治审读室等党史领域的专家学者重点审读和校对,并要求作者提供原始文献出处,重要文献反复核对。

专刊总体呈现了以下几个特点:

一是围绕一条主线,即中国共产党领导下的百年学术简史。专刊分觉醒年代、革命年代、建设年代、改革年代和新时代五个阶段,紧密围绕各个时代关切的问题,分别邀请张宝明教授、瞿骏教授、陈红娟教授、李红岩教授、忻平教授、沈洁研究员、张翼星教授、黄力之教授、沈国明教授、周晓虹教授、赵修义教授、李凤亮教授、杨国荣教授、赵薇助理研究员、韩震教授和徐勇教授撰文，着力勾勒出一幅中国共产党领导下的哲学社会科学事业的发展图谱。

二是处理两个关系，"学术中的中国"与"中国中的学术"相辅相成。所谓学术中的中国，即学术中呈现的是一个与日常生活世界不一样的具有精神性、人文性和思想性的中国。学术中的中国，不是地图中的中国，也不是经济中的中国，它以学术的方式展现时代气息和家国情怀，内蕴着中国学人对真理的守护、理想的追求和对美好精神世界的遐思，代表着一个民族智慧的深度、精神的厚度和思想的高度。

所谓中国中的学术，即学术深植于时代，应时代之问，遵时代之道，时代为学术定轨则。一代代学人立足近代以来中国丰富的历史实践，在更加深入理解本民族的精神、气质的过程中，建构中国学术的主体性；中国学术也以一种更加开放的心态吸纳人类文明优秀成果。

三是彰显三个维度。中国共产党领导下的百年学术史，是马克思主义深度融入并深刻影响中国学术发展的历史。从中国社会性质论战到真理标准讨论，再到中国哲学社会科学体系建设，党领导下的学术探索和理论工作一直走在时代前列。

中国共产党领导下的百年学术史，是"尽书生报国之志"的历史。百年来中国哲学社会科学工作者不仅扎根中国大地，而且与时代同呼吸、与民族共命运，始终秉持家国情怀，自觉把学术志业与民族复兴、国家繁荣紧密结合在一起。

中国共产党领导下的百年学术史，也是学术、学人、学科三者联动的生命史、心灵史。百年中国学术史既烙下中国革命、建设、改革和新时代的生动而深刻的历史印痕，也彰显了中国学人的独特个性、理论学

后　记　　　　　　　　　　　　　　　　　393

养和生命律动。学术史背后是生命史，黄钟大吕和浅吟低唱交替上演，"学术中的中国"因其鲜活、可感、可爱而构成了百年中国最为生动、丰富、动人的风景线。

这次专刊的编辑得到了社联党组领导和社联各部门的大力支持，上海社联党组书记、专职副主席权衡同志和党组成员、二级巡视员陈麟辉同志指导并逐页审阅了书稿，上海社联党组成员、专职副主席任小文同志全程主持了专刊的成果发布会。专刊出版也离不开社会各界的支持，感谢全国哲学社会科学工作办公室、上海市委宣传部、上海市新闻出版局的指导、支持，感谢上海人民出版社、上海市出版协会、上海市期刊协会的大力支持！特别要感谢辛苦撰文、反复打磨的诸位作者，感谢一直支持我们的读者！感谢我们编辑团队的每一位伙伴！

史诗般的时代呼唤与时俱进的理论建构。《学术中的中国》专刊，力图在吉光片羽中记录、勾勒一份中国共产党领导下的百年学术简谱，也是一次努力建设高品质学术期刊的积极探索。如今同名图书也将问世，我们在收获喜悦的同时也深感肩上的责任之重，我们将继续沿着百年中国学术之路努力向前拓进，积极参与谱写新时代学术发展的宏伟蓝图。

叶祝弟

2021 年 8 月 12 日